Commandant THIRION

SOUVENIRS

D'UN

OFFICIER D'INFANTERIE DE MARINE

PARIS

HENRI CHARLES-LAVAUZELLE

SOUVENIRS

D'UN

OFFICIER D'INFANTERIE DE MARINE

SOUVENIRS

D'UN

OFFICIER D'INFANTERIE DE MARINE

PAR

Le Commandant THIRION

PARIS

Henri CHARLES-LAVAUZELLE

Éditeur militaire

10, Rue Danton, Boulevard Saint-Germain, 118

(MÊME MAISON A LIMOGES)

À Monsieur le Général Bégin,

Commandant le Corps d'Armée de la Marine

Mon Général,

Je prends la liberté de vous dédier ces pages, en témoignage des sentiments que j'ai gardés pour vous.

Mon Livre est sans prétentions personnelles ; j'ai défini son but : Faire connaître l'Infanterie de marine.

J'ai été, je suis et je resterai un fanatique de notre Drapeau ; puissé-je, aujourd'hui, apporter ma pierre à l'Edifice, jamais trop haut, sur lequel il doit flotter.

COMMANDANT THIRION.

(Saint-Julien, Banlieue de Marseille, 1er Mars 1899.)

INTRODUCTION

En racontant ici quelques-uns des souvenirs de ma
vie militaire, je n'ai pas la prétention d'intéresser mes
lecteurs à ma modeste personnalité. J'ai fait, au cours
de ma carrière, tout ce qu'ont fait dans l'infanterie de
marine nos contemporains, tout ce que sont appelés
à faire demain nos cadets. Et je n'entends parler que
de ceux qui, comme moi, ont passé ou passeront leur
vie dans le rang, c'est-à-dire que je mets à part les
Galliéni, les Monteil et d'autres dont les explorations
scientifiques et géographiques sont de véritables odys-
sées, portées depuis longtemps à la connaissance du
public par des relations du plus haut intérêt.

J'aurai atteint mon but si je réussis à faire ressortir
que les circonstances de notre existence de tous les
jours font de nous des soldats toujours sur la brèche,
rompus à toutes les éventualités par des aventures de
toutes sortes qui aiguisent le jugement et développent
l'initiative, ces deux maîtresses qualités du soldat.

La valeur militaire d'un cadre d'officiers est em-
pruntée en grande partie à l'instruction technique de
chacun; mais celle qui s'acquiert dans les écoles ou
au régiment a besoin de la consécration de l'expérience; elle a besoin surtout du développement des

qualités natives qui sommeillent en nous et ne se révèlent qu'en face des difficultés.

Il y a quelque vingt-cinq ans, un des écrivains militaires qui ont le plus contribué au réveil intellectuel de l'armée, écrivait que l'Afrique avait été sous tous les rapports une détestable école de guerre : C'était, dit-il en substance, l'école de l'audace et des coups de force ; elle formait des officiers brillants, mais insuffisamment préparés aux guerres européennes (1).

Il avait raison car il parlait d'une époque où l'instruction militaire, dans son sens exact, était à peu près nulle. Aujourd'hui le niveau intellectuel s'est sensiblement élevé ; les avantages faits aux officiers qui ont su se distinguer dans cet ordre d'idées, ont créé une émulation qui se révèle à tous les échelons de la hiérarchie ; nous n'avons qu'à souhaiter voir se perpétuer le mouvement dans lequel tous se sont résolument engagés.

Mais la sanction de l'expérience manque encore le plus souvent et tel officier, théoricien impeccable, n'est pas en droit d'affirmer qu'au milieu des difficiles circonstances de la guerre, en face de l'imprévu chargé souvent du poids d'une grosse responsabilité, il jugera les choses aussi sainement qu'il aurait pu le faire, longtemps, en face d'un tableau noir.

L'expérience, la confiance en soi, l'initiative, rien n'est fait pour développer tout cela comme l'existence menée par ceux qui servent dans l'infanterie de marine.

Ils complètent dans des circonstances difficiles

---

(1) Général Lewal.

et graves, l'instruction théorique des écoles et du régiment. Des intérêts généraux souvent d'une haute valeur, l'existence des hommes sous leurs ordres, leur propre existence même, sont en jeu et viennent développer chez beaucoup, des qualités de commandement qu'on ne soupçonnait pas, de même qu'il arrive parfois que ces circonstances révèlent l'insuffisance de quelques-uns.

Nos camarades de l'armée de terre ne sont pas soumis actuellement à ces épreuves; ils en sortiraient de même façon, c'est certain. Mais j'ai conservé trop vivace au cœur l'amour du drapeau sous lequel j'ai servi, pour ne pas essayer de retracer ce qu'est la rude existence que nous menons et combien, je le redis encore, elle est faite pour développer chez tous les qualités militaires indispensables à un cadre solide.

Qu'on ne s'y méprenne pas, je tiens à le bien établir dès cette première page : je ne ferai l'éloge de l'infanterie de marine au détriment de personne. Je professe hautement la plus profonde estime pour tous nos camarades de l'armée de terre, dans laquelle je compte de vieilles amitiés, et, je veux le croire, de franches sympathies. Je me propose seulement de porter à la connaissance du public bien des détails de notre existence ignorés de lui; puissé-je réussir à l'intéresser !

SOUVENIRS

D'UN

OFFICIER D'INFANTERIE DE MARINE

CHAPITRE PREMIER

Les Colonies.

La colonisation espagnole. — La colonisation anglaise. — L'Algérie.
La colonisation militaire et le régime civil. — Leurs résultats.

Il faudrait remonter trop haut dans l'histoire du monde
pour étudier l'origine et la formation des colonies.

Les immenses conquêtes de l'empire romain nous offri-
raient cependant des leçons et des exemples dont l'application serait fructueuse encore aujourd'hui. Je ne veux pas
me perdre dans ces lointains historiques, et je ne dirai
qu'un mot sur la colonisation telle que l'ont comprise et
appliquée, à des époques beaucoup plus rapprochées de
nous, l'Espagne et l'Angleterre, longtemps nos seules
émules dans l'ordre d'idées qui nous occupe.

Les Espagnols, auxquels il convient d'associer les Portugais, ont créé par delà les mers de vastes empires, dont

ils ont été d'abord les maîtres impitoyables, durs, arrogants.

Puis, avec le temps, peu à peu, ils se sont fondus dans les populations autochtones; les rapports entre les conquérants et les races asservies se sont adoucis et, aujourd'hui, dans l'Amérique du Sud, au Mexique, dans l'Amérique centrale, métis indiens et vieux Castillans vivent en paix. Les événements de Cuba, dont le dernier mot n'est point dit à l'heure où j'écris ces lignes, n'infirment pas ce que j'avance; ils sont le résultat de fautes politiques probablement, de la marche du temps sûrement; des causes semblables avaient commencé l'émiettement de l'immense empire colonial espagnol; mais cette dislocation ne détruit pas leur œuvre de colonisation.

Cette œuvre, si souvent sanguinaire à ses premiers jours, reste et demeurera indestructible parce qu'elle fut fondée sur la religion, c'est-à-dire sur des principes qui, devenus communs aux vainqueurs et aux vaincus, leur assuraient un avenir de solidarité et de fraternité.

L'Angleterre, avec les contingents que lui fournirent les masses souffrantes de l'Irlande et de l'Allemagne, a fait l'Amérique du Nord et l'Australie. Je ne parle pas des Indes; ce n'est point une colonie, c'est une conquête et une conquête qui tremble en ce moment aux mains de son vainqueur.

Là où l'Anglo-Saxon a porté son drapeau et planté sa tente, c'est par le fer et le feu qu'il a commencé la destruction de l'aborigène et c'est par l'eau-de-vie, par l'abrutissement qu'il essaie de l'achever.

Les livres à la Beecher-Stowe n'y font rien, l'histoire est là. Les Indiens de l'Amérique du Nord, détruits par milliers sous tous les prétextes, et sans prétextes, refoulés d'abord dans des réserves illusoires, puis dépossédés de ces mêmes

réserves, agonisent aujourd'hui dans les montagnes Rocheuses, traînant leurs derniers jours dans une misère
dégradante.

Les Américains, généreux comme ils savent l'être, leur
fournissent ostensiblement des couvertures et des bibles;
c'est le sacrifice aux idées humanitaires de notre époque.
Pour le côté pratique, ils les abreuvent d'alcool sous toutes
les formes.

En Australie, les Anglais ont employé, pour se débarras-
ser des naturels, des moyens qui ont soulevé l'indigna-
tion du monde civilisé; et si dans l'Inde, par les exactions,
la famine, l'opium et le reste, ils n'ont point réussi à venir
à bout de la race indienne, c'est que celle-ci est trop nombreuse et trop vivace.

Ils ont sur la conscience d'immenses hécatombes; le
dernier mot n'est pas dit.

C'est la colonisation des barbares.

****

Les procédés de colonisation anglais répugnent au génie
de notre race, heureusement.

C'est qu'à côté de l'invasion brutale des barbares leurs
ancêtres, il y eut jadis une civilisation qui fit la nôtre et
dont nous sommes fiers à juste titre : celle de Rome, dont
nous procédons.

Rome, avec sa civilisation avancée et la conscience de sa
supériorité, envoyait des soldats d'abord, puis des lois et
des administrateurs aux peuples conquis; elle les entraî-
nait dans son orbite pour leur bien et leur prospérité; son
œuvre eut des racines profondes, il dure encore malgré les
abus qui marquèrent l'époque de la décadence.

« Toutes les fois qu'une nation plus civilisée en subjugue
une autre qui l'est moins, il s'exerce de la première à la
seconde deux actions distinctes et successives. Après l'occupation matérielle des corps et des choses commence l'oc-

cupation des idées, des croyances, des habitudes du peuple vaincu, au moyen des lois, de la religion, de l'administration, du mélange du peuple vainqueur : seconde conquête, lente, graduelle, mais sans laquelle la première manquerait de solidité et de durée, et qui a, comme celle-ci, ses résistances, ses tortures, ses larmes (1) ».

C'est ce principe-là qui devrait dominer toujours nos entreprises coloniales ; nous avons dans notre histoire un magnifique exemple de son application.

Le Canada a été et est resté français, bien français.

Il est prospère ; on n'y a point versé le sang des vaincus ; seuls dans toute l'Amérique du Nord les indigènes y vivent en paix à côté des colons avec lesquels ils ont contracté alliances ; les métis forment une population importante et vigoureuse, française elle aussi. Si le sort des armes nous a ravi cette colonie, nous avons le droit de le répéter, avec ses habitants actuels d'ailleurs, elle est restée française.

Pourquoi ?

C'est « qu'après l'occupation matérielle des corps et des choses, avait commencé l'occupation des idées, des croyances, des habitudes, du peuple vaincu, au moyen des lois, de la *religion*, de l'administration, du mélange du peuple vainqueur ».

« Nos soldats trouvèrent de précieux auxiliaires dans les missionnaires français qui avaient entrepris la conversion de l'Amérique et venaient prêcher la paix, le pardon des injures et l'humilité à des sauvages ne respirant que la guerre, la vengeance et l'orgueil.

» Pour dominer ces terribles auditeurs, qui mesuraient l'homme à son mépris de la vie, il fallait non seulement leur être égal en bravant la mort, mais supérieur en la bénissant. Un courage angélique fut l'arme de ces religieux

---

(1) Amédée Thierry, *Histoire de la Gaule sous la domination romaine.*

qui s'en allaient au fond des forêts, au péril de mille vies, recruter des serviteurs pour le Christ, des amis pour la France. Ils trouvèrent peu de catéchumènes, mais beaucoup d'amis et désarmèrent par la douceur ceux-là même qu'ils ne persuadaient pas (1) ».

« Ce ne fut, dit Bancroft (*Histoire des États-Unis*), ni une entreprise commerciale ni une ambition royale qui porta la France au centre du continent américain. C'est l'enthousiasme religieux qui a fondé Montréal, conquis les déserts et les grands lacs, exploré le Mississipi, etc. »

Bancroft est Américain, il est protestant, mais il nous raconte à regret souvent, avec enthousiasme quand même, nos missionnaires bravant le martyre et fondant un peuple.

Il nous montre les pères Brébeuf et Daniel, pagayant sur les lacs avec les Hurons, les étonnant par leur simplicité; se contentant de leur nourriture et célébrant la messe en présence de ces masses sauvages, gardiennes héréditaires du feu, frappées à la fois d'étonnement et de respect.

Le père Daniel tombe en défendant une population avec laquelle il a voulu mourir.

Le père Brébeuf, pris par les ennemis, est torturé avec des raffinements d'une barbarie inouïe; le père Lallemand, un autre missionnaire, pris avec lui, subit les mêmes tortures : « Amené en présence du père Brébeuf, raconte Bancroft : « On fait de nous, s'écrie-t-il, un spectacle pour » le monde, les anges et les hommes ».

Il expire après dix-sept heures d'agonie; celle du père Brébeuf a duré trois heures; ce dernier a été scalpé vivant. La vie de chacun d'eux n'avait été qu'un long acte d'héroïsme et de dévouement; leur mort étonna leurs bourreaux.

Et le même auteur nous raconte encore le père Marquette

___

(1) De Bonnechose, *Montcalm et le Canada français*, 1878.

explorant le Mississipi, prêchant l'Evangile et mourant dans les bois en priant, sur les bords de la rivière qui porte son nom. « ... Longtemps les coureurs des bois en danger sur le lac Michigan, invoquèrent son nom. Les populations de l'ouest lui élèveront un monument ... ».

Je n'ai pas la prétention de refaire ici l'histoire du Canada. Conquis par les armes, perdu par les armes, il reste français.

Français et indigènes s'y sont développés et unis sous la même loi féconde : c'est là la colonisation, et si j'ai cité les missionnaires des premiers jours, ce n'est pas, quelles que soient mes convictions personnelles, dans un but confessionnel. Nos explorateurs, nos officiers, nos missionnaires actuels, sont dans ma pensée unis et confondus dans le même affectueux respect.

J'ai seulement voulu montrer aux fondateurs actuels de colonies la même base, toujours : « l'abnégation ». Qu'elle soit confessionnelle, laïque, militaire ou civile, c'est la vertu qui fonde.

Les exploitations de peuples, pratiquées par l'Angleterre, se retourneront contre elle, et il ne restera d'elle un jour que ce qu'elle aura fait de bien : peu de chose.

Dans une autre colonie française plus récente, qui devrait être la plus belle, la plus florissante de toutes, bien près, trop près peut-être de la mère patrie, j'ai nommé l'Algérie, on s'est écarté des règles qui menaient autrefois la vieille France.

Créée par surprise entre deux révolutions, sans esprit de suite et sans méthode, elle a subi des vicissitudes diverses qui sont malheureusement le critérium de nos aptitudes actuelles et la condamnation d'un système que nous appliquons encore.

La période de conquête est le régime militaire absolu ;

le pays se soumet et les premiers colons s'y installent en sécurité. Puis intervient un régime mixte. On adjoint à l'autorité française les chefs arabes, caïds ou agas, sur la fidélité
desquels on croit pouvoir compter. Traîtres à leur pays, à
leur race, quelquefois à leurs nouveaux maîtres, ces
adjoints provoquent l'ère de sanglantes révoltes qui néces-
sitent pour les réprimer de longues et meurtrières expéditions.

Alors, prévaut et s'étend le système des bureaux arabes.
En dépit des critiques qu'il a soulevées, ce fut l'époque
vraiment glorieuse et féconde de la colonie. L'Arabe,
vaincu et soumis, voyait ses droits garantis et maintenus,
le colon s'établissait sous la surveillance et la protection
d'une autorité ferme et vigilante.

Puis, sous la poussée des idées modernes, arrive enfin le
gouvernement civil. Avec lui, et à la suite d'événements
que ne pouvaient pas prévoir les créateurs du système, je
leur rends cette justice, sont arrivés les juifs, les maîtres
d'aujourd'hui, contre lesquels se révoltent tout à la fois
colons et Arabes.

De tous ces essais, de tous ces tâtonnements, nous avons
fait, de l'autre côté de la Méditerranée, une sorte d'Inde
française, peuplée d'Arabes ruinés, pressurés, faméliques,
prêts à la révolte, et de colons mécontents et pauvres,
auxquels vient s'adjoindre la tourbe des exploiteurs
parmi laquelle je ne voudrais pas classer les innombrables
fonctionnaires créés par l'Etat, qui se sont abattus
comme sauterelles sur un pays qui n'a pas trop de pain
pour lui.

On s'est écarté en Algérie des principes qui avaient fait
le Canada si complètement français ; on a prétendu que les
peuples d'Islam, rebelles à la propagande chrétienne, verraient dans l'action de nos missionnaires un empiètement
sur leurs droits qui pourrait amener des complications so-
ciales ou politiques.

On a oublié que nos prêtres, animés de la même foi et du même patriotisme que ceux qui, il y a trois cents ans, évangélisaient les Hurons et les Iroquois, s'ils devaient trouver « peu de catéchumènes, devaient rencontrer beaucoup d'amis et désarmer par la douceur ceux-là mêmes qu'ils ne persuadaient pas ». Les complications qu'on redoutait n'ont point été évitées et aujourd'hui, après soixante-dix ans bientôt, la question algérienne se pose tout entière.

C'est que l'édifice pèche par la base, c'est que cette occupation des idées, des croyances, des habitudes du peuple vaincu, au moyen des lois, de la religion et de l'administration dont parle avec tant d'autorité le savant historien des Gaules, ne s'est point faite et que le régime du bon plaisir ne saurait y suppléer.

Canada, Algérie, quelle antithèse! Après cent trente ans de domination étrangère, l'un est resté français; — après soixante-dix ans d'occupation, l'autre ne l'est pas encore.

****

Laissons de côté pour un moment les enseignements méconnus de l'histoire et jetons un coup d'œil sur notre « empire colonial » actuel.

La caractéristique de l'occupation de nos colonies nouvelles, c'est qu'elle ne résulte pas, comme chez certaines nations, d'un plan étudié et réfléchi, basé sur des intérêts commerciaux ou des besoins stratégiques.

Il y a quarante ans, l'amiral Rigault de Genouilly est envoyé sur les côtes d'Annam pour rappeler le roi Tu-Duc au respect des traités. Il s'agissait, on s'en préoccupait encore, de protéger nos missionnaires odieusement persécutés.

L'amiral essaye de gagner Hué par Tourane; mais les chemins sont des coulées de bêtes fauves où ses matelots seront immanquablement massacrés, s'il les y engage. Il descend dans le sud, remonte audacieusement la rivière de

Saïgon et plante notre drapeau sur la ville en ruines. L'expédition de Chine qui s'achève fournit quelques troupes
qui renforcent les marins ; on prend trois provinces, on
s'installe.

En 1867 seulement, poussé par la nécessité, on complète
la conquête de la Basse Cochinchine.

En 1873, Francis Garnier débarque au Tonkin. Il s'agit, là,
de protéger un de nos nationaux, Jean Dupuis, et de com-
pléter son œuvre, car avec ses seuls moyens et grâce à son
audace, il est à peu près maître du cours du fleuve Rouge
et il a préparé les indigènes à une intervention française.

Francis Garnier, l'ancien administrateur en Cochinchine, l'âme de l'exploration Doudart de Lagrée et le rédac-
teur de ses travaux, mieux que personne sait qu'aux yeux
des Asiatiques l'inaction c'est l'impuissance et que de la
rapidité des coups bien plus que de leur force dépend le
succès. Arrivé au Tonkin avec une poignée d'hommes, il
frappe vite et en quelques semaines tout le bas Delta est
soumis à ses lois.

Mais le plan dont je viens de parler n'existe pas ; Francis
Garnier est tué et son œuvre meurt avec lui.

Un homme dont l'action fut néfaste, Philastre, lui aussi
administrateur en Cochinchine, est envoyé au Tonkin le
remplacer. Il n'est pas taillé pour s'assimiler les exploits
quasi-fabuleux de ses devanciers. Par lui, Garnier et ses
héroïques compagnons sont traités de « forbans » ; il sti-
pule l'abandon de notre conquête. Les mandarins un instant
dépossédés rentrent en fonctions, et toute une population
paie de flots de sang la confiance qu'elle a montrée en ceux
qui, pour la première fois, lui ont fait entrevoir et accepter
une domination française (1).

____

(1) « Tout commentaire amoindrirait l'impression de ce dénouement.
La faiblesse, la lâcheté et le manque de bonne foi sont de mauvais procédés de colonisation. Philastre a fait preuve de tout cela au nom de
la France. Nous en supportons aujourd'hui les conséquences. » —
L. de Grandmaison : *L'expansion française au Tonkin*, 1898.

Je ne m'étendrai pas sur cet épisode connu de nos débuts au Tonkin. L'histoire le jugera avec une sévérité que je veux m'interdire.

En 1883, le commandant Henri Rivière, envoyé au Tonkin pour faire faire (suivant les termes de ses instructions) « tache d'huile à notre influence », tombait, à son tour, frappé, par un étrange caprice du sort, exactement à l'endroit où Francis Garnier avait trouvé la mort : la France, entraînée derrière ces martyrs, dut faire la conquête du Tonkin.

————

A Madagascar, en 1883, lorsque l'amiral Pierre montrait si fièrement notre pavillon, bombardait et occupait Tamatave, arrêtait et emprisonnait l'anglais Schaw, empoisonneur de nos soldats, pour être finalement désavoué par notre gouvernement qui faisait voter 25.000 fr. d'indemnité à ce prédicant, qui pouvait se douter que moins de douze ans après on préparerait la conquête de toute l'ile?

Dans l'ouest africain, qui donc encore, sinon les Galliéni, les Brazza, les Monteil, les Binger et d'autres, nous a forcés à des conquêtes auxquelles personne ne songeait?

Les noms de tous ces vaillants, l'histoire a le devoir de les rechercher, car j'en passe, et de les conserver.

Ils ont entraîné leur patrie là où elle ne savait point aller, et, pionniers hardis, n'ont pas craint de compromettre leur situation personnelle et de risquer leur vie pour la forcer à marcher dans leurs traces.

Ces précurseurs auxquels une carrière coloniale tout entière avait donné la note juste de nos vrais intérêts, ne firent, qu'on me passe l'expression, que planter des clous qu'il fallait enfoncer; le rôle de l'armée commença où finit le leur, et ce rôle fut complexe.

Si j'en excepte l'occupation de Madagascar, préparée et exécutée avec un luxe de moyens inconnus jusqu'alors, toutes les autres expéditions coloniales ont été entreprises avec des ressources insuffisantes. Elles n'ont réussi que grâce au dévouement sans bornes, à l'héroïsme, à l'abnégation déployés par tous; vertus secondées par les aptitudes si multiples de notre race, que venaient développer rapidement les exigences de la situation.

Hier conquérants, aujourd'hui administrateurs, juges, négociateurs, que sais-je encore, nos officiers durent se plier à tout pour parfaire l'œuvre qui leur était confiée.

On ne saurait trop dire avec quel désintéressement les officiers de tous les corps et de toutes les armes qui ont participé à la conquête d'une colonie s'emploient pour travailler à son organisation sous tous les rapports.

Si on veut bien songer qu'employés un jour au Tonkin, le lendemain à Madagascar ou au Soudan, ils ne sont point soutenus par ce sentiment, déjà très noble en lui-même, qui fait qu'on s'attache à une œuvre dont on doit suivre le développement, on comprendra que je n'exagère rien en parlant de désintéressement.

Animés de la seule idée qu'ils se sacrifient pour la France, pour créer un jour des débouchés à sa population et à son commerce, pour ajouter à sa puissance et contribuer à la diffusion, sur tous les points du globe, des idées généreuses et des grands principes dont elle est la personnification de par des traditions séculaires, nos officiers sont réellement les créateurs de nos colonies nouvelles. On ne le sait pas chez nous ou on l'oublie souvent.

Presque toujours, pour ne pas dire toujours, notre domination, dans les pays neufs, est venue succéder à une tyrannie qui s'exerçait sous une forme ou sous une autre. Notre intervention ne pouvait se justifier, aux yeux du peuple du moins, qu'à la condition de se traduire par la suppression des charges énormes ou des vexations du régime antérieur; c'est ce que nous comprenons, et c'est par là que nous essayons et que nous réussissons à nous attacher des gens de race, de mœurs et de civilisation si différentes des nôtres.

Par leur connaissance du pays, par une application de tous les jours, par une probité et un respect de soi-même poussés à leur dernière limite, par un esprit de justice traditionnel dans l'armée, par la façon chevaleresque dont ils savent affronter tous les dangers, nos officiers conquièrent rapidement le respect d'abord, l'affection ensuite, des peuples qu'ils ont soumis.

Leur œuvre, comme celle de nos missionnaires dont, à tort, on prétend pouvoir se passer, procède de la vertu, du dévouement et de l'abnégation ; elle durera, là où de mesquines considérations de sectes ou de partis ne viendront pas l'entraver ou la ruiner.

Le général Galliéni, à Madagascar, est en train de nous en donner un exemple bien instructif.

Il a su grouper et réunir pour les faire converger vers un même but toutes les bonnes volontés, toutes les intelligences. Que ses collaborateurs soient militaires ou civils, administrateurs ou colons, tous s'inspirent de sa pensée ; et lui, soldat sans autre ambition que la grandeur de la patrie et la gloire de son drapeau, poursuit sa tâche et touche au but.

C'est avec intention que j'associe les collaborateurs « militaires et *civils* » du général Galliéni. Je ne veux pas faire au personnel militaire un monopole exclusif des qualités que je viens de lui reconnaître. L'étude détaillée de notre expansion coloniale de ces vingt dernières années nous fournirait très heureusement de beaux exemples à l'encontre de cette opinion dont je me défends formellement.

Ce que je veux établir, c'est la supériorité, abstraction faite des hommes, de ce qu'on est convenu d'appeler le « régime militaire » sur le « régime civil ».

Le « régime civil », nous le voyons fonctionner avec tous

les tâtonnements et toutes les erreurs qu'il comporte dans une autre de nos possessions grande aussi, riche, peuplée et pleine d'avenir, l'Indo-Chine.

Là cependant nos missionnaires nous avaient devancés et nous avaient tracé un sillon large et profond (1).

Nous n'avons pas su le suivre.

Pour des raisons dont je m'interdis la critique aujourd'hui ; en dépit des enseignements que nous devions retirer de l'organisation de la Basse Cochinchine dont le développement et la prospérité indéniables étaient l'œuvre d'un régime militaire, notre occupation du Tonkin, prélude de notre domination sur tout l'empire d'Annam et la presqu'île indo-chinoise, fut précédée de la nomination d'un « commissaire général *civil* » chargé de l'organisation de notre conquête et, dans une mesure très préjudiciable aux intérêts généraux, de la direction ou tout au moins du contrôle des opérations militaires (2).

J'aurai l'occasion de dire plus loin comment se termina la mission de ce fonctionnaire, dont le passage aux affaires dans des conditions presque impossibles, je le reconnais, ne laissa dans l'esprit de ceux qui l'ont connu qu'un souvenir pénible (3).

---

(1) Les courtes et très résumées considérations que j'expose ici sur notre système colonial et qui ne sont en quelque sorte qu'une préface à mes souvenirs personnels, sont trop généralisées pour qu'il me soit permis d'entrer dans des détails qui cependant, j'en ai l'intime conviction, seraient faits pour convaincre beaucoup de ceux qui n'auraient pas étudié ces matières d'une façon un peu approfondie.

A ceux-là et pour le cas spécial de nos possessions d'extrême Orient, je conseille, au point de vue de l'œuvre des missionnaires, la lecture d'un ouvrage malheureusement peu connu : *L'Indo-Chine chrétienne* du R. P. Louvet des missions étrangères.

Ils y trouveront des pages plus éloquentes et plus convaincantes encore que celles que n'a pas pu dissimuler Bancroft, l'historien américain, haineux de la France et de son prestige au Canada.

(2) Cette nomination est exactement du 7 juin 1883.

(3) Le commissaire général civil rentra en France dans les premiers jours de 1884.

La gravité de la situation et le caractère des opérations militaires, résultant de complications qu'on n'avait pas su prévoir, firent surseoir en haut lieu au remplacement de ce fonctionnaire, et pendant deux ans nos généraux purent se consacrer exclusivement à l'œuvre de conquête, la première et la plus urgente.

En janvier 1886, le régime civil prévalut à nouveau et fut inauguré par la nomination de Paul Bert.

Il y a douze ans de cela, et l'Indo-Chine a vu se succéder déjà *neuf* gouverneurs différents (1) !

Ce chiffre est éloquent ; il serait à lui seul la condamnation du régime, si l'état d'anémie complète dans lequel se débat notre colonie ne venait, avec une voix autrement puissante, nous en dire les déplorables résultats.

C'est que le gouvernement civil, si parfait qu'on puisse l'organiser, comporte forcément l'emploi de toute une catégorie de fonctionnaires que rien n'a préparés à leur tâche nouvelle et qui, pour si honorables qu'ils soient dans leur ensemble, sont absolument ignorants du service dont ils acceptent la charge.

Si encore l'unité de gouvernement existait, si un homme jeune, intelligent, à l'esprit large et ouvert, de grand caractère, s'était rencontré, qui eût fait de l'organisation de la colonie l'ambition de sa vie, qui s'y fût consacré corps et âme, sans arrière-pensée autre que de créer là-bas une France nouvelle, celui-là aurait animé de son souffle puissant un personnel inexpérimenté ; les écoles, les erreurs du début, peu à peu et l'expérience aidant, auraient fait place à une administration sage et pondérée ; le régime civil aurait, une fois, fondé quelque chose de durable.

Mais point.

Neuf gouverneurs, neuf systèmes différents appliqués

---

(1) MM. Paul Bert, Bihourd, Constans, Richaud, Piquet, Bideau, de Lanessan, Rousseau, et Doumer, actuellement en fonctions.

par des hommes, animés de bonnes intentions, je le veux bien, mais tous ou presque tous absolument étrangers au pays dont ils acceptaient le gouvernement.

Et chacun d'eux amenait, c'est bien naturel, tout un personnel nombreux qui devait l'aider dans l'accomplissement de sa tâche ardue; et comme, à tout prendre, le personnel laissé en fonctions par le prédécesseur n'avait point démérité, il s'ensuivait une pléthore, un engorgement de cadres absolument préjudiciable aussi bien à la bonne conduite des affaires qu'au budget du pays.

Et les indigènes, étonnés d'abord, méprisants plus tard, se demandaient, se demandent encore, eux, les hommes de traditions par excellence, quelle confiance et quel respect ils doivent éprouver pour une domination aussi changeante, aussi versatile.

Et, avec un pareil régime, les abus se perpétuent tous les jours plus criants; s'ils ne sont pas toujours le fait de fonctionnaires français ignorants mais honnêtes, ils sont celui des mandarins indigènes, voleurs et cruels, que nous couvrons de notre autorité et qui ne se gênent pas pour nous faire endosser toute la responsabilité de leurs exactions.

Et le mécontentement va tous les jours grandissant; avec lui germera et se développera dans le cœur des populations le mépris et la haine. Ces sentiments seront contenus au début, ils le seront tant qu'ils sentiront autour d'eux l'armée nombreuse et forte, prête toujours à faire sentir le poids de son action. Mais que celle-ci, pour une raison quelconque, une complication européenne par exemple, soit affaiblie outre mesure, l'insurrection éclatera plus dangereuse et plus terrible qu'une guerre d'indépendance au début d'une conquête, car, je le répète, le mépris sera venu s'ajouter à la haine.

Et je ne charge pas le tableau.

Dans nos possessions d'Indo-Chine, pour les raisons

dont je parle et d'autres analogues, l'insurrection est prête; elle est organisée par les mandarins que nous avons maladroitement maintenus en fonctions, et de la fidélité desquels, plus maladroitement encore, nous ne nous méfions pas.

Là, non plus qu'en Algérie, nous n'avons pas su, après l'occupation matérielle des corps et des choses, commencer l'occupation des idées, des croyances, des habitudes du peuple vaincu.

L'instabilité du régime ne nous en a point laissé le temps.

Je viens de parler de l'exemple, si malheureusement négligé, que nous avait donné la Basse Cochinchine à laquelle un régime militaire avait procuré, en moins de vingt ans, une prospérité complète.

On pourrait m'objecter que si le Tonkin a vu neuf gouverneurs en douze ans, à Saïgon, autrefois, on voyait les officiers généraux se succéder régulièrement tous les deux ans au palais du gouvernement.

C'est exact. Mais cette succession des hommes sans altérer la base du régime est précisément ce qui fait la force et la supériorité du régime militaire.

Amiraux ou généraux, sans parti-pris, animés du même esprit de devoir et de dévouement, se succédaient à la tête de la colonie, acceptant et continuant l'œuvre de leur prédécesseur, s'inspirant des grandes traditions laissées par l'amiral La Grandière, le vrai fondateur de la Cochinchine, se contentant d'imprimer au mouvement de progrès l'empreinte de leur caractère ou de leurs aptitudes personnelles.

Routine, diront mes détracteurs; — c'est possible. Mais les peuples ne font pas leur histoire en vingt ans, et les idées neuves de notre vieille Europe ne sont pas encore des articles d'exportation. Qu'on veuille bien comparer ce que le régime militaire avait fait en Basse Cochinchine après

quinze ans d'administration, et ce qu'a produit aujour-
d'hui le régime civil en Indo-Chine.

Est-il besoin d'une conclusion aux quelques pages qui
précèdent? Je ne le pense pas.

Les idées que j'émets, si elles paraissent neuves à bien
des gens, sont partagées par la majorité de ceux qui sont
au courant des questions coloniales, soit par l'expérience,
soit par l'étude.

J'ai esquissé à larges traits des systèmes de colonisation
essentiellement différents et j'en ai comparé les résultats.

Si, à propos du régime civil, je me suis abstenu d'entrer
dans des critiques de détail ou de citer des exemples, c'est
que je tiens à bien établir qu'il n'entre dans mes opinions
rien qui soit personnel à qui que ce soit.

Ma qualité d'officier rendra peut-être suspectes à certains
les opinions que j'avance.

Je pourrais les corroborer par de nombreux emprunts
faits aux fonctionnaires civils qui ont eu le loisir d'écrire
sur l'Indo-Chine et le Tonkin; je me contente de deux
citations empruntées à des hommes dont le témoignage
ne saurait être récusé.

M. Vial, ancien directeur de l'intérieur en Cochinchine,
ancien résident supérieur en Annam, dans un ouvrage
paru en 1886, *L'Annam et le Tonkin,* écrit, parlant de la
Basse-Cochinchine :

« ..... C'est avec le concours des milices indigènes que
les notables, *dirigés et surveillés par des officiers français,*
faisaient la police du pays, assuraient la rentrée de l'impôt
et l'exécution des ordres de l'autorité française... »

M. Bonnal, ancien administrateur en Cochinchine, ancien
résident au Tonkin, où il a exercé les fonctions intérimaires
de résident supérieur, dans *L'Union indo-chinoise,* parue
en 1887, s'exprime comme suit :

« A l'heure actuelle, la race annamite est loin d'être sou-
mise et n'est nullement disposée à accepter comme un fait
accompli, sur lequel on ne peut revenir, le régime de l'an-
nexion ou celui du protectorat. L'espoir d'une éclatante
revanche vivra longtemps dans le cœur des lettrés, caste
influente, à laquelle nous avons arraché la plus grande
partie de son autorité, source de richesses et d'honneurs.
Nous avons ainsi jeté dans le désespoir un grand nombre
d'indigènes intelligents et instruits, énergiques pour la
plupart, qui brûlent du désir de venger cet affront en soulevant le peuple contre nous. »

Et plus loin :

« En Annam et au Tonkin, en effet, notre organisation
administrative a été créée de toutes pièces, il y a un an à
peine, avec des éléments pour la plupart étrangers au
pays, sans grande influence sur les fonctionnaires indigènes, dont ils ne connaissaient ni la langue ni les habitudes. »

Et j'ajoute : c'est ce personnel qui se renouvelle, en partie
au moins, avec chaque gouverneur général nouveau.

CHAPITRE II

L'Infanterie de marine.

Nécessité d'une armée coloniale. — L'avancement dans l'infanterie de
marine; ses causes. — La troupe. — L'esprit de corps.

Les expéditions d'outre-mer de ces dernières années
ont mis sur le tapis la question de l'armée coloniale. Restreinte à ses débuts, n'occupant la pensée que de quelques
spécialistes, ou pour mieux dire de gens désirant se spé-
cialiser, on a vu l'idée faire son chemin, s'étendre à la
presse, au parlement, au public. Aujourd'hui tout le monde
est d'accord, il faut une armée coloniale.

Il la faut pour ne pas compromettre ou simplement ne
pas déranger les rouages si compliqués de la mobilisation
de notre armée métropolitaine; c'est ce que tout le monde
dit, ce que chacun comprend sans qu'il soit besoin d'insister. Mais il la faut encore — j'allais dire il la faut surtout —
parce qu'une armée coloniale, pour être vraiment sérieuse
et à hauteur de la tâche qu'à chaque instant les événements lui imposent, a besoin d'un recrutement spécial,
d'une composition particulière.

Je ne veux pas, qu'on se rassure, apporter à mon tour
un plan d'organisation; il en a été produit trop déjà, par
des hommes plus ou moins compétents; je dirai seulement qu'aucun des nombreux projets qui me sont tombés
sous les yeux ne tient assez compte de ce que, à une tâche
spéciale, il faut affecter des ouvriers spéciaux.

Voir s'élucubrer un plan de création d'armée coloniale
dans le sein d'une commission parlementaire, ses membres,
ce qui n'est rien moins que certain, eussent-ils entendu

bien des gens compétents, me fait assez l'effet d'un jury
de peinture composé d'aveugles, qui prendrait l'avis de
quelques clairvoyants pour adjuger des récompenses et
classer les mérites.

J'ose dire que, seuls, les hommes ayant une longue expérience des colonies et une pratique constante de la guerre
qui s'y fait, sont qualifiés pour nous doter un jour d'une
véritable armée coloniale, appropriée au rôle si difficile et
si complexe qu'elle est appelée à jouer. Les flots d'encre
versés depuis quelques années sur cette question, parfois
par des écrivains militaires distingués, ont eu pour résultat de remuer beaucoup d'idées; il en surnagera peut-être
quelques-unes le jour où on se décidera à demander aux
officiers généraux des troupes de la marine, les seuls
compétents, un projet sérieux et étudié, élaboré en connaissance de cause.

A-t-on assez répété sur tous les tons et partout, depuis
1870, qu'il était indispensable d'avoir des cadres solides
pour avoir une armée forte! Et de fait on a énormément
travaillé à les consolider. Quel est donc, de tous les projets d'armée coloniale, celui qui se préoccupe sérieusement
de la constitution d'un cadre, qui, en raison des épreuves
par lesquelles il est appelé à passer, doit être autrement
fort et robuste que celui d'une armée métropolitaine? Je
n'en connais pas. On prend des corps tout entiers, ici ou
là, et on décide qu'ils deviendront « coloniaux »; on admet
à tout instant et pour tous les grades d'officiers, au moins
à partir de celui de capitaine, des mutations entre l'armée
coloniale et l'armée métropolitaine, sans se douter que,
ce faisant, on affaiblit dans une mesure qu'on ne saurait
imaginer un cadre qui a besoin de conserver toutes ses
forces.

Quand j'emploie ici le mot « cadre » j'entends parler
exclusivement des officiers. Quand ceux-ci rempliront les
conditions qu'exige leur rude profession, les sous-officiers

emprunteront à leur valeur une somme très suffisante de solidité.

L'officier d'infanterie de marine est aujourd'hui le vrai type de l'officier d'une armée coloniale; il a besoin, je ne dirai pas de qualités, mais d'aptitudes, dont ne sentent pas la nécessité ses camarades de l'armée d'Europe. Comme à ceux-ci, il lui faut une instruction militaire solide, et il l'a. Saint-Cyr a vu passer l'époque où ses derniers numéros de sortie recrutaient seuls une arme qui allait tenir des garnisons plus ou moins salubres, aux Antilles, à la Guyane, au Sénégal ou en Calédonie. Saint-Maixent voit nos sous-officiers tenir leur place très honorablement à côté de ceux de la guerre; les nombreux officiers brevetés d'état-major, que nous comptons dans nos rangs, viendraient au besoin affirmer que le niveau des connaissances techniques est, chez nous, maintenu à une bonne hauteur. Mais tout cela n'est pas encore suffisant pour faire l'*Officier d'infanterie de marine*. Il lui faut dans le caractère, dans le cœur, dans l'âme, un côté tout spécial : l'amour des aventures, la soif de la responsabilité, une initiative poussée à ses dernières limites, un je ne sais quoi que rend bien l'expression vulgaire de « casse-cou », mais tout cela tempéré par un jugement sain, une décision prompte, une indomptable énergie.

On m'objectera peut-être que je trace là le portrait idéal d'un officier quelconque de notre armée. C'est vrai; il serait à souhaiter que tous fussent doués de cette façon. Mais le sont-ils? Si non, le mal n'est pas irrémédiable en Europe, car on se sent le coude dans l'armée de terre, tandis que dans les troupes de la marine, à chaque instant un officier commande sa troupe seul, dans des conditions et dans des circonstances où toutes ces aptitudes ne sont pas de trop.

Les officiers que nous fournit Saint-Cyr sont attirés dans nos rangs par l'existence à l'état latent, chez eux, des qualités intellectuelles dont je viens de parler; ceux qui nous arrivent de Saint-Maixent ont déjà, dans une colonie au moins, donné leur mesure. Ainsi pratiqué, le recrutement est bon; les conseils et l'expérience des anciens, les traditions, l'esprit de corps aidant, tout concourt à former un bloc solide, un cadre vigoureux, absolument à la hauteur de toutes les missions que lui réserve l'imprévu de sa destination.

Le jour où on introduira chez ces officiers, réellement doués, la faculté de permuter sous prétexte que dix, douze ou quinze ans de la vie qu'ils ont menée ont usé les ressorts de leur caractère et la vigueur de leur corps, on en trouvera quelques-uns qui se trouveront dans ce cas et qui se précipiteront vers cette porte de sortie pour chercher dans un régiment de l'armée métropolitaine un repos indispensable; — à cela rien à dire. Mais en même temps, qu'on le sache bien, on aura atteint dans ses sources mêmes le recrutement tout spécial dont je viens de parler. Alors, on entrera jeune dans l'infanterie de marine avec l'idée d'en sortir un jour; pour conquérir un grade plus rapidement; pour faire un voyage ou deux, pour en goûter en un mot; mais non plus attiré par une invincible attraction vers l'existence de périls et d'aventures qui est la nôtre. Et le jour où des officiers, fatigués ou non, quitteront nos rangs, ils seront remplacés par des camarades dont je ne conteste pas la valeur militaire, mais qui seront sans expérience aucune de la vie nouvelle qu'ils adopteront.

Sans compter, et cette considération est grave, décisive, que ceux qui ne se façonnent pas jeunes aux climats meurtriers de nos colonies ont de grandes chances pour ne pas leur résister. En 1884, la création des régiments tonkinois, la composition à quatre officiers des compagnies employées au Tonkin, d'autres raisons encore, firent qu'on versa dans nos rangs environ deux cents officiers subalternes pris dans tous les régiments et dans toutes les armes de terre. Si on veut en faire le recensement aujourd'hui, après treize ans écoulés, on constatera que chez ces tard venus la mortalité a été à peu près double de ce que, toutes choses égales d'ailleurs, elle a été chez des officiers coloniaux de carrière.

La permutation d'un armée à l'autre est donc une chose néfaste si on l'inscrit *comme un droit* dans l'organisation à intervenir d'une armée coloniale ; qu'on la maintienne telle qu'elle se pratique actuellement, c'est-à-dire restreinte à quelques cas dont l'autorité supérieure est seule juge, c'est suffisant.

On pourra m'objecter que les troupes de la guerre appelées à combattre à nos côtés au Tonkin, à Formose, au Dahomey, à Madagascar, ont tenu très honorablement leur place, ce qui semble absolument contredire ce que je viens d'avancer puisqu'elles étaient composées d'officiers nullement préparés à la guerre coloniale.

Je rends pleine justice aux qualités militaires déployées par tous au cours des expéditions que je viens de rappeler et on se tromperait étrangément en m'attribuant la pensée d'avoir révoqué en doute la vaillance de nos camarades de l'armée de terre. Nous servons sous le même drapeau, et, quand l'ennemi est en face, les uns et les autres nous ne connaissons qu'un chemin pour aller à lui : le plus court.

Mais l'hygiène spéciale aux différents climats ; la connaissance des indigènes, de leur langue, de leurs mœurs ; des rouages administratifs qui les régissent ; les pratiques de médecine usuelle acquises par des années passées avec sa troupe sans médecin ; l'esprit et le corps rompus à toutes les éventualités d'une vie journalière d'aventures, etc. ; tout cela ne s'acquiert qu'à la longue, et, quand l'expérience se fait du même coup à tous les échelons de la hiérarchie d'un corps de troupe, elle se traduit par des maladies et des pertes chez les soldats, par la compromission d'intérêts souvent graves, dans un autre ordre d'idées.

Il y a là une vérité trop évidente pour qu'il me semble utile d'insister davantage; je me borne à exprimer le vœu que les organisateurs d'une armée coloniale veuillent bien prendre en considération l'incontestable utilité de lui créer un cadre d'officiers spéciaux, dont en grande partie dépendra toute sa valeur.

J'ajoute, sur cette création à intervenir, un mot à propos de la troupe. On a fait de la suppression du recrutement des troupes de la marine par le contingent, une question électorale. Nous avons tous vu, à une époque récente, les programmes des candidats à la députation promettre aux électeurs que : « leurs fils n'iraient plus mourir aux colonies ». Le contingent a été supprimé et nos corps sont aujourd'hui recrutés à l'aide du rengagement avec prime et de l'engagement volontaire. On a surtout fait valoir cette raison, pour en arriver à ce résultat, que les hommes de la classe, âgés de 20 ou 21 ans, n'étaient ni assez formés ni assez robustes pour supporter la rude existence imposée à des soldats coloniaux; je l'admets facilement. Pourquoi donc, alors, avoir ouvert l'engagement volontaire à des enfants de 18 ans?

Les statistiques établissent que de 19 à 24 ans la mortalité des soldats aux colonies suit une phase ascendante très marquée, pour décroître ensuite (1); il eût été logique

---

(1) Le tableau serait le suivant pour 1.000 décès :

au-dessous de 19 ans	1
de 19 à 20 ans	42
de 20 à 21 ans	110
de 21 à 22 ans	120
de 22 à 23 ans	166
de 23 à 24 ans	222
de 24 à 25 ans	116
de 25 à 26 ans	58
de 26 à 27 ans	48
de 27 à 28 ans	32
de 28 à 29 ans	22
de 29 à 30 ans	22

de n'ouvrir l'engagement qu'à des hommes de 24 ans et plus.

J'ai entendu répondre à cette objection qu'il était indispensable d'avoir des jeunes gens pour recruter les cadres.

Quels cadres? Celui des officiers? Mais alors qu'on entoure l'engagement volontaire de garanties d'instruction et d'éducation suffisantes, ce qui n'est point le cas, il s'en faut.

Celui des sous-officiers? Mais le rengagement nous en donne, provenant de tous les corps et de toutes les armes, plus que nous ne pouvons en employer. Cette raison n'est point sérieuse, et la loi a fixé 18 ans parce que *c'est l'habitude de s'engager dans l'armée à cet âge-là.*

Combien de deuils, combien de larmes n'eût-on pas épargnés à la France, si on avait voulu s'entourer des renseignements indispensables pour faire une loi en connaissance de cause et en toute honnêteté!

Au point de vue troupes, tout autant qu'au point de vue cadres, la création de l'armée coloniale s'impose à bref délai, qu'on se hâte; suivant l'expression d'un de nos publicistes les plus distingués :

« Toute heure de retard est une tombe qui se creuse pour un enfant de la France (1). »

L'avancement des officiers dans l'infanterie de marine est rapide et j'ai le courage d'exprimer qu'il est un peu

de 30 à 31 ans	13
de 31 à 32 ans	12
de 32 à 33 ans	10
de 33 à 34 ans	5
de 34 à 35 ans	1

Emprunté à l'ouvrage : *Les troupes coloniales; statistiques de la mortalité,* par les docteurs Burot, médecin principal, et Legrand, médecin de 1re classe, de la marine.

(1) Paul de Cassagnac.

jalousé par beaucoup de nos camarades de l'armée. Qu'ils me permettent de dire cela sans fiel ni amertume, convaincu que je suis que ce sentiment, chez eux, est surtout la manifestation du regret qu'ils éprouvent de n'avoir point été associés à la vie périlleuse qui nous échoit.

« — Un tel est général, colonel, commandant ! Mais il est de ma promotion ! Quelle veine il a celui-là..... »

Nous avons entendu cent fois cette phrase dans la bouche de camarades de l'armée de terre, qui attendront des années encore un quatrième ou un cinquième galon. Effectivement « un tel a de la veine », il a celle surtout, en dehors de ses qualités et de ses mérites, de n'être pas mort comme tant d'autres de votre promotion aussi, mes chers camarades, disparus de l'annuaire depuis longtemps et qui, comme lui, avaient renoncé aux douceurs des garnisons de France et aux joies de la famille pour courir les risques de de notre existence vagabonde.

« — Vous êtes heureux, dans les troupes de la marine — nous dit-on souvent — vous pouvez prendre votre retraite à vingt-cinq ans de services, tandis que nous n'y avons droit qu'à trente. »

Ecoutez encore, vous qui enviez notre sort et nous traitez « d'heureux ». Il y a quelque dix-sept ou dix-huit ans, un de nos anciens, le capitaine Arnier, en retraite, eut l'idée d'établir une statistique de la mortalité des officiers dans l'infanterie de marine ; il fit porter ses recherches sur la période des trois années précédentes : *le cadre comportait alors moins de huit cents officiers ; en trois ans, soixante-seize étaient morts !... — un dixième — en trente ans la totalité disparaissait.* Et nous n'avions pas le Tonkin à cette époque ; nous n'avions pas le Soudan, le Dahomey, Madagascar, ces nécropoles où les étapes sont marquées par des croix. A la fin de 1885 le Tonkin à lui seul nous coûtait cent officiers !

Comprenez-vous pourquoi on nous donne le droit à la

retraite à vingt-cinq ans de service? Et maintenant traitez d'heureux ceux qui survivent, non pas parce qu'ils bénéficient d'une bienveillante mesure d'exception, mais parce que, cent fois, sous toutes ses formes, ils ont vu la mort en face et lui ont échappé. Croit-on que l'avancement ou la retraite gagnés à un tel prix, ne soient pas assez payés?

Il est un fait bien démonstratif de la façon dont la mortalité créait des vides dans nos rangs, même il y a vingt ans, bien avant l'extension de nos possessions coloniales.

Après la guerre de 1870-71, il n'y eut pas, pour l'infanterie de marine, de revision des grades; toutes les nominations faites au cours de la campagne, et elles furent nombreuses puisque toute une division de l'arme avait disparu dans le désastre de Sedan, toutes furent maintenues. Un nombre considérable d'officiers de tous grades encombra les cadres, enraya l'avancement à ce point qu'en 1877 nous comptions dans presque tous les grades les officiers les plus anciens de toute l'armée française. Quatre ans après, les choses étaient revenues à ce que j'appellerai leur état normal : les sous-lieutenants passaient lieutenants à trois ans de grade, les lieutenants étaient promus capitaines au bout de quatre ou cinq ans, et ces derniers nommés chefs de bataillon après neuf ou dix ans. Il avait suffi, pour remettre les choses au point, d'un peu de choléra en Cochinchine et d'une épidémie de fièvre jaune au Sénégal, aux Antilles et à la Guyane.

Depuis, les guerres coloniales ont fourni des exemples d'avancement très rapides : notre camarade Marmet est mort au Dahomey chef de bataillon moins de douze ans après sa sortie de Saint-Cyr; Perrin, sorti de l'Ecole en 1881, était capitaine en décembre 1884; il était au tableau d'avancement pour chef de bataillon lorsqu'il fut tué à l'ennemi, au Tonkin, en 1892; Cormier était chef de bataillon treize ans après sa sortie de l'Ecole; lui aussi est mort.

Combien n'en pourrais-je pas citer si, dans cet ordre d'idées, je laissais déborder mes souvenirs !

Que de brillants avenirs, fauchés trop tôt par les épidémies ou les balles !...

Jehenne, mon lieutenant aux assauts de Phu-Sa, où il est deux fois blessé, meurt à 23 ans enlevé par le choléra, chevalier de la Légion d'honneur.

Ligier, qui fut sous mes ordres à Formose, a la tête traversée par une balle. Il échappe à une blessure mortelle pour venir mourir à trente ans, en France, succombant à une maladie dont les germes ont été contractés au cours de sa carrière coloniale ; il est alors capitaine, décoré, et proposé pour le grade supérieur.

Berrut, un de mes lieutenants encore ; lui aussi, comme ses camarades, officier plein d'entrain, de bravoure et d'énergie, est broyé dans les rapides de la Rivière-Noire, en montant avec moi au Laos en 1888.

Launay, Hossinger, Lespiau, Lorette, mes sous-lieutenants ou lieutenants en 1883-84 au Tonkin, morts depuis capitaines, les uns au Soudan, les autres en Indo-Chine.

Et Giffart. Il avait servi près de moi à Formose comme caporal ; il avait été blessé. Rentré en France, il se voit, par suite d'un fâcheux malentendu, refuser un rengagement au moment où il va entrer à Saint-Maixent. Mais c'est un cœur de soldat qui bat dans sa poitrine ; il a senti la poudre, il en veut encore. J'obtiens son rengagement.

En 1891, il est lieutenant. Lui aussi tombe à son tour ; au Tonkin il a le corps traversé par une balle et il expire en faisant l'admiration de tous par son calme et son courage.

Et je ne parle ici que des officiers que j'ai eus sous mes ordres.

Le cœur a beau se bronzer dans notre rude profession, c'est un sentiment de tristesse profonde qui l'étreint quand, jetant un regard en arrière, on évoque par la pensée les étapes parcourues et qu'on constate que chacune d'elles a exigé d'aussi terribles sacrifices.

J'adresse ici un souvenir particulier, douloureusement ému, à la mémoire des officiers dont je viens de citer les noms; je confonds dans un même sentiment de regrets affectueux tous les camarades disparus au cours de ma carrière.

Que de pages il faudrait pour en contenir la liste !

***

Est-il besoin d'insister sur les raisons de l'avancement dans notre arme? Je ne crois pas.

J'ai tenu à en résumer les raisons parce qu'elles échappent trop souvent à la masse du public, qui coudoie tous les jours des gens qui reviennent de partout et ne se donne pas la peine de songer à ceux qui sont tombés là-bas, n'importe où, mais toujours au pied d'un drapeau français.

J'ai dit plus haut qu'il était indispensable que l'officier d'infanterie de marine fût doué de qualités et d'aptitudes que n'exigeait pas d'impérieuse façon la carrière d'un officier métropolitain. A chaque instant de notre existence, et depuis le grade de sous-lieutenant, nous sommes appelés à faire œuvre administrative en même temps qu'œuvre militaire, et cela dans des conditions souvent très délicates.

Qu'on imagine un jeune officier commandant un poste de cinquante ou soixante hommes, à Madagascar, ou au Tonkin dans les territoires militaires, investi par son commandant de cercle d'une grosse part de ses attributions administratives, et chargé en même temps de maintenir l'ordre menacé par des bandes dont souvent il ignore et la force et le gîte; qu'on le considère séparé des postes voisins par plusieurs jours de marche, absolument abandonné à lui-même par conséquent, et qu'on me dise si une situation de ce genre a son équivalent dans le service courant en Europe. Et je n'envisage pas là une situation exceptionnelle. Le même officier commandera le lendemain une escorte de convoi à travers les pays les plus tourmentés qu'on puisse imaginer, dans des régions infestées d'ennemis, obligé de flairer une embuscade derrière chaque buisson de la route, conduisant des centaines de porteurs prêts à lui échapper à la première occasion, seul juge des mesures à prendre en face des multiples éventualités qui se peuvent présenter. Ou bien encore on lui donnera un peloton ou une compagnie et il sera chargé d'une de ces petites opérations de guerre qui sont journalières dans beaucoup de nos colonies, et qui s'exécutent dans des conditions que ne prévoient aucun de nos règlements militaires, faits pour les guerres d'Europe. D'autres fois, il lui incombera une mission où il lui faudra faire preuve de qualités politiques et administratives, soit avec les populations directement sous ses ordres, soit avec les autorités et les populations de nos voisins hors frontières.

Et s'il avait sous ses ordres, dans ces circonstances délicates, toujours la même troupe, c'est-à-dire des soldats européens! Mais non, il conduira un jour des Tonkinois, une autre fois des Sakalaves ou des Haoussas.

Y a-t-il donc des grâces d'état pour lui, me demandera-t-on? Je ne vais pas jusque-là. Mais jeune il a été poussé par ses instincts vers une carrière qu'il aime, avec laquelle il s'identifie chaque jour tant par l'expériencé que par le contact de ses aînés, et, peu à peu, sans lui-même s'en douter, il acquiert ces qualités qui sommeillaient en lui et sont nécessaires à un si haut degré aux officiers de notre arme.

Je viens de parler du rôle de l'officier subalterne; combien plus délicates encore sont les situations si on remonte les échelons de notre hiérarchie! S'est-on jamais demandé ce qu'il faut à nos généraux déployer de tact dans la difficile mission de commander, souvent, des troupes sur des territoires en état de guerre, sous le contrôle et l'autorité de gouverneurs, hier encore députés ou journalistes, auxquels un décret ne saurait conférer la science infuse et dont tous les rapports à l'autorité métropolitaine doivent se résumer forcément par ces mots : Tout va bien?

Il n'est pas trop alors de toute une carrière d'expérience pour ne pas compromettre, en même temps que de graves intérêts, l'honneur du drapeau dont sont virtuellement responsables des mains inexpérimentées.

La troupe, dans l'infanterie de marine, est à hauteur de la valeur de son cadre d'officiers.

Après vingt-huit ans, il est peut-être besoin de rappeler Bazeilles et l'immortelle « division bleue » : à l'heure où tout s'effondrait en France, *fors l'honneur*, confié à de trop vaillants soldats pour jamais sombrer, entre ces vaillants, l'infanterie de marine trouvait moyen de se distinguer et de laisser, dans le cœur même de ses ennemis, un impérissable souvenir. Sous Paris, aux armées de la Loire, du Nord, de l'Est, partout elle donnait l'exemple de toutes les vertus militaires. Depuis, son livre d'or a pris des proportions inconnues aux autres corps de l'armée française. Quelques-uns de ces derniers ont assisté partiellement à nos expéditions lointaines ; elle a été partout et toujours.

Seule, elle a occupé le Tonkin avec une poignée d'hommes pendant de longs mois après la mort du commandant Rivière, au milieu d'une population hostile de plusieurs millions d'habitants, en face des plus terribles ennemis que nous ayons jamais eus à y combattre, les Pavillons-Noirs, inspirant à tous une terreur salutaire par sa fière contenance.

Seule, elle a entamé, il y a treize ans, cette campagne de Madagascar qui n'est point terminée et où, à côté de nos camarades de l'armée de terre, elle a donné plus tard la

large mesure qu'on sait en fournissant les éléments princi-
paux de la fameuse « colonne volante » et en assurant par
sa valeur, et le talent de son chef le général Voyron, l'entrée sans coup férir de notre drapeau à Tananarive;

Seule aussi elle avait commencé en 1884 l'expédition
de Formose, sous les ordres du lieutenant-colonel Bertaux-Levillain, qui sut, trois mois durant, faire face à
une situation épouvantable dont il faudrait chercher
loin l'équivalent dans notre histoire, grâce aux incompa-
rables qualités d'endurance, de discipline et de dévouement de la troupe qu'il commandait;

L'infanterie de marine a encore fourni les plus gros éléments de la si meurtrière conquête du Dahomey ; elle lui
a donné ce chef à l'indomptable énergie duquel nous devons le succès de la campagne, le général Dodds. Elle a
conquis, pied à pied, l'immense pays du Soudan, faisant
flotter nos couleurs jusqu'aux rives quasi-fabuleuses du
haut Niger, etc., etc.

Et je ne parle que pour mémoire des épidémies de choléra ou de fièvre jaune, qui, pour faire dans ses rangs des
victimes moins glorieuses, ne laissent pas que d'être pour
elle un redoutable ennemi.

N'ai-je pas le droit de dire que l'infanterie de marine,
depuis l'année terrible, est de toutes les armes de notre
armée celle qui a le plus contribué à faire vibrer dans les
cœurs français la fibre si sensible du patriotisme et que son
livre d'or n'a pas de second ?

C'est que le soldat, dans nos rangs, devient « marsouin »
avant même d'avoir fait sa première campagne. Pendant
les longues années que le contingent a fourni notre recrutement, beaucoup de conscrits nous arrivaient hantés par
une grosse appréhension. Six mois après, le contact, les
récits merveilleux des anciens, le prestige qu'exerce un
cadre tout entier qui parle des choses de la guerre pour les
avoir vues, tout cela avait métamorphosé nos jeunes gens,

et bien peu, au moment d'une destination coloniale, eussent consenti, si on le leur avait proposé, à changer d'uniforme.

Quand je commandais une compagnie dans un de nos régiments de France, j'avais coutume de faire moi-même, aussi fréquemment que le permettaient les exigences du service, des théories à mes jeunes soldats sur le service spécial auquel ils étaient destinés. Il est facile de trouver le chemin de ces cœurs honnêtes et simples et je me remémore aujourd'hui avec un gros plaisir le spectacle attachant que j'avais alors sous les yeux :

Les regards exprimaient l'incrédulité lorsque je les rassurais sur les exagérations qui, peut-être, leur avaient montré l'infanterie de marine comme une arme dangereuse outre mesure. Peu à peu l'incrédulité faisait place à l'étonnement ; puis, les figures s'illuminaient, la confiance les envahissait, un bon sourire soulevait le coin de toutes les lèvres, et quand, après leur avoir raconté un épisode vécu de nos guerres d'outre-mer, je terminais en leur disant : « Eh bien ! jeunes gens, ne vous sentez-vous pas le cœur de faire un jour ce qu'ont fait vos aînés ? » il n'y avait qu'une voix pour me répondre : « Oh ! si, mon capitaine ».

Ce m'est une bien grande satisfaction, quand je revis par le souvenir mes années d'activité, de me rappeler le soldat. Je cherche des expressions pour le qualifier, j'aime mieux résumer mon appréciation par un mot : dévouement. Cela me semble exprimer à la fois l'honnêteté, la discipline et le courage ; on n'est point dévoué si on ne possède pas ces qualités. Je remplirais des pages si je voulais citer des faits personnels à l'appui de mon opinion.

Un jour, à Formose, pendant les si sombres jours que nous passions là, seuls, presque sans vêtements, car nous venions du Tonkin, sans vivres frais, sans médicaments, couchant par une pluie battante sous de mauvais abris en paille, décimés par le feu de l'ennemi et par le choléra, pouvant nous croire oubliés par la mère patrie sur la plage

de Ke-Lung, je causais avec mes hommes, fatigués, éner-
vés par une aussi triste situation. Je leur faisais observer
qu'ils étaient jeunes, qu'un mauvais moment dans l'existence est bien vite passé, qu'ils seraient fiers un jour de
pouvoir raconter leurs souvenirs, etc., etc., et j'ajoutai gaiement qu'avec près de vingt ans de plus qu'eux je traver-
sais les mêmes épreuves.

« — C'est vrai, mon capitaine, me répondit respectueusement l'un d'eux, mais vous on vous récompensera par
une décoration ou un grade, et nous ?... Oh ! n'ayez pas
peur, s'empressa-t-il d'ajouter en me regardant bien en
face, vous pouvez, mon capitaine, nous demander tout ce
que vous voudrez, vous le savez bien, n'est-ce pas ? Si nous
sommes fatigués nous ne sommes pas usés, et les Chinois
n'en verront pas la fin ; ce que je dis là, c'est parce que vous
voulez bien causer avec nous. »

Il avait raison, mon troupier ; sans s'en douter il faisait
de lui et de ses camarades un bien bel éloge. L'officier
souffre et meurt, par devoir certainement, mais non pas
sans espérer la satisfaction d'une légitime ambition ; nos
soldats ne sont soutenus que par un sentiment : le devoir,
le dévouement à leur chef et à leur drapeau.

En 1886, entre deux séjours au Tonkin, j'étais à Paris où
je fus accosté dans la rue par un ouvrier qui me salua sans
hésitation d'un joyeux : « Bonjour, mon capitaine. » J'étais
en bourgeois ; pendant un instant je cherchai un nom sur
la figure de mon interlocuteur.

« — Un tel, me dit-il, de la 22e à Formose » et son souvenir me revint immédiatement. Nous causâmes ; il m'apprit alors que sept ou huit de ses camarades de la même
compagnie travaillaient à Paris et qu'ils s'étaient mutuel-
lement promis que si l'un deux me rencontrait il me de-
manderait un rendez-vous où tous seraient heureux de
venir. J'acceptai, bien entendu, et quarante-huit heures
après je me trouvais au milieu de ces braves gens au café

que j'avais indiqué. On se doute que la soirée se passa vite
à évoquer les souvenirs du Tonkin et de Formose. J'étais
heureux de la franche sympathie que me témoignaient ces
braves gens. Quand vint le quart d'heure de Rabelais, j'appelai le garçon.

« — Oh! mon capitaine, me dit l'un d'eux que tous les
autres encourageaient du regard, nous sommes si contents
de nous retrouver ce soir avec vous que sûrement vous ne
voudrez pas mettre un nuage à notre joie. Il y a longtemps
qu'entre nous il est convenu que si nous vous rencontrons, c'est nous, nous tous, qui vous offrirons quelque
chose; est-ce que *là-bas* ce n'était pas vous qui vous occu-
piez de nous? Laissez-nous notre tour. »

Cette demande était faite si gentiment, elle fut appuyée
si vivement par les autres, que je dus y accéder; j'en fus
d'autant plus touché que tous étaient des ouvriers travail-
lant de dures journées pour vivre.

Les bons soldats seuls conservent un semblable souvenir
de leurs anciens chefs après leur sortie du régiment.

Lorsque l'appel des réservistes pour les manœuvres
d'automne ramenait parmi nous les classes libérées depuis
quelques années, nous assistions à un spectacle intéressant.
Dès que les détachements, que quelques gradés allaient
chercher à la gare, pénétraient dans la cour de la caserne,
il se produisait invariablement, en dépit des précautions
prises et des ordres donnés, un moment de désordre. Tous
se précipitaient vers la salle des rapports ou vers les sous-
officiers présents, et les questions se succédaient : « Le
capitaine, le lieutenant un tel, sont-ils ici?... » Et si la
réponse était affirmative, il fallait les voir se mettre à la
recherche de leurs anciens officiers et implorer comme une
faveur d'être à nouveau placés sous leurs ordres! Grâce à
la complaisance du major nous y réussissions souvent, et
l'esprit militaire de nos jeunes soldats ne pouvait que
gagner à ce contact de vingt-huit jours avec des anciens

qui leur racontaient leurs aventures et de quelle façon s'exerçait, dans les difficiles circonstances des campagnes coloniales, la sollicitude des officiers pour tous.

Je doute qu'on puisse trouver dans les autres armes une liaison aussi intime et aussi réciproque que celle qui existe chez nous entre les officiers et la troupe, à tous les degrés de la hiérarchie. Non pas que nos camarades de l'armée de terre soient impuissants à la créer; simplement parce qu'ils n'ont pas eu, comme nous, l'occasion de la cimenter au cours d'expéditions longues et périlleuses.

Si, au lieu de supprimer le recrutement par le contingent, qui du même coup supprime les réservistes, on l'avait étendu en raison des besoins créés par l'extension de nos possessions lointaines, quel magnifique corps d'armée la France eût pu mettre en ligne sur sa frontière de l'est au jour de la revendication et de la revanche!

Trente mille hommes d'une infanterie composée de soldats ayant pour la plupart vu le feu de près, encadrés par des officiers éprouvés; animés d'un esprit de corps spécial, ayant à soutenir, à accroître encore, une réputation solidement établie par de si nombreux précédents, quel appoint sur les champs de bataille de l'avenir, qui nous réservent tant d'imprévu, et quel magnifique atout dans la main d'un général en chef! — Nous y serons quand même, mais amoindris et diminués grâce à une loi électorale qui nous prive d'un élément précieux, nos réservistes.

Je viens de parler d'un esprit de corps spécial; je m'explique : l'esprit de corps, sans positivement tendre à disparaître dans l'armée française, s'est sensiblement modifié par suite des diverses réorganisations qu'elle a subies, par suite aussi, il faut le dire, des revers de la campagne de 1870.

Autrefois, à tous les degrés de la hiérarchie, dans le rang comme au sommet, on aimait à évoquer les souvenirs du passé : l'Afrique, la Crimée, l'Italie, le Mexique étaient les thèmes sur lesquels aimaient à s'étendre les vieux soldats; autant de sujets de conversations, autant de souvenirs de gloire. Nos désastres nous ont forcément rendu plus réservés, et le malheur national est venu couvrir de son ombre l'héroïsme déployé quand même par nos soldats sur les champs de bataille.

D'autre part, le régiment dans l'armée actuelle n'est plus cette famille où chacun débutait avec la perspective d'y passer sa carrière, à laquelle par conséquent on s'attachait davantage, où les traditions se conservaient mieux, où l'amour-propre était constamment en éveil.

Aujourd'hui, les vieux soldats n'existent plus, les officiers changent fréquemment de corps; l'esprit général s'en ressent, et si les qualités natives de nos soldats subsistent les mêmes, elles sont moins surexcitées, moins « montées » qu'autrefois. Cet état moral, cet amoindrissement, il faut bien dire le mot, s'il n'est pas avoué par tous est cependant ressenti par le plus grand nombre; on en trouverait une preuve dans les nombreux « Historiques » publiés par des officiers soucieux de voir se conserver des gloires et des traditions qui, autrefois, se transmettaient de générations en générations à l'ombre d'un même drapeau.

Ces gloires, ces traditions, inspiraient le respect et la fierté de l'uniforme, elles engendraient l'esprit de corps; car quel meilleur moyen pour obtenir ces résultats que de montrer aux jeunes l'exemple de leurs aînés? N'étaient-ils pas, ceux-là, à leurs débuts, ce que sont les nôtres aujourd'hui? Si; avec en plus cependant les traditions du régiment, de la famille militaire, qui vont s'affaiblissant avec l'organisation actuelle de l'armée.

Nous avons l'heureuse chance, nous, de l'infanterie de marine, d'échapper à cet amoindrissement, plus apparent que foncièrement réel peut-être, mais qui existe. Notre organisation, notre service spécial, notre isolement en quelque sorte du reste de l'armée, nos séjours aux colonies, les expéditions lointaines, tout concourt à resserrer les liens qui nous unissent, à perpétuer les traditions, à relever l'esprit de corps.

Les circonstances font de nous des soldats toujours sur la brèche, ne connaissant ni trève ni repos, affrontant tour à tour les climats brûlants du Sénégal ou de l'Indo-Chine, la fièvre jaune ou la balle d'un barbare; elles créent, elles développent un esprit de corps spécial dont nous avons tous, jeunes ou vieux, le droit d'être fiers, car c'est par lui qu'on arrive à mener les soldats aux dernières limites de l'héroïsme; les nôtres le prouvent tous les jours.

CHAPITRE III

La vie dans les postes aux colonies.

Un officier chef de poste au Tonkin. — Ses rapports avec les indigènes.
— Inconvénients des interprètes. — Installation matérielle d'un
poste. — Emploi du temps. — L'officier chez lui. — Les visites. — Le
courrier de France. — La chasse. — Les incendies.

J'ai parlé plus haut, à propos du rôle des officiers dans
la colonisation, des aptitudes multiples dont il était indispensable qu'ils fussent doués ; je veux dire ici ce qu'est la
vie journalière d'un officier d'infanterie de marine aux
colonies. On m'excusera d'entrer dans des détails qui sem-
bleront puérils peut-être, mais que j'estime indispensables
pour donner une idée aussi exacte que possible d'une
existence si différente de celle qu'on s'imagine généralement.

« L'infanterie de marine sert aux colonies », tout le
monde sait cela, tout le monde le dit, et, généralement, la
pensée ne va pas plus loin. Tout au plus ceux qui appro-
chent de près les revenants d'outre-mer essayent-ils, souvent par pure politesse, de se renseigner sur la vie que
viennent de mener « là-bas » les militaires qu'ils rencontrent.
J'ai eu, au cours de ma carrière, l'occasion de causer avec
beaucoup de curieux du genre de ceux dont je parle et je
reconnais combien il est difficile, au cours d'une conversation plus ou moins écourtée, de donner à ses interlocuteurs
une réponse qui satisfasse complètement une curiosité du
moment, que n'aiguise que bien rarement le désir sincère
de s'instruire.

Un des obstacles les plus sérieux qu'on rencontre pour

se bien faire comprendre est l'ignorance absolue qu'on trouve chez tous, aussi bien de la géographie que de l'ethnologie des pays dont nous revenons.

Pour la grande masse du public auquel on parle de l'Indo-Chine : la basse Cochinchine, l'Annam, le Tonkin, le Cambodge, le Laos, etc., tout cela se confond dans une idée très vague, et savants sont ceux dont les connaissances vont jusqu'à savoir, à peu près, la position géographique de cet ensemble.

S'il s'agit du Sénégal, on confond de même façon nos anciennes possessions avec le Soudan, le Dahomey, le Congo, etc., tout ce qui se trouve sur la côte occidentale d'Afrique, ou par laquelle on y accède.

Au point de vue « peuples », c'est la même ignorance : Annamites, Cambodgiens, Siamois, Laotiens, etc..., tout ce monde-là est facilement classé sous la dénomination générique de « Chinois »; de même que bien peu de gens se rendent compte de l'énorme différence qui existe entre les tribus et les races auxquelles nous avons affaire dans l'Ouest africain.

Je n'ai pas la prétention de combler cette lacune à l'instruction générale en France ; j'aime à croire qu'avec le temps, et les intérêts qui de jour en jour iront resserrant les liens qui unissent la métropole à ses possessions lointaines, on sentira le besoin de s'instruire de ces questions et qu'on verra figurer un programme complet de ces connaissances, dans l'enseignement qu'on donne à nos enfants, à côté de celui qui consiste, par exemple, à leur fourrer dans la tête la composition si hétérogène de l'empire romain. Plus nous irons, et plus, me semble-t-il, il paraîtra bizarre de voir des gens intelligents et instruits faire la différence entre les Volsques, les Osques, les Eques et les Erniques, et confondre sous un même nom des peuples aussi différents que les Annamites et les Laotiens, les Ouoloffs et les Touaregs, les Hovas, les Sakalaves, etc.

Pour essayer de donner une idée exacte de notre existence aux colonies, je prendrai pour type la vie d'un officier subalterne au Tonkin. Je parlerai d'un officier subalterne parce que c'est dans les grades inférieurs que comporte
cette dénomination que se passent les plus nombreuses
années de la carrière militaire, pour la majorité au moins
et du Tonkin parce que c'est celle de nos possessions qui
emploie la part la plus forte de nos officiers. Avec quelques variantes, je crois que j'aurai donné une idée de la vie
journalière de mes camarades dans les colonies, abstraction faite, bien entendu, des opérations de guerre, qui
empruntent aux peuples en présence desquels on se trouve
des caractères absolument différents.

Je dois d'abord dire que, contrairement à ce qui semble-
rait être la logique et le bon sens, il est, dans la plupart
des cas, impossible, au moment de la désignation d'un officier pour le commandement d'un poste, de s'assurer s'il
connaît, ou non, la région dans laquelle il va exercer une
part, souvent importante, d'autorité, et assumer une responsabilité proportionnelle à cette autorité.

Les unités, compagnies ou bataillons, occupent tel territoire; l'officier appartient à une de ces unités, il la rejoint
à son débarquement de France, et c'est là qu'il sera employé. S'il ne connaît pas la région, si même il arrive dans
la colonie pour la première fois, mais si c'est un ancien, il
aura vite fait, grâce à l'expérience acquise dans des situations anologues, de se mettre au courant. Si c'est un jeune
qui débute, il s'en tirera quand même; il aura à déployer
plus d'application, mais il est déjà trempé dans un milieu
qui l'a préparé aux éventualités qui vont se présenter.

Un des premiers soins de l'officier qui prend le commandement d'un poste est de se mettre au courant de la situation politique et de l'état d'esprit des populations, non
seulement dans son propre rayon d'action, c'est-à-dire dans
l'étendue de son commandement, mais encore au dehors

de celui-ci, en tant tout au moins que le contre-coup des événements qui se passeraient sur ce que j'appellerai ses frontières peut se faire sentir sur le territoire dont il a la surveillance. On imaginerait combien cette tâche est ardue et délicate si on connaissait jusqu'à quel point la duplicité est incarnée dans le caractère des Annamites en général, des notables et des mandarins en particulier.

Ces derniers apprennent toujours, sans qu'il soit besoin de les en informer, que tel ou tel poste vient de changer de commandant; ils ont, sous ce rapport et sous bien d'autres, une police étonnamment faite, que le devoir d'un bon officier est d'arriver à employer au mieux des intérêts dont il a charge, ce qui n'est pas facile dans bien des cas.

Notables de villages et mandarins habitant la circonscription du poste doivent, sans convocation, une visite au nouveau commandant; ainsi le veut l'usage, le *phép* annamite, et il importe absolument à notre prestige de ne point le laisser tomber en désuétude.

Il arrivera que tel mandarin, ou chef de village ou de canton, pour tâter le nouveau venu, s'abstiendra de cette politesse; celui-là sera un homme à surveiller. Il n'est au fond ni pire ni meilleur qu'un autre, mais dès l'instant qu'il ose davantage, il appartiendrait, le cas échéant, à la catégorie des entraîneurs.

Surtout pas de cris, pas de menaces, pas d'emportement lorsque, rappelé à ses devoirs, il se présentera et ne manquera pas de dire pour son excuse, ou qu'il était malade, ou qu'il ignorait la venue d'un nouvel officier. On se contente de lui répondre que ses allégations sont fausses, et on refuse les deux poulets étiques qu'il a fait déposer à vos pieds par un de ses domestiques.

C'est un usage absolu que, lors de l'entrée en fonctions d'un chef de poste, les visites qu'il reçoit des notables soient accompagnées d'un cadeau. Les Annamites ont été de tous temps habitués à cela par leurs mandarins, et,

quoique j'aie entendu exprimer l'avis contraire, j'estime
que nous devons conserver cette habitude, dans une certaine mesure au moins, c'est-à-dire restreinte à des proportions aussi minimes qu'on voudra et aux rares occasions d'une prise de commandement ou d'une grande
solennité, le jour de l'an français, celui annamite, la fête
nationale, par exemple.

Jamais un indigène ne se présente devant un de ses
mandarins, aussi bien pour une visite de politesse que
pour affaires, les mains vides. Souvent, en raison de la
position sociale du visiteur et aussi, et surtout, de l'importance de l'affaire à traiter, les cadeaux se traduisent par
des piastres et des barres d'argent. Il est bien évident qu'un
officier refusera de semblables présents; mais l'accepta-
tion du poulet, du régime de bananes ou de quelques œufs,
ne compromet pas sa réputation, et elle affirme un principe de supériorité qu'on doit s'attacher à maintenir par
tous les moyens. Refuser ces sortes de présents sous prétexte qu'un officier français n'accepte rien, c'est donner
une raison que les Annamites ne comprendront pas; les
refuser, comme je l'ai vu faire, en objectant qu'il ne nous
appartient pas d'appauvrir, si peu que ce soit, une population misérable, c'est une naïveté que, seuls, commettent
ceux qui ne sont pas au courant des mœurs indigènes. On
peut être certain, en effet, que poules ou fruits refusés ne
retourneront jamais aux propriétaires qui les ont fournis.
Ou bien le notable et son personnel, de la basse-cour ou
du jardin desquels ne sortent jamais les volailles ou les
fruits en question, les garderont pour eux; ou bien l'interprète, si l'officier ne comprend pas l'annamite, traduira
carrément son refus en disant aux visiteurs : « Le mandarin français accepte ton cadeau; fais-le déposer dehors. »
Et il trouvera moyen de le garder pour lui.

Donc, on acceptera le présent, en exprimant qu'on est
heureux de le faire à l'occasion d'une première visite et

pour bien affirmer des relations de bonne amitié qu'on espère voir se continuer toujours, mais en ajoutant que la sollicitude qu'on porte à tous n'a pas besoin de ce genre de stimulants et que dorénavant il faudra les supprimer. Il importe que ces paroles soient entendues et répétées, car il arriverait indubitablement que bien des notables, le jour où ils auraient à se présenter au poste, se feraient remettre par leurs administrés telles ou telles choses sous prétexte de les offrir au commandant, et les garderaient pour eux.

Puisque je parle des visites que font les indigènes aux officiers, je veux dire un mot de leur façon de saluer que d'aucuns, même en Indo-Chine, ne trouvent pas conforme à la dignité humaine. L'indigène qui se présente devant une autorité salue en mettant les deux genoux à terre, puis, joignant les mains à hauteur de son front, il incline la tête jusque vers le sol. Enfant, on lui a appris à faire le « lay », c'est l'expression, à ses parents, exactement comme, chez nous, on lui aurait enseigné à se découvrir; il n'y a rien là qui rappelle le sens que nous attachons à la génuflexion, et l'Annamite qu'on en dispense, mû par un sentiment de dignité très mal placé, est aussi stupéfait que le serait chez nous un monsieur en visite dans un salon auquel la maîtresse de la maison ferait remettre son chapeau sur la tête. Non seulement, il importe de laisser les gens saluer comme ils en ont l'habitude, et comme ils le doivent, mais il faut se garder du laisser-aller qui est souvent dans notre caractère, et qui porterait vite les Annamites, observateurs et malins, à se dispenser, au point de vue convenances, de choses dont l'absence, immanquablement, nuirait à l'autorité de celui qui les supporterait.

Avec l'expérience on acquiert vite l'habitude de la tenue à garder au cours des visites que vous font les autorités indigènes. Si on a affaire à des mandarins d'un rang élevé, et surtout s'ils sont âgés, une certaine déférence empreinte de cordialité et de bonhomie n'est pas déplacée; mais si on reçoit les autorités d'un village, d'un canton ou d'un « huyen », on agira autrement. Une sorte d'indifférence, au début surtout, est de bon ton. On laisse les gens faire leurs salutations et exposer l'objet de leur démarche sans presque faire semblant de s'apercevoir de leur présence; il va sans dire que cette attitude doit cacher une attention soutenue, surtout si on comprend l'annamite; on est à même alors de contrôler la traduction de son interprète.

Ce dernier, le plus souvent, est un gradé indigène qui n'a à sa disposition que bien peu de mots français et qui traduit de très baroque façon ce qu'il a à dire; dans ce cas, les officiers arrivent facilement à connaître la valeur des expressions dont il se sert. Quand par hasard on dispose d'un véritable interprète, il y a lieu de s'en méfier et il serait à désirer ne voir s'en servir que les officiers comprenant assez d'annamite pour le contrôler. Je dis *comprenant*, car beaucoup arrivent assez facilement à comprendre sans pouvoir *s'exprimer* eux-mêmes; la langue annamite, avec les six sons qu'elle comporte et qui donnent aux mêmes expressions des significations absolument différentes, étant certainement une des plus difficiles à parler correctement.

S'il faut se méfier des interprètes de profession, c'est qu'en pays d'Annam, plus que partout ailleurs, ils sont malhonnètes et voleurs; en veut-on des exemples ?

C'était en 1884; un officier supérieur, commandant une colonne dans le Delta, avait sous ses ordres un de ces employés indigènes, provenant de l'administration de basse Cochinchine. Il arrive avec sa troupe dans un grand village dont les notables sont réunis et l'attendent; parmi les présents qui lui sont offerts, il y a un bœuf; il accepte quelques fruits et refuse le reste, surtout le bœuf.

« Le grand mandarin français, traduit l'interprète, veut bien accepter ce que vous lui offrez là; c'est peu, mais il fait la part de la misère qui résulte de la guerre ; il ordonne qu'à part ces fruits, le reste soit conduit à tel endroit », et indique la case qui lui a été affectée comme logement. L'officier qui me racontait ce fait ajoutait : « J'avais tout compris, mais que faire ? J'étais incapable de m'exprimer et de dire la vérité aux gens qui étaient là. Je me tus pour ne pas laisser soupçonner à mon coquin que je le comprenais, mais je me promis de surveiller ses traductions, surtout lorsqu'elles intéresseraient les opérations que je dirigeais. »

Une autre fois, — cela se passait en Cochinchine, — j'étais en visite chez l'administrateur de la province, un officier d'infanterie de marine. Je l'avais trouvé à son tribunal et il m'avait offert un siège à côté de lui, me priant d'attendre qu'il eût terminé l'affaire entamée lors de mon arrivée. Pendant les quelques mots qu'il échangeait avec moi, son interprète avait trouvé moyen de dire au demandeur ou au défendeur, je ne sais plus lequel : « Tu ne dis pas là ce que je t'ai dit de dire ; fais attention à ta langue, car l'administrateur comprend l'annamite. »

Non seulement l'administrateur comprenait l'annamite et le parlait, mais il entendait sans en avoir l'air. Il fit séance tenante et pendant qu'il rallumait son cigare, administrer dix coups de rotin à son interprète, puis l'audience fut reprise sans que personne dans l'auditoire songeât à blâmer l'un ou à plaindre l'autre.

Mais je reviens à mon commandant de poste.

Il a pris le contact avec les populations, et tous les jours, son application aidant, il perfectionne sa connaissance de la situation au point de vue politique.

Il lui faut s'occuper de l'installation de sa troupe.

Quelquefois il arrive dans un poste de création récente ou bien qui de provisoire devient définitif.

Il doit élever des parapets, les entourer de défenses ac-

cessoires, édifier des cases, parfois creuser un puits pour
avoir sous la main, en cas d'événements, de l'eau potable,
etc., tout cela avec la seule main-d'œuvre de son détachement et généralement sans aucune ressource pécuniaire.
Rares et heureux sont ceux qui, dans ces circonstances, se
voient allouer par l'autorité administrative un crédit de
quelques centaines de francs.

On se met à l'œuvre. Les arbres, les bambous, la paille
pour faire les toitures, tout cela sera coupé dans la forêt
ou dans les champs voisins, où on les trouve dans la plupart des cas. Mais encore faut-il avoir attention à ne couper
que certaines essences d'arbres moins sujettes que d'autres
à se pourrir en terre et moins susceptibles d'être attaquées
par la vermine. Une bonne précaution sera de passer au
feu l'extrémité des poteaux qui doit être enterrée; la car-
bonisation extérieure les garantit de l'attaque des insectes,
en même temps que la sève, chassée et neutralisée, n'en-
gendre plus les tarets, ces mortels ennemis de nos constructions élevées avec des bois verts. Les bambous sont
également, de la part d'un officier expert, l'objet d'un choix
minutieux et, en aucun cas, ne doivent être employés verts
si on veut qu'ils résistent; mis en œuvre dans de bonnes
conditions, ils dureront plus longtemps que les bois les
plus résistants; il est bon, quand les circonstances le permettent, c'est-à-dire quand on a du temps devant soi, de les
immerger le plus longtemps possible; il est bien rare qu'à
défaut d'une rivière ou d'un ruisseau, on ne trouve pas à
proximité une mare quelconque qui permette cette opération. L'herbe elle-même destinée à couvrir les cases n'est
pas la première venue. La meilleure, bien connue des indigènes, est celle qu'ils dénomment « tranh »; on la coupe
verte, haute de un mètre à un mètre trente, et on la fait
sécher; il est malsain de l'employer sans cette précaution.

Il a y avantage à employer comme charpente de gros
arbres; trente, quarante centimètres de diamètre ne sont

pas trop; en tout état de cause ils durent plus longtemps, et si le poste brûle, ce qui se voit trop souvent, par une cause ou par une autre, on a la ressource de le réédifier rapidement, et sans beaucoup de travail, sur ces mêmes charpentes que la rapidité de combustion des bambous et des paillottes a à peine entamées.

La charpente et la toiture ne sont pas tout; il faut faire du torchis, imaginer des systèmes de portes et de fenêtres, en bambous bien entendu, dont la description ferait rêver nos menuisiers européens; construire des lits de camp, installer des planches à bagages, etc.

Et s'il faut un puits, c'est encore toute une affaire. Ici, point d'ouvriers spéciaux, point d'outillage approprié à ce genre de besogne. Je me suis trouvé dans ce cas-là, et j'ai procédé de la façon suivante : j'ai fait creuser un vaste entonnoir ayant cinq ou six mètres de diamètre à la surface du sol; à cinq mètres j'ai trouvé l'eau. Avec des briques, je fis alors construire mon puits au diamètre voulu, en descendant le plus possible les fondations de ma maçonnerie. Lorsque celle-ci eut une hauteur suffisante (environ un mètre au-dessus du fond) l'eau fut vidée et la terre creusée assez profondément pour recevoir une épaisse couche de sable destinée à servir de filtre. Puis le travail de maçonnerie fut repris jusqu'à ce que celle-ci dépassât le niveau du sol. La terre du déblai fut alors rejetée autour de ma construction qui s'élevait comme une grosse colonne au fond de mon entonnoir. Mon puits était fait et j'eus d'excellente eau pendant les longs mois que je séjournai là.

Des briques?... de la chaux?... on en fait soi-même. On construit des fours; le sol argileux, ou la montagne calcaire d'à côté, fournissent la matière première. Il est bien peu de postes sérieux du Tonkin qui ne connaissent ces installations, dues à l'ingéniosité de nos officiers. J'ai achevé et agrandi, au poste de Van-Bu, dans la haute rivière Noire, une briqueterie qu'avait commencée mon prédécesseur, le colonel Pennequin. J'obtenais, par mois, cinquante mille briques, des carreaux, des tuiles, avec la seule main-d'œuvre militaire. J'avais un four qui en six jours de chauffe me donnait quatre ou cinq mètres cubes de chaux ; tout cela d'excellente qualité ; mes ouvriers étaient des soldats laotiens, sans expérience aucune au début, qui en très peu de temps étaient devenus d'excellents ouvriers. Le pétrissage, le moulage, le séchage, la mise en haies, l'enfournement et la chauffe n'avaient plus de secrets pour eux ; le *Manuel du briquetier* avait été mon professeur.

Je ne parle que pour mémoire de la mise en état de défense d'un poste ; nous savons par métier assez de fortification pour n'être pas embarrassés par un ouvrage de ce genre ; c'est cependant un travail délicat si on veut réfléchir que des parapets en terre sont appelés à supporter, six mois de l'année, des pluies diluviennes qui n'en laisseraient pas traces, s'ils n'étaient confectionnés dans des conditions spéciales de solidité.

Le poste est construit, les hommes et les officiers sont logés, un local est affecté au magasin à vivres, un à l'infirmerie, un autre aux armes et aux munitions, etc. J'admets le pays momentanément tranquille ; notre officier commandant va donc jouir d'un peu de repos, savourer avec béatitude les douceurs de l'oisiveté. — Non. On va en juger par les occupations quotidiennes qui sont les siennes, sans préjudice de celles que les événements de toute nature viennent y ajouter.

Dès le matin, pendant que les effectifs disponibles sont employés, sous la surveillance des sous-officiers, aux différentes corvées de propreté, à la distribution des vivres, etc., le commandant du poste, qui, dix-neuf fois sur vingt, n'a pas de médecin, passe la visite à son monde : il a avec lui des troupes indigènes renforcées quelquefois d'un faible détachement d'Européens. La fièvre, l'embarras gastrique, l'anémie, la dysenterie, les plaies aux pieds, la diarrhée, les insolations, constituent le plus souvent les cas de maladies journalières. On voudra bien reconnaître qu'il faut une certaine expérience et beaucoup d'esprit d'observation pour s'acquitter d'une semblable charge, à laquelle ne prépare pas l'instruction militaire, si développée qu'on la suppose. La pharmacie des postes sans médecin ne comporte, avec grande raison d'ailleurs, qu'un nombre assez restreint de médicaments ; sont écartés ceux qui ont des propriétés toxiques trop violentes, ou bien encore ceux dont l'administration est réduite à quelques cas savamment diagnostiqués. Du sulfate de quinine, de l'ipéca, du sulfate de soude, de l'alcoolé d'opium, de la teinture d'iode, du bismuth, de l'éther, du perchlorure de fer, une solution de sublimé, du coton, des bandes et du linge à pansements, constituent, avec quelques autres dont le détail m'échappe, à peu près tout l'approvisionnement en médicaments dont on dispose. Cela suffit pour les cas d'indispositions courantes. L'expérience, l'observation, les conseils surtout que nous donnent avec tant de complaisance nos camarades du corps de santé de la marine, lorsque nous avons l'occasion de les rencontrer ou de vivre avec eux, nous permettent d'arriver vite à la somme des connaissances nécessaires pour faire face aux éventualités.

La visite, l'administration des médicaments, les pansements que, le plus souvent, l'officier doit faire lui-même, absorbent une notable partie de la matinée ; on passe à l'exercice, qu'avec les troupes indigènes surtout il importe de faire presque chaque jour. On en borne le programme à ceux des exercices qui peuvent trouver leur application dans les opérations qu'on est appelé à diriger ou à celles auxquelles on peut éventuellement concourir. Il y a là de quoi occuper largement une heure ou deux chaque matin, sans compter le tir à la cible qu'on doit faire exécuter et surveiller rigoureusement.'

L'après-midi est généralement consacrée aux travaux d'entretien du poste; ils commencent dès que le soleil permet de mettre sans inconvénients les hommes dehors. Ces travaux sont de tous les jours sous les ordres d'un officier soucieux d'entretenir un aménagement très rudimentaire. Sa surveillance personnelle est indispensable.

Pendant sept ou huit mois de l'année, la création et l'entretien d'un jardin potager sont encore des occupations. Dès que les pluies commencent à faire relâche, on s'occupe de préparer la terre; les villages voisins fournissent en abondance du fumier de buffles, et la main-d'œuvre ne manque pas. Ce n'est ni une distraction, ni un accessoire, ni du superflu qu'un jardin potager pour un chef soucieux du bien-être et de la santé de sa troupe, des soldats européens surtout. La ration journalière fournie par l'administration, et augmentée des achats qu'on peut faire sur les fonds d'ordinaire, est suffisante, mais elle est peu variée, et les produits du jardin viennent agréablement en rompre le monotonie pour le plus grand bien de la santé de tous. Étant donné que les produits récoltés sont consommés par tous : officiers, sous-officiers, soldats français ou indigènes, c'est généralement le commandant du poste qui fait les frais de l'achat des semences.

D'avance, les semis sont faits dans des caisses soigneusement garanties des ardeurs du soleil ou des pluies d'orages; l'emplacement du jardin est aménagé, les planches bien tracées; quand la chose est possible, l'eau est amenée sur place même, soit à l'aide de canaux creusés en terre, soit par une conduite construite en bambous. Dans ce cas, des barriques sont enterrées dans le jardin de toute leur profondeur, sur le parcours de la canalisation; elles constituent de petits réservoirs toujours pleins, où les hommes de corvée n'auront plus qu'à aller puiser avec leurs arrosoirs.

Dès que les grosses pluies cessent, on repique et on sème

en pleine terre; le fumier n'a pas été ménagé, et on a eu raison, mais il importe, pour qu'il ne brûle pas les plantes, que celles-ci soient arrosées chaque jour. On s'acquitte de cette tâche le soir, vers les cinq heures, quand le soleil a perdu de sa force. On a préparé à l'avance des claies en bambous ou en paillottes, avec lesquelles, le matin, on recouvre les semis ou les plants nouvellement repiqués, afin de conserver à la terre une humidité indispensable à leur bonne venue.

Après une première année d'expériences, tous nos officiers deviennent d'excellents maraîchers; mais c'est encore une occupation, car tout ce qui touche au bien-être de leurs hommes exige leur surveillance personnelle.

Si, à ces occupations multiples, on ajoute les relations fréquentes avec les indigènes, l'organisation et la mise en route d'escortes que certains postes fournissent journellement, les reconnaissances que l'officier dirige souvent lui-même, on aura une idée de la somme d'activité qu'il lui faut dépenser et on se rendra compte qu'il lui reste peu de moments de loisir; et encore, je n'ai pas parlé de la correspondance officielle, des rapports, des états de toutes sortes à fournir à tout instant à l'autorité supérieure, non plus que de la surveillance de la comptabilité de son magasin à vivres, ni de celle de sa compagnie, s'il est capitaine. A ce travail de bureau, on consacre générale-ment la soirée, alors que tout le monde dort, et que le silence de la nuit n'est plus troublé que par le monotone « Sentinelles, veillez! » des factionnaires.

Voilà, par le gros, la vie officielle d'un officier détaché dans un poste. Qu'on y ajoute le souci des pirates, dont il faut déjouer les entreprises et éviter les surprises; qu'il faut poursuivre souvent dans des repaires éloignés, com-battre sans hésitation partout où on sait devoir les ren-contrer; contre lesquels il faut dresser des embuscades de jour et surtout de nuit, et que, bien franchement, on me dise si, en France, dans la grande masse du public, on soupçonne une existense aussi absorbante, aussi pleine de responsabilités de toutes sortes.

La vie intime, le *at-home*, de l'officier mérite aussi qu'on s'y arrête un peu.

Bien souvent il est seul, ce qui constitue une situation morale fatigante, pour les jeunes officiers surtout, qu'une longue pratique n'a pas encore rompus à ce genre de vie. Son habitation n'est pas plus luxueuse que celle de ses hommes : une paillotte divisée, à l'aide de claies en bambous, en deux ou trois compartiments pompeusement décorés des noms de bureau, salle à manger, chambre à coucher. On se doute de ce qu'est le mobilier ; un lit de camp en bambous, fabriqué par les soldats indigènes, quelques sièges sortant du même atelier, une table ou deux, c'est généralement tout ; les malles, déposées sur des tréteaux improvisés, servent d'armoires. Nous sommes loin du « luxe oriental » que d'aucuns s'imaginent.

L'officier ne voyage pas sans sa caisse de « popote », c'est-à-dire sa vaisselle et sa batterie de cuisine ; elle est plus ou moins complète suivant les goûts et les moyens de chacun, mais c'est une dépense qu'il faut se résigner à renouveler à chaque séjour colonial ; il en reste si peu et les débris sont en si pitoyable état, au bout de deux ou trois ans de service, que cela ne vaut pas la peine d'être rapporté.

Le personnel domestique est généralement choisi dans la troupe indigène : un ordonnance que, je ne sais trop pourquoi, nous avons pris l'habitude de désigner sous le nom anglais de « boy », et un cuisinier. Le « boy » c'est la femme de ménage ; il sert à table, fait les chambres, lave le linge et le raccommode ; il a les défauts de sa race ; il faut l'habituer à une propreté dont son éducation première ne lui a pas donné idée et le corriger de son penchant au vol ; on y arrive quelquefois.

Le cuisinier a débuté par aider un professionnel quelconque ; en lavant la vaisselle et en surveillant les fourneaux, il a appris à confectionner, il le croit du moins, un plat ou deux. Cela suffit et, la *Cuinière bourgeoise* aidant, on arrive à le dresser de très suffisante façon. Il est même remarquable de constater avec quelle rapidité il arrive à faire une cuisine mangeable.

Suivant les ressources qu'offre la localité voisine, on procède de façon différente avec son vatel. Si on est perdu dans la brousse ou dans la montagne, on lui fournit tout, c'est-à-dire les vivres qu'on touche au magasin du poste, *contre remboursement à l'Etat*, et ce que, soi-même, on arrive à se procurer ailleurs ; mais alors, chaque jour, on a à se préoccuper de confectionner son menu. Si, au contraire, il se trouve à proximité du poste un village un peu important où se tienne un marché, on ne lui fournit que les vivres de ration et ceux de provenance européenne qu'on ne trouverait pas à acheter sur place, et, moyennant une somme fixe qu'on lui donne par jour, il doit nourrir son maître. On se garde bien de lui donner cette allocation d'avance pour une trop longue période ; il jouerait sans vergogne l'argent de son patron et l'ordinaire s'en ressentirait trop.

Ce personnel indigène, il est à peine besoin de le dire, doit être l'objet d'une surveillance et d'un contrôle de tous les instants, si on ne veut pas s'exposer aux désagréments qui résultent de ses bévues.

Je recevais un jour, dans un poste de Cochinchine, trois ou quatre étrangers, fonctionnaires et officiers de marine, avec lesquels il y a moins de sans-façon, moins de laisser aller qu'avec des camarades de régiment. C'était tout à fait au début de la saison du jardinage et, grâce à des soins de chaque instant, j'avais obtenu de magnifiques salades à une époque où les autres devaient les attendre encore deux ou trois semaines.

J'avais fait, il va sans dire, admirer mes produits à mes invités en leur annonçant que, le soir au dîner, nous goûterions mes primeurs.

Mon boy, trouvant le saladier trop petit, apporta triomphalement mes laitues.... dans ma cuvette!

Une autre fois, toujours en Cochinchine, j'avais à déjeuner chez moi l'administrateur de la province, le percepteur et sa femme et deux ou trois camarades. J'avais pour la circonstance mis les petits plats dans les grands. Mon poste, Bien-Hoa, n'étant distant de Saïgon que de vingt-six kilomètres, j'avais envoyé la veille des gens aux provisions; je m'étais, entre autres choses, fait apporter une caisse de glace. C'était un luxe dont on était privé hors du chef-lieu de la colonie.

Grâce à du gibier rare, qui était peut-être un peu la cause de mon invitation, j'avais réussi à composer un menu aussi copieux que délicat, et le « champagne frappé » qui figurait sur le carton déposé sur l'assiette de chaque convive fut accueilli par un ban en mon honneur au moment où on se mit à table. J'avais concassé de la glace, j'y avais ajouté une poignée de sel marin, et ce mélange que contenait une caisse dûment garnie de sciure de bois, renfermait mes bouteilles.

Le moment venu, je donnai l'ordre à mon boy de servir le champagne; le bouchon saute, la mousse s'échappe, chacun s'empresse pour savourer le frais nectar. Horreur!!!... mon champagne était chaud, mais chaud, vraiment chaud!

Le boy, préoccupé par un service sortant de l'ordinaire, s'était dit que les bouteilles, salies par la sciure de bois et la glace fondue, ne seraient pas présentables au moment de les servir, et depuis une heure elles trempaient, en plein soleil, dans une jarre d'eau propre qui, certainement, marquait trente ou trente-cinq degrés.

Il faut se défendre, dans son intérieur, contre trois ennemis redoutables : les moustiques, les fourmis et les termites, plus vulgairement dénommés « pous de bois ». La moustiquaire installée au lit, soigneusement battue et fermée avant la tombée de la nuit, peut réussir à vous procurer un sommeil tranquille à la condition qu'on sache s'y glisser sans ouvrir en même temps la porte à ce mortel ennemi de votre repos ; il faut se résigner à supporter leur piqûre tant qu'on n'est pas renfermé dans cette citadelle. Les vêtements de toile, qu'on porte le plus souvent, sont traversés par le dard de ces bestioles, plus facilement qu'ils le seraient par la dent d'un chien. J'ai habité des postes où, dès qu'on s'asseyait, soit pour écrire, soit pour manger, il fallait se fourrer, des pieds à la ceinture, dans un sac à distribution.

Les fourmis envahiraient, si on n'y prenait garde, votre lit, votre table et vos provisions de toutes sortes. On s'en garantit en faisant tremper les pieds des meubles qui reposent à terre dans des godets remplis d'eau et de pétrole, mais il faut avoir soin qu'aucun des meubles ne touche un mur ou une cloison.

Les « pous de bois » sont terribles. Ils s'attaquent aux bois les plus durs, à l'exception peut-être unique du camphrier, à cause de son odeur. En une nuit ils percent une malle, et, cheminant droit devant eux à travers son contenu, ils perforent tout, vêtements, livres, etc. Montant, descendant, recommençant sans cesse, jusqu'à ce qu'ils aient réduit le tout à l'état de dentelle ; on s'en défend comme on le fait des fourmis.

Les scorpions, les cent-pieds, les serpents, sont encore des hôtes auxquels il est bien difficile de refuser l'hospitalité ; on ne se préoccupe pas de leur voisinage, on les tue quand on les aperçoit.

Je ne parle pas des lézards, des jeckos, des margouillats ; ces petits reptiles sont inoffensifs et se familiarisent à ce

point que j'ai vu un margouillat, toujours le même, qui
chaque soir grimpait sur ma table à la fin de mon repas,
et, près de la lumière, attendait que je veuille bien lui
déposer une goutte de café qu'il dégustait en vrai gourmet
pour disparaître ensuite.

Les approvisionnements de toutes sortes nécessaires aux
postes détachés leur parviennent par les soins du « service
du transit », confié aux services administratifs de la colonie. Des convois périodiques, plus ou moins rapprochés
suivant l'importance du réseau à desservir, en assurent la
répartition. Les colis sont portés à dos d'hommes, ou, dans
certaines régions, transportés en pirogues ; dans l'un ou
l'autre cas ils arrivent souvent à destination avariés, soit
par la pluie, soit par l'eau de la rivière ; on ne s'en émeut
pas plus que de raison ; c'est une éventualité prévue ; mais
si, pour les vivres et le matériel administratif, on a la ressource de faire établir par une commission un procès-ver-
bal de perte, il n'en est pas de même pour les envois
particuliers ; c'est la bourse du destinataire qui subit les
conséquences de ces avaries.

La vie si remplie dont je viens de tracer un tableau
abrégé, est fort heureusement, agrémentée de quelques distractions, en tête desquelles figure le passage de camarades auxquels on est heureux d'offrir l'hospitalité. On se
rattrape alors des longues heures de solitude. Si les passants sont nouvellement arrivés dans la colonie, on cause
de la France, et on les initie au pays s'ils ne le connaissent
pas encore. Si au contraire ils vont à Haïphong s'embarquer pour rentrer, on les charge de commissions verbales
pour les amis qu'ils vont retrouver au régiment ; on y joint
souvent une caisse contenant quelques bibelots ramassés
à grand'peine, qui sera mise au chemin de fer à Toulon
ou à Marseille, à l'adresse de la famille qui va attendre de
longs mois encore le retour d'un fils ou d'un mari.

On fait faire à ses hôtes l'inévitable tour du propriétaire :

les travaux de défense, les constructions, le potager, la briqueterie, le poulailler, etc. tout est visité en détail et on tire souvent bon profit de l'expérience de ses visiteurs.

Puis on éventre quelques boîtes de ses meilleures con- serves, on tue sa plus belle volaille, on coupe les plus beaux produits de son jardin et on prépare le festin. La soirée se prolonge tard à causer ; elle ne finirait pas si le lendemain, de bon matin, les camarades ne devaient se remettre en route. On monte à cheval avec eux, on les accompagne une heure ou deux ; un dernier « au revoir », et on rentre un peu triste. On se sent plus seul après la journée de la veille ; c'est une impression fugitive d'ail- leurs que les occupations de tous les instants ont bien vite dissipée.

L'arrivée d'un courrier d'Europe est encore un gros événement, sur lequel, en dépit de sa périodicité, on ne se blase jamais.

Quand j'étais encore au Tonkin, il y a quatre ans, les postes étaient avisés par télégraphe du mouvement des paquebots ; je ne crois pas que les choses aient changé depuis : « Le courrier français a quitté Saïgon le..... », disait une première dépêche. On supputait, suivant la saison, le temps qu'il mettrait pour monter à Haïphong et on attendait fiévreusement une seconde dépêche annonçant son arrivée. Quand celle-ci parvenait enfin, c'était de nou- veaux calculs pour tâcher de se rendre compte si les lettres pourraient profiter de telle occasion fluviale pour gagner le point où la correspondance prendrait la voie de terre ; savoir encore si le bateau qui la porterait arriverait à temps pour profiter du « tram » qui part chaque matin. Quand enfin arrivait le moment où on pouvait s'attendre à voir arriver les nouvelles si impatiemment attendues, à l'heure du courrier, on guettait le porteur ; avec des jumelles on tâchait de se rendre compte de la grosseur du paquet ou du sac qu'il apportait et, si celui-ci présentait un volume anormal, comme il était vite ouvert sans souci de ménager les ficelles qui servaient à l'attacher!

Séance tenante la distribution était faite et pendant un long moment la vie du poste semblait suspendue. Plus de bruit, plus de conversation, chacun lisait ses lettres; pour un instant les distances étaient supprimées, on vivait au milieu des siens. Puis, la lecture finie, on se prenait à réfléchir que les nouvelles qu'on venait de recevoir avaient quelque quarante ou cinquante jours de date, et la pensée se reportait vers cet autre paquebot qui traversait alors la mer des Indes. Apportera-t-il, celui-là, la confirmation des bonnes nouvelles qu'on vient de recevoir de tous ceux qu'on aime? On veut l'espérer, et on relit sa correspondance en en pesant chaque mot, car une première fois on l'a dévorée, pour en saisir le sens.

Mais quelle tristesse, quelle appréhension, quelle étreinte au cœur, quand, de la famille, vous arrive une lettre au large cadre noir! C'est une mère, un père, un fils, un frère, dont on n'a point fermé les yeux, dont on n'a pas pieusement recueilli le dernier soupir.

La douleur est dure à supporter quand on est seul; on pleure sans songer à cacher ses larmes et c'est à peine si on remarque que les braves gens qui sont autour de vous et qui, eux, ont reçu de bonnes nouvelles, tempèrent leur joie et font silence, témoignant ainsi la part qu'ils prennent au malheur qui frappe leur chef.

Dans certains postes la chasse est encore, pour quelques-uns un délassement et une distraction. Suivant les régions qu'on occupe varie le gibier; à part quelques rares exceptions on en trouve partout.

J'ai occupé dans le Delta le poste de Quan-Chao qui commandait le défilé de Tam-Dièp, entre Ninh-Binh et Thanh-Hoa; nous étions littéralement réveillés le matin par le cri des perdrix.

Dans les régions boisées, mamelonnées ou montagneuses

les cerfs abondent; on y rencontre également la poule
sauvage, le paon, le faisan, etc. Il y a là de beaux coups
de fusil pour les amateurs, en même temps qu'une ressource qui permet de varier agréablement l'ordinaire, un
peu monotone trop souvent. Chacun chasse comme il sait,
ou comme il peut; quelques-uns, les vrais amateurs, les
passionnés, s'astreignent à amener de France un ou plusieurs chiens qui souvent deviennent la proie des tigres ou
des panthères; les autres, c'est le plus grand nombre, s'en
vont simplement quêter dans la brousse, au lever ou au
coucher du soleil; avec un peu de pratique ils rentrent
rarement bredouilles.

En Cochinchine, autrefois, les administrateurs des affaires indigènes, moins bridés qu'aujourd'hui, — et les
affaires n'en marchaient pas plus mal, — organisaient en
certaines occasions des parties de chasse très intéressantes
et très pittoresques. J'ai souvenance de l'une d'elles que
présidait l'excellent M. Nicolaï, qui dirigeait alors la province de Cantho; c'était dans les environs du canal de
Tra-on; nous étions sept ou huit fusils.

Les autorités indigènes, prévenues, avaient, dès la veille,
tout préparé; le terrain de chasse avait été soigneusement
choisi; d'immenses filets en lanières de peaux de buffles,
longs de plusieurs centaines de mètres et hauts de trois ou
quatre, avaient été tendus à travers les hautes herbes, disposés en un entonnoir dont la petite ouverture, une cen-
taine de mètres, venait aboutir à un terrain plat et
découvert, c'était le champ de tir; des rabatteurs au nombre de cinq ou six cents avaient été convoqués des villages
voisins.

Dès notre arrivée nous fûmes disposés en tirailleurs,
appuyant nos deux ailes à l'extrémité des filets dont je
viens de parler; la recommandation absolue de ne point
quitter nos places nous fut très judicieusement faite, et la
chasse commença.

Chaque rabatteur est muni d'un gros bambou d'environ quatre mètres de longueur; eux aussi, à la grande ouverture de l'entonnoir appuient leurs ailes aux filets, mais ils décrivent en arrière une courbe immense pour battre une plus grande superficie de terrain; ils avancent à genoux, espacés de quatre mètres, couchant devant eux, comme si un rouleau compresseur y eût passé, toute la végétation qu'ils rencontrent. Ils poussent des cris sauvages pour effrayer et faire fuir le gibier vers les chasseurs; mais craignant sans doute que cinq cents voix ne suffisent pas, derrière eux marche une ligne de porteurs de « tam-tam » de toutes sortes, sur lesquels on frappe à tour de bras; une troisième ligne moins dense que les premières se compose de notables, debout sur des buffles, brandissant de longues lances, et portant en sautoir d'énormes porte-voix à l'aide desquels, au milieu de ce tapage infernal, ils essaient de donner de l'unité à l'action de leurs hommes, stimulant ceux-ci, tempérant ceux-là.

C'est un curieux spectacle, et, comme le gibier ne nous est pas encore signalé, nous grimpons aux arbres d'à côté pour en jouir un peu. Des hommes de communication, abrités à l'extérieur des filets, font parvenir à chaque moment au directeur de la chasse des nouvelles des rabatteurs qui, au début, sont au moins à deux mille mètres de nous. On nous signale des cerfs, des chevreuils, des sangliers; nous reprenons nos places et nous faisons jouer les batteries de nos fusils; nous avons un tapis de gazon devant nous, et à cinquante mètres les hautes herbes. Un premier cerf paraît; il hésite un instant et prend sa course; il roule sous un coup de fusil, se relève, mais est cueilli derrière nous par les miliciens qui sont là pour cela. Le tapage se rapproche rapidement, plus assourdissant que jamais; le gibier affolé cherche parfois à franchir la ligne des rabatteurs, un cerf engage ses bois dans les mailles des filets; alors ce sont des cris perçants dont rien ne saurait donner idée ; on jurerait qu'il y a là toute une population qu'on écorche.

Quatre cerfs ou chevreuils et deux sangliers sont tombés sous nos coups. M. Nicolaï, qui a un fusil à la main, mais qui a eu la délicatesse de nous laisser le plaisir du massacre, s'approche de nous et le sourire sur les lèvres nous dit : « Messieurs, il y a un tigre », et nous constatons que ceux des miliciens qui sont derrière nous et qui ont leur carabine, sont en train d'y glisser une cartouche ; eux ont entendu et compris les cris des rabatteurs.

Il va y avoir tout à l'heure, si l'animal débouche, une vraie tuerie ; l'administrateur donne l'ordre de rassembler ceux des miliciens qui sont armés et de les faire disparaître ; nous, le doigt sur la détente, l'œil sur la lisière des herbes, nous attendons ; les rabatteurs ne doivent pas être à plus de 200 mètres de nous.

Tout à coup, une immense clameur, un redoublement de vacarme et quelques instants après nous voyons les herbes s'incliner et les rabatteurs paraître.

« — Et le tigre ? demande l'administrateur.

» — Tué à coups de bambous, lui répond-on.

Le fait nous paraît un peu raide, mais après tout il y a là tant de bambous..... Quelques minutes après on apportait la victime ; ce n'était point un tigre, mais un animal de la taille d'une panthère, une sorte de gros guépard, qui n'était d'ailleurs qu'étourdi et dont un tressaillement fit pousser à l'indigène qui le portait un cri de terreur qui nous fit éclater de rire.

Il fut alors dûment ligotté et muselé et prit avec nous le chemin de Cantho, où il fut mis en cage pour être, après convalescence, dirigé sur le jardin zoologique de Saïgon. Le lendemain, il avait déchiqueté la paroi de sa prison et repris la clef des champs.

Il va sans dire que l'administrateur indemnisait de ses deniers tous les gens qui avaient été déplacés.

Puisque je parle de Cantho, un autre souvenir, qui date de la même époque, celle où je commandais le poste d'infanterie de marine qui y était alors détaché.

Mes trente hommes et moi, occupions un blockaus construit en briques, fort bien compris tant au point de vue logement qu'à celui d'une défense éventuelle. L'eau de pluie potable, récoltée sur la toiture et les terrasses, était emmagasinée dans une vaste citerne d'où on la tirait à l'aide d'une pompe placée à l'intérieur; un large regard, fermé par un panneau en bois, situé à l'extérieur de la construction, permettait le nettoyage de cette citerne quand le besoin s'en faisait sentir.

Un certain jour, je fis enlever le panneau et disposer une échelle; pour une raison qui m'échappe aujourd'hui, je désirais visiter l'intérieur de ma citerne, qui, à ce moment, contenait peu d'eau; sur l'entablement d'un pilier qui en soutenait la voûte, j'aperçus un serpent. Rien d'extraordinaire à la présence d'un de ces reptiles, ici ou là, à Cantho surtout; ce qui l'était cependant, c'était la dimension, extraordinaire pour le pays, de l'animal en face duquel je me trouvais; j'avoue que je ne descendis pas un échelon de plus dès que je l'eus aperçu. Le pilier carré autour duquel il était enroulé mesurait bien quatre vingts centimètres de côté; il en faisait plusieurs fois le tour; il était certainement de la grosseur de mon bras. Je remis, ai-je besoin de le dire, ma visite à plus tard, je remontai et fis soigneusement fermer la trappe.

Je fus trouver M. Nicolaï, que je savais grand collectionneur d'animaux de toutes sortes et je lui offris mon serpent : « Seulement, ajoutai-je, vous voudrez bien avoir l'obligeance de le faire prendre.

» — Certainement, me répondit-il; je vais envoyer tout de suite. » Et il appela un de ses fonctionnaires indigènes, le vieux phu Hiêm, la plus réussie tête de bandit que j'aie jamais vue, auquel il donna l'ordre de se faire accompagner par deux ou trois miliciens « n'ayant pas peur d'un serpent » pour venir avec moi capturer vivant celui en question.

J'étais curieux de voir comment ils s'y prendraient.

Le regard fut ouvert et l'un des miliciens descendit.

« — Je le vois, dit-il à ses camarades, » et d'un bond il fut à l'eau; il en avait bien jusqu'à mi-corps. Ce ne fut pas long, un clapotement, un cri « je le tiens », et nous vîmes au bas de l'échelle apparaître une main qui serrait vigoureusement le reptile au cou; celui-ci fouettait l'eau et finalement s'enroulait au bras et au corps de son capteur. On aida le milicien à remonter, ses camarades introduisirent un petit bambou dans la gueule de l'animal et avec le dos d'un couteau lui raclèrent impitoyablement toutes les dents, crevant en même temps les poches à venin s'il y en avait; puis la bête fut solidement amarrée, la tête contre un gros bambou, et emportée triomphalement. Toute l'opération n'avait pas duré cinq minutes.

C'était un magnifique python mesurant près de cinq mètres de longueur. Comme le guépard dont je viens de parler, il fut mis en cage pour être par une prochaine occasion dirigé sur Saïgon; mais, toujours comme lui, il trouva moyen de tromper la vigilance de son gardien et disparut.

Si je cite ce fait, c'est que c'est une des rares fois où j'ai eu l'occasion de constater qu'on rencontrait des Annamites « n'ayant pas peur du serpent ».

Dans les postes du Tonkin, un gros souci pour tout le monde, mais surtout pour l'officier commandant, est l'éventualité d'un incendie. Les constructions en bois et en bambous, couvertes en paillottes, c'est-à-dire en chaume, séchées par le soleil, flambent comme du coton sans qu'il soit possible de l'éteindre jamais; tout au plus peut-on essayer de circonscrire le feu à la condition que les maisons ne soient pas trop rapprochées.

Point de pompes, bien entendu; mais fût-on outillé comme le sont les pompiers de Paris ou ceux de Londres, rien n'y ferait, tellement la combustion est rapide. J'ai vu brûler en moins d'une demi-heure le poste de Quan-Chao que je venais à peine d'achever et je dus m'estimer heureux d'avoir pu sauver les armes, les munitions, les approvisionnements, les effets des hommes et la comptabilité, parce que le sinistre m'atteignit en plein jour.

A Van-Bu, dans la haute rivière Noire, des hangars couvrant deux mille mètres de superficie et servant de séchoirs et d'ateliers de manutention à la briqueterie, furent, en pleine nuit, consumés plus rapidement encore. Il y a à ces incendies des causes accidentelles, mais il y a quelquefois de la malveillance et c'est plus grave, car il est bien difficile alors d'en découvrir les auteurs et d'en prévenir le retour.

L'incendie du poste de Quan-Chao me fut d'autant plus sensible que j'avais eu mille peines à en achever la construction. J'ai dit plus haut que les matériaux nécessaires à l'édification des postes étaient le plus souvent fournis par le forêt voisine où on faisait couper les bois et les bambous nécessaires. Or. j'avais bien des bois à ma disposition, mais les environs n'offraient aucune ressource en bambous et ceux-ci m'étaient indispensables tant pour la charpente des toitures que pour les clayonnages du torchis, la fabrication des portes, des fenêtres, etc....

Le général Terrillon, alors chef de bataillon, commandait le poste et le cercle de Phu-Nho, dans la même province, au centre d'un pays où les bambous de toutes espèces abondent. Il avait eu l'obligeance de m'en acheter dix mille de toutes dimensions, en avait fait construire deux radeaux et avait dirigé, par eau, le tout sur Ninh-Binh, mon chef-lieu de cercle et en même temps le point le plus rapproché où pussent venir les radeaux. De Ninh-Binh à Quan-Chao, il y a dix-sept kilomètres, et j'étais fort en peine de faire transporter mes bambous, le maigre crédit qui m'était ouvert ne me permettant pas de dépenser les quatre ou cinq cents francs nécessaires au transport à dos d'hommes.

J'envoyai une corvée de mes tirailleurs déposer tout simplement mes 10.000 bambous dans le coin du magasin du transit, et je fis prévenir le sous-officier surveillant d'avoir à me les faire parvenir.

Le « transit » qui ressort du service administratif (c'était alors l'intendance) se charge de faire parvenir aux postes le matériel, les vivres, les munitions qui sortent des magasins de l'Etat, — il accepte aussi, c'est de règle, les colis — à l'adresse des officiers ou des sous-officiers détachés ; mais 10.000 bambous !..... Le cas n'était pas prévu et le capitaine suppléant du sous-intendant militaire fit un bond quand il apprit la nature du dépôt que je venais de faire. Il m'écrivit séance tenante, m'informant qu'il trouvait la plaisanterie drôle, mais encombrante, et que je veuille bien faire retirer mon dépôt qui nécessiterait mille journées de coolies pour m'être envoyé, ce qui n'entrait ni dans ses intentions ni dans ses moyens. C'était bien moins dans mes moyens, à moi ; je tins bon, alléguant que je ne connaissais pas de règlement administratif limitant le nombre, le poids ou le volume des objets à confier au transit. Finalement le cas fut soumis au sous-intendant. C'était alors M. Gaboriau, qui a laissé chez tous le souvenir d'un homme charmant et bienveillant ; il trancha la question en ma faveur et j'eus mes bambous.

J'avoue qu'après l'incendie qui les dévora tous, lorsque je dus recommencer mes constructions, je n'osai plus avoir recours au service du transit ; l'intendance aurait pu trouver qu'après en avoir usé, j'en abusais. Je courus les villages environnants et, par petits lots que m'apportèrent les uns et les autres, je me procurai le nécessaire ; ce fut un peu plus long, les bambous se trouvèrent d'espèces moins choisies ; ils n'eurent pas comme les premiers

l'avantage d'avoir séjourné un certain temps dans l'eau,
n'importe ; je réussis à refaire de belles et solides constructions qui étaient à peine achevées, lorsque le poste
fut..... supprimé.

CHAPITRE IV

Les Annamites.

La race annamite, ses défauts, ses aptitudes au vol et au mensonge.
La religion et le culte des morts. — Les qualités de l'Annamite.

Je donnerai une idée plus complète de l'existence des officiers d'infanterie de marine en Indo-Chine, en esquissant à larges traits la population au milieu de laquelle ils vivent.

L'Annamite est de petite race ; les hommes dont la taille mesure un mètre soixante-cinq peuvent passer pour de beaux échantillons de l'espèce ; ils sont, par suite, faibles, mais cependant susceptibles, avec l'habitude, d'accomplir pendant un laps de temps relativement long une besogne fatigante ; de bons bateliers, par exemple, restant dix ou douze heures sur leurs avirons, ne se reposant que juste le temps de manger, mais prenant la précaution de changer de bord de temps à autre pour répartir plus également la fatigue qu'ils supportent.

Il a été émis l'opinion, par des auteurs sérieux, que des pratiques d'hygiène qui leur sont inconnues et une modification dans leur façon de se nourrir amèneraient assez rapidement une amélioration sensible de l'espèce chez le peuple annamite. C'est incontestable, mais, pour trop de raisons, il nous faut longtemps encore l'employer tel qu'il est, laissant au temps le soin de faire son œuvre au double point de vue hygiénique et alimentaire.

L'Annamite est voleur, il l'est par essence, par éducation ;

c'est peut-être de tous ses défauts celui qui le premier frappe l'Européen qui débarque en Indo-Chine.

Le code de ce peuple est très suggestif à lire sous ce rapport; il édicte contre le vol sous toutes ses formes des peines qui feraient pâlir les malandrins de nos pays. Le législateur a sagement agi en essayant de refréner ce triste penchant; malheureusement la justice, en ces pays, n'applique pas toujours avec la sévérité voulue ou l'équité qu'on serait en droit de lui demander, des peines dont on pourrait attendre un salutaire effet.

Rien qu'avec les exemples qu'on pourrait citer à l'appui de cette opinion, on ferait un livre qui ne manquerait pas d'intérêt.

Les vieux Cochinchinois se rappellent une époque où, la nuit, les indigènes s'introduisaient dans la caserne d'infanterie de marine à Saïgon (c'était alors l'ancien *camp indigène*) pour voler. Ils avaient le corps nu et s'enduisaient d'huile des pieds à la tête pour échapper plus facilement à l'étreinte des soldats qui pouvaient les poursuivre.

Il faut voir avec quelle intelligence de ce qu'ils considèrent comme leur intérêt légitime ils ont vite fait de reconnaître un nouveau débarqué, et de quelle scandaleuse façon ils lui feront payer un objet quelconque, un service, une commission ou une course en voiture, dix fois sa valeur, si à ce moment ne survient un *ancien* qui, au courant des mœurs indigènes et au mépris des idées égalitaires qu'on veut introduire *trop tôt chez un peuple trop jeune*, remet les choses à leur vrai point à l'aide d'un coup de canne.

Qui n'a remarqué, en Indo-Chine, ces bœufs ou ces buffles qui, au lieu d'avoir leurs cornes normalement plantées sur la tête, les ont plus ou moins tombantes sur le dos ou sur les oreilles; c'est généralement le produit d'autant de vols. On vole un bœuf ou un buffle : à l'aide d'un procédé très simple, c'est-à-dire en les chauffant pour les ramollir, on déforme les cornes et le tour est joué. Le volé donnera à qui il voudra le signalement de sa bête pour essayer de la ravoir ; le voleur trouvera au besoin autant de témoins qu'il en faudra pour affirmer qu'il est possesseur de son animal depuis de longues années.

Et la façon dont les domestiques, aussi bien des fonctionnaires que des officiers, volent leurs congénères en même temps que leurs patrons, lorsqu'ils vont faire leur marché et leurs provisions journalières ! A part peut-être quelques centres où les fonctionnaires et les officiers sont très nombreux, et où la chose alors ne peut être pratiquée que par le personnel des grands chefs, on peut dire que dix-neuf fois sur vingt le marché se fait de la façon suivante :

Le boy, ou le cuisinier, choisit l'objet qu'il désire, morceau de porc, poisson, poule, canard, etc., et tranquillement, sans payer, sans se sauver, comme un honnête acheteur, il passe à un autre étalage pour continuer ses emplettes. Si le vendeur ne le connaît pas pour le boy de de telle autorité, ou si, le connaissant, il essaye de se rebiffer, il est bien reçu. Toutes les raisons sont bonnes au domestique pour ne pas débourser : aussi bien la menace de la colère du « grand chef », qu'au besoin l'affirmation que c'est par son ordre qu'on agit ainsi. Rarement le boy sort de l'argent de sa poche, à moins que, harcelé par quelque vieille femme trop criarde, il ne se décide à lui jeter au nez quelques sapèques, le vingtième du prix de la marchandise qu'il emporte.

L'honnête larbin compte naturellement à son maître tous les objets qu'il rapporte au prix fort ; le bénéfice est clair. Il faudra encore bien du temps pour réagir partout contre cette manière de faire, introduite dans les mœurs annamites, bien avant nous, par la domesticité des mandarins.

Combien de fois m'est-il arrivé de faire afficher, soit à la porte de mon poste, soit au marché même, souvent aux deux endroits, des avis informant la population que tout ce qui était acheté pour notre compte devait être intégralement payé?... Toujours, lorsque j'ai commandé quelque part. J'enrayai peut-être un peu l'abus, au début; j'ai la conviction de ne l'avoir jamais supprimé autour de moi. Et cependant, je poussais loin la précaution. Je faisais rédiger mes affiches en caractères chinois (la langue écrite courante), soit par un soldat indigène un peu lettré, soit par un interprète, et je m'en faisais faire une traduction par un autre lettré que j'empruntais, lorsque je le pouvais, au missionnaire voisin de préférence. Combien d'autres, plus jeunes et moins au courant des mœurs annamites, ont signé de leur nom, et scellé de leur cachet, des avis analogues, ou du moins qu'ils croyaient tels, et qui tout simplement étaient l'ordre aux populations de fournir sans rétributions toutes les choses nécessaires à la vie des « grands mandarins français »!

« L'élément chinois domine chez eux à un tel point que l'origine des Annamites ne peut plus être une question pour personne..... Les différences de détail sont quelquefois assez tranchées; mais le fond est tellement le même, que l'on fera certainement fausse route toutes les fois qu'on se comportera, en ce pays, autrement qu'en pleine société chinoise (1). »

Je cite cette opinion, qui a beaucoup de vrai, pour constater ici, une fois de plus, combien les peuples d'une civilisation moindre empruntent plus facilement les défauts que les qualités aux peuples d'une civilisation supérieure avec lesquels ils sont en contact.

Le Chinois est propre; il est cultivateur parfait, laborieux; il pousse l'esprit d'association pour la production

---

(1) Aubaret, *Histoire de la Basse-Cochinchine.*

du travail à ses dernières limites ; il a le sentiment de la solidarité nationale très développé ; l'Annamite n'est rien de tout cela. Le Chinois est commerçant dans l'âme ; l'Annamite ne l'est pas. Mais le Chinois incarne la duplicité, et le vol dans bien des cas ; l'Annamite est faux et voleur.

Il a encore cependant à apprendre de ses maîtres sous ce rapport, si j'en juge par le fait suivant qui me revient en mémoire.

Il y a quelque vingt ans, j'étais en Basse-Cochinchine ; c'était l'époque où, les riz battus et rentrés, des marchands chinois parcourent le pays avec de grandes jonques pour acheter sur place le produit des récoltes. Un groupe d'entre eux avait imaginé une très lucrative façon de procéder : il écoulait, dans une notable proportion de ses paiements, des piastres fausses. La chose peut paraître difficile, pour qui sait qu'un Annamite ne reçoit jamais, pas plus qu'un Chinois, une piastre sans la *sonner* (1).

Mais nos négociants connaissaient leurs vendeurs et les prenaient au piège de leur vice commun. Une fois le marché conclu et pendant que les bateliers procédaient lestement à l'embarquement de la marchandise, le Chinois comptait la somme due ; elle était rangée sur une table par piles de vingt piastres que chaque fois l'Annamite recomptait lui-même. Or, notre Céleste glissait de temps à autre une pile qui comptait une ou deux piastres en trop, vingt et une ou vingt deux, et, chaque fois qu'il s'en apercevait,

---

(1) Le sonnage des piastres se fait sur une pierre dure, un galet généralement. Le sonneur remplit sa main, jusqu'au poignet, d'une pile de piastres et les laisse couler d'une certaine hauteur.

Tous les gens d'Extrême-Orient sont familiarisés avec cette opération, indispensable en ces pays où la fausse monnaie circule en grande quantité ; mais les sonneurs de profession, ceux employés aux Trésors européens ou indigènes, par exemple, arrivent à une habileté remarquable, tant au point de vue de l'ouïe qu'à celui de la rapidité avec laquelle ils opèrent.

l'honnête Annamite, après avoir regardé son homme du coin de l'œil, reposait la pile sans rien dire.

Très causeur, affectant la rondeur et la bonhomie, l'acheteur, au moment où il finissait de compter son argent, était appelé par un des siens qui venait lui rappeler que le temps pressait, qu'on risquait de manquer la marée, etc...

L'Annamite, craignant qu'en regardant ces piles de piastres légèrement inégales en hauteur, il ne prît fantaisie au Chinois de les recompter; plus heureux à l'idée qu'il lui volait quelques piastres que du bénéfice réalisé sur sa vente, tombait dans le panneau, protestait de sa confiance et se hâtait d'éconduire son homme ; quand le voleur s'apercevait qu'il était volé, il était trop tard.

Puisque incidemment je parle des Chinois, je veux encore citer une anecdote à l'appui de l'opinion que je formule sur eux et qui prouvera que la duplicité et le vol sont, chez ce peuple, de toutes les classes de la société.

Quelques années avant le commencement de la campagne du Tonkin, le vice-roi d'une des grandes provinces de l'est de la Chine, je n'oserais affirmer qu'il s'agit ici du fameux Li-Hung-Chang, le vice-roi du Pé-Tché-Li, qui fut notre hôte il y a deux ou trois ans, envoyait dans son pays d'origine, la province de Canton, tout un convoi de jonques chargées de choses précieuses; c'était le fruit de ses petites économies, une grosse partie des ressources que tout bon fonctionnaire chinois doit avoir derrière lui pour conjurer une disgrâce toujours à prévoir de la part du potentat ombrageux et fantasque qui règne à Pékin.

Arrogants comme il convient aux serviteurs de bonnes maisons dans tous les pays, en Chine surtout, les hommes qui composaient les équipages du convoi menèrent grand tapage en passant à Canton; ils arrivaient de la mer, la traversée avait été pénible, ils se dédommageaient.

Le vice-roi de Canton fut instruit du fait et fit comparaître les capitaines des jonques, qui se réclamèrent hautement de leur patron et aussi de l'importance du chargement dont ils avaient la responsabilité; ce fut leur perte. Ils furent pendus haut et court ou décapités, la chose importe peu, et le convoi fut en entier saisi par le vice-roi qui fit parvenir à son collègue une missive qui commençait par les interminables formules de politesse et les assurances de considération et de respect qu'on se doit entre mandarins de si haut rang, et qui se terminait en disant :

« Une bande de pirates, de voleurs, de gens éhontés et sans aveu, de ceux qui feraient pâlir le soleil si ses rayons descendaient sur eux, s'est présentée ici conduisant un convoi chargé de richesses immenses et a prétendu être envoyée par vous pour conduire ce trésor au lieu où reposent vos ancêtres et où vous devez espérer aller finir vos jours.

» Je connais trop votre pauvreté personnelle et celle de votre famille ; je sais, du reste, par expérience combien peu sont rétribuées les fonctions que nous occupons ; j'ai par-dessus tout en trop grande considération votre intégrité, etc., etc., pour avoir un seul instant été la dupe de ces forbans. Ils sont morts et les richesses, produit du vol, ont été confisquées... »

Au profit de qui ? Cela se devine aisément ; le trésor de l'Empire ne voit jamais figurer à son budget le profit de recettes de ce genre.

Que croit on que fit le vice-roi si effrontément volé ? Il écrivit à son collègue pour le remercier de n'avoir pas douté de son honnêteté ; il le congratula à son tour de toutes les formules du protocole en usage... et se promit de prendre sa revanche si l'occasion s'en présentait. En attendant, *par une sage administration*, il dut travailler à reconstituer sa fortune ébréchée.

L'Annamite est menteur. Pris en flagrant délit, il niera la vérité quand même, se retranchant, sans explications, derrière des dénégations obstinées, dont n'auront raison que des coups de rotin.

C'est d'ailleurs chez eux un point d'honneur, lorsqu'ils sont traduits en justice ou que pour une raison ou une autre ils sont interrogés par un mandarin, — surtout si ce dernier est français, — de n'avouer la vérité que sous les coups.

Un exemple encore. Au mois d'octobre 1883, au Tonkin, je pénétrai pour la première fois dans le village de Phong, situé sur la rive gauche du Day, sur la route qui va de Hanoï à Sontay. J'y arrivai un soir, tard, venant de Palan ; j'avais pour mission de redescendre sur Hanoï le lendemain en faisant le levé de la route en vue des opérations sur Sontay ; j'avais sous mes ordres une compagnie d'infanterie de marine et un détachement de tirailleurs annamites ; cette force n'était pas de trop, car nous savions les Pavillons-Noirs nombreux dans les environs.

Dès que mon détachement fut installé dans la plus grande pagode du village et que j'eus pris les dispositions qu'exigeait la proximité de l'ennemi, je fis demander les notables auxquels, par surcroît de précautions, je voulais donner des ordres pour la surveillance, au loin, des environs par les habitants.

Quelques instants après on introduisait une douzaine d'indigènes, correctement vêtus de leurs longues robes noires et coiffés du turban, comme il convient à d'honnêtes notables qui se présentent devant un grand mandarin.

Une chose avait attiré mon attention : la rapidité avec laquelle ces gens s'étaient présentés. Même dans des circonstances aussi sérieuses que celles où nous nous trouvions, cet empressement, peu dans les habitudes, m'avait surpris.

Du coin de l'œil, sans en avoir l'air, tout en causant avec

le docteur Roux, qui m'accompagnait, j'examinais mon monde. Après quelques instants je fus fixé :

« Que croyez-vous que sont ces gens-là? demandai-je au docteur.

» — Mais... les notables, puisque vous les avez fait demander.

» — Croyez-vous? Je vous affirme, moi, qu'ils sont de faux notables. Examinez leurs mines; voyez leur air gauche et embarrassé bien plus que ne le comporte la situation. En pareil cas, dans le nombre il se trouve au moins quelques figures convenables; ici pas une; et leurs ongles que pas un ne porte longs?.... D'ailleurs, je vais vous convaincre.

» — Vous êtes les notables du village de Phong? leur demandai-je.

» — Oui », me répondirent-ils en chœur.

Appelant alors un sergent indigène et quelques tirailleurs, je donnai l'ordre de leur appliquer immédiatement à chacun dix coups de rotin.

Pendant cette exécution, tout doucement, en catimini, une douzaine d'autres bonshommes se glissaient derrière les premiers et, la tête basse, en attendaient la fin.

Agés, barbus, quelques-uns portant les ongles longs comme il convient à des gens qui ne sont pas astreints à de durs travaux, ces derniers étaient les vrais notables; ignorants des exigences que pouvaient manifester les Français qu'ils voyaient chez eux pour la première fois, ils avaient envoyé les premiers venus, convaincus que le mandarin étranger n'y verrait goutte, avec ordre de se tirer de ses griffes comme ils l'entendraient. Eux attendaient à la cantonade le résultat de leur stratagème, prêts, peut-être, à nous livrer aux Chinois si nous ne savions pas leur inspirer la crainte ou le respect.

Pour ne point faire de jaloux je leur fis infliger la même

correction qu'à leurs prédécesseurs, et nous causâmes ensuite.

A ceux qui trouveront le procédé brutal ou barbare, il est bon de répéter que le rotin joue un rôle de tous les ins-tants dans la vie annamite; que son application, dans des cas semblables, ne comporte pas de suite parce qu'il est administré d'anodine façon; que l'Annamite, au début de la conquête surtout, nous respectait et nous craignait en raison des droits que nous prenions sur lui et que, venant remplacer ses mandarins, il fallait nous les arroger tous; enfin, que nous étions en guerre, en pays hostile, entourés d'ennemis et qu'eussé-je eu le choix des moyens pour impo-ser mon autorité, le plus énergique était sans contredit le meilleur.

L'Annamite est affecté d'un autre défaut, tout physique celui-ci : il est malpropre. Mais malpropre, sale, dans une mesure que n'imagine pas l'Européen. La vermine et la gale sont le résultat de la crasse dans laquelle ils vivent; bien peu nombreux sont ceux, jeunes ou vieux, riches ou pauvres, qui ne comptent toute une population grouil-lante dans leurs longues chevelures. La gale les affecte dans une proportion moindre, qu'il est difficile de formu-ler, mais qui atteint encore une très notable partie de la population.

La création des troupes indigènes aura ce résultat, et c'en est un très appréciable, de contribuer à la diffusion dans la masse des habitudes de propreté que nous exigeons des tirailleurs; nous arriverons peut-être à vulgariser l'usage du savon au grand profit de la santé et de l'hygiène publiques.

A tous les autres points de vue, l'Annamite manque des notions les plus élémentaires de propreté : il retirera par-faitement le chiffon graisseux qui retient sa chevelure pour essuyer la tasse dans laquelle il vous offre le thé; ce faisant il aura la conviction qu'il vous est agréable et qu'il satisfait une de vos habitudes. Pour lui ou les siens, il n'essuierait rien du tout. On en est quitte pour opérer le rinçage avec la première tasse de thé versée; il ne songe d'ailleurs pas à s'en formaliser. .

Votre boy, qui connaît vos exigences, lavera à peu près votre vaisselle, mais, si vous n'y prenez garde, il n'en lavera jamais que l'intérieur; il lui paraît superflu de consacrer ses soins au dessous de votre soupière ou de vos assiettes; le même essuiera parfaitement la poussière d'un meuble avec votre serviette de toilette, ou vos souliers avec votre mouchoir.

Je ne veux pas entrer dans des détails répugnants et d'une description triviale; qu'il me suffise d'ajouter que l'imagination a une large marge; elle dépassera difficilement les limites de la réalité.

Le boudhisme est la religion des Annamites, mais, en dehors des mille superstitions qui caractérisent ce culte, Boudha est pour eux la représentation de la sagesse bien plus que de la toute-puissance; c'est l'incarnation de la perfection humaine (1). Toutes les images, toutes les statues de leurs divinités, les représentent ornées d'un ventre au développement considérable, en vertu de cette croyance qu'une bonne santé est indispensable à un état intellectuel bien équilibré. C'est une traduction libre du « *Mens sana in corpore sano* » de Junéval; ils ne disent pas d'un homme qu'il a l'esprit large et le cœur bien placé, mais simplement qu'il a le « ventre bon ».

La religion chrétienne ne consacre qu'un jour de l'année au souvenir spécial des morts; chez les Annamites bien plus nombreuses sont les fêtes consacrées au souvenir des

---

(1) « ..... Il serait peut-être impossible de rencontrer un Annamite capable de se rendre compte du boudhisme. » Aubaret, op. cit.

ancêtres. Le code édicte des peines sévères contre ceux qui s'abstiendraient de rendre aux mânes des trépassés les honneurs édictés par les rites; ces cas sont d'ailleurs fort rares.

La perte d'un père ou d'une mère est naturellement considérée comme un grand malheur, mais l'idée de la mort des êtres qu'ils aiment ne les frappe pas; un fils fait facilement cadeau à son père d'un cercueil qui est déposé dans un coin de la maison et dont la vue, à chaque instant, n'éveille pas le moins du monde les sentiments de tristesse qu'on pourrait supposer. Dans les familles riches, les morts sont parfois conservés des semaines ou des mois dans la maison; l'épaisseur des cercueils permet cet usage sans inconvénients. Les enterrements, comme partout, se font en plus ou moins grande cérénomie, suivant la fortune des familles; ils ont lieu à l'époque fixée par le sorcier, auquel on demande avis à ce sujet; comme chaque consultation est largement payée, on s'explique que les gens riches arrivent à conserver chez eux, pendant des périodes souvent longues, la dépouille des leurs. Le deuil se porte en blanc, souvent même avec des vêtements déchirés qui donnent à des gens socialement bien placés l'apparence de misérables loqueteux.

L'Annamite est fumeur d'opium; je n'insisterai pas sur ce sujet très souvent traité, mais on peut considérer cette funeste habitude comme une des causes originelles de leurs défauts, de leurs vices et, bien souvent, des crimes qu'ils commettent. Je ne parle pas de la santé, elle est ruinée par l'opium aussi rapidement que l'intelligence et point n'est besoin d'une longue pratique des pays d'Indo-Chine pour reconnaître à première vue un fumeur d'opium.

On se demandera par quelles qualités sont compensés les nombreux défauts — car j'en passe — de la race annamite.

Par bien peu, hélas! Cependant l'Annamite est sobre; c'est une justice à lui rendre; les ivrognes sont une très rare exception; notre civilisation lui fera peut-être prendre un vice qu'il n'a pas. L'absinthe et les alcools à bon marché commencent à devenir des objets de vente courante chez les marchands indigènes eux-mêmes; le mal n'est pas grand encore, mais il est à craindre qu'il ne le devienne grâce à la modicité du prix de boissons frelatées ou de très mauvaise qualité. Le gouverneur qui frappera la vente de ces produits d'une taxe qui en interdira l'usage à la grande majorité de la population indigène aura certainement rendu au pays un signalé service (1). .

Dans une certaine mesure, l'Annamite est susceptible de fidélité et d'attachement vis-à-vis des Européens qui le commandent, mais il faut à ces derniers bien des qualités pour arriver à provoquer ces sentiments chez des hommes appartenant à une race qui se distingue surtout par la fourberie, le mépris et la haine de l'étranger.

Il est doué d'un profond esprit d'assimilation. Des choses les plus étrangères à ses mœurs, à ses habitudes, à son éducation première, il sait rapidement apprendre assez pour donner l'illusion d'une connaissance complète et approfondie. Lorsque pour la première fois un Européen embarque, en Indo-Chine, sur un bateau à vapeur, il est absolument étonné de voir tout un personnel indigène conduire une machine : la mise en train, l'alimentation des chaudières, la chauffe, la purge, le graissage, etc., semblent n'avoir pas de secrets pour eux; on leur a mon-

---

(1) Un édit de 1678 défendait, sous les peines les plus sévères, la vente des spiritueux aux sauvages de la Nouvelle-France. (*Histoire du Canada.*)

tré la « manière de s'en servir », ils s'y conforment strictement. Mais qu'il ne survienne pas le plus léger accident,
ils n'y comprennent absolument rien; ils sont un rouage
de plus, mais ils agissent aussi mécaniquement que tel
autre, en acier, de la machine qu'ils sont chargés de faire
fonctionner; aussi, oublient-ils plus vite encore qu'ils
n'ont appris dès qu'ils cessent de pratiquer.

Qu'on n'en conclue pas que l'Annamite n'est pas intelligent, on aurait tort; il l'est. Il a même un genre d'esprit léger et moqueur, qui l'a fait qualifier par certains,
prompts à comparer : le Français de l'Extrême-Orient.
Cette qualification est certainement flatteuse pour lui,
mais on ne peut nier qu'il a dans l'esprit une certaine
tournure qui n'a rien de la lourdeur de l'Allemand ou du
côté pratique de l'Anglais et qui le rapproche davantage
des peuples de race latine que d'aucun autre.

J'ajouterai que l'Annamite est hospitalier et même cha-
ritable. Dans la partie sud principalement de nos possessions, il est peu de villages, si petits et si pauvres qu'ils
soient, qui ne possèdent une maison commune, sorte de
caravansérail, où un étranger de passage trouve non seulement un abri, mais la nourriture dont il a besoin; il
arrive, boit, mange, dort et repart sans que personne
s'inquiète de sa provenance et l'importune de questions
indiscrètes.

Si c'est un mandarin indigène ou un officier français
qui s'arrête à la maison commune, le tam-tam est immédiatement battu pour rassembler ceux des notables qui
sont présents; ils viennent saluer l'autorité qui passe chez
eux et se mettre à sa disposition. S'il s'agit d'un officier
français, les curieux importuns sont écartés par leurs
soins et un ou plusieurs d'entre eux couchent dans la
maison, ainsi le veut l'usage; à moins, ce qui arrive souvent, qu'un riche notable n'offre à l'officier l'hospitalité
dans sa propre demeure. J'ai fait autrefois, à pied, un peu

tous les chemins qu'on peut faire en Basse-Cochinchine, et je dois reconnaître que j'ai toujours trouvé chez les habitants, à de bien rares exceptions près, une hospitalité aussi complète qu'il leur était possible de la pratiquer.

Chez le peuple annamite la polygamie est admise et le nombre des femmes varie suivant la fortune du mari. Contrairement à ce qu'on pourrait croire en Europe, l'harmonie règne, le plus souvent, dans les ménages indigènes: la première femme exerce une certaine autorité sur les suivantes, que nous dénommons improprement « concubines; » « femmes petites » serait la vraie traduction de l'expression qui sert à désigner celles-ci.

Il est chez les Annamites un usage bizarre qui choque étonnamment l'Européen qui débarque en Indo-Chine pour la première fois : tout le monde a les dents noires. Chez le peuple cela résulte de l'usage de la chique de bétel que tous, petits ou grands, mâchonnent du matin au soir; mais dans les classes aisées, outre cette cause, il est de bon ton de se faire laquer en noir toute la mâchoire.

Nos dents blanches produisent d'ailleurs sur les indigènes la même impression de stupéfaction.

Quelques années après la conquête de la Basse-Cochinchine, je ne sais plus quel amiral gouverneur donnait une soirée à laquelle pour la première fois quelques fonctionnaires indigènes avaient été invités. Rares à cette époque étaient les dames françaises résidant à Saïgon, et elles n'avaient garde de manquer à ces fêtes qui pour un moment leur rappelaient la patrie.

Nos indigènes ouvraient de grands yeux devant des toilettes nouvelles pour eux, et dans un coin du salon quelques-uns échangeaient leurs impressions en regardant les dames.

« Comment les trouvez-vous? leur demanda l'interprète mis à leur disposition pour la circonstance.

» — Elles ne seraient pas mal, répondit l'un d'eux ; mais pourquoi ont-elles les dents blanches comme les chiens ? »

CHAPITRE PREMIER

Un naufrage à la Guyane.

Une pirogue pour dix francs. — En route pour l'Enfant-Perdu. — Le Doucin. — Naufrage et sauvetage. — Première nuit dans les vases ; les palétuviers, les moustiques. — En route pour Kourou. — Un crabe pour déjeuner. — Nous nous séparons. — Je passe seul une seconde nuit. — Hallucinations bizarres. — Je suis recueilli par des nègres. — Arrivée à Kourou. — Un tapir. — Je retrouve mes compagnons.

En commençant cette deuxième partie, je tiens à redire qu'elle ne comporte que mes souvenirs personnels ; puissent-ils intéresser le lecteur et réussir, comme j'en ai exprimé l'espoir dès la première page, à lui donner une notion exacte de notre existence coloniale.

En 1874, j'étais à la Guyane. C'était alors une colonie bien calme, monotone même, un peu enfiévrée seulement par la recherche de l'or qu'on venait d'y découvrir quelques années auparavant.

Inutile de dire que nous étions par profession à l'abri de la contagion ; seule, la fièvre jaune faisait des victimes dans nos rangs ; l'année précédente, de son fait, nous avions perdu le cinquième de l'effectif présent à Cayenne.

Notre unique distraction extérieure consistait à poursuivre, dans un périmètre de quelques kilomètres autour de la ville, un gibier problématique. Quand on avait poussé une excursion jusqu'à Macouria, jusqu'au Dégrad des Cannes ou jusqu'à Roura en haut du Mahuri, on avait fait au plus trente kilomètres et on était presque sorti des limites tacitement fixées aux promenades permises à la garnison.

Non pas que les placers de l'Oyapock ou du Sinnamari ne tentassent un peu notre curiosité, mais parce que le commandant Brissard avait une telle façon de refuser les permissions en jetant par-dessus ses lunettes un coup d'œil narquois au solliciteur, qu'on ne s'y frottait plus quand une fois on en avait essayé.

Le lieutenant Pennequin et moi avions fait ensemble, bien souvent déjà, toutes les promenades possibles autour de la ville; les chemins commençaient à nous sembler monotones et fastidieux, nous cherchions un moyen de varier nos distractions; ce fut Pennequin qui le trouva.

« Je viens de faire une acquisition, me dit-il un jour. On vendait une pirogue à l'encan, je l'ai achetée pour rien, dix francs. Elle a un faux bord, elle est percée, je crois qu'elle a déjà noyé six personnes; mais, avec des réparations, je pense que nous pourrons nous en servir pour courir un peu la côte et les « ilets »; voyez-la donc et tâchez de la faire installer. »

Une pirogue pour dix francs, ça n'était pas cher, mais, vraiment celle-là ne valait pas davantage ; c'était un tronc d'arbre mal taillé qui donnait une bande atroce sur un de ses bords, et de plus, fendu en plusieurs endroits. Elle pouvait porter trois hommes tout juste et mesurait à peine cinq mètres de longueur. Je la fis charger sur une voiture à bœufs et conduire à un petit poste qu'occupait un détachement de ma compagnie, à l'extrémité de la ville, près du pénitencier, où les troupiers occupaient leurs loisirs à faire pousser à grand'peine quelques légumes pour la garnison. Je pouvais, là, faire procéder aux réparations à l'abri des yeux indiscrets de l'autorité supérieure que nous soupçonnions très capable de se mettre en travers de nos projets d'excursions sur une semblable embarcation. Un soldat — peut-être était-il charpentier — calfata tant bien que mal les fissures de la coque, consolida le tout avec quelques planches empruntées à une caisse à vermouth quelconque, et, pour que notre « yacht » eût plus fière mine, j'achetai un vieux morceau de toile à voile et, avec un gros bambou, j'improvisai un mât mobile; trois pagaies larges et solides en complétèrent l'armement.

Quand tout fut prêt, le *Désiré-Paterne* (nous l'avions baptisé des prénoms de notre commandant, la jeunesse ne respecte rien) fut un soir, entre chien et loup, rechargé sur sa voiture à bœufs pour gagner le port. En pleine place des Palmistes, au cœur de la ville, le conducteur chavira voiture et pirogue dans un fossé; c'était de mauvais augure et des Romains se fussent abstenus; nous n'en procédâmes pas moins le lendemain matin à des essais « en mer libre », tout comme pour un cuirassé. Nous pûmes constater que les réparations n'avaient point redressé la coque défectueuse de notre bateau, mais nous ne fûmes pas longtemps embarrassés de cet inconvénient : une gueuse en fonte placée en bon endroit, solidement maintenue entre deux taquets, eut vite fait de la redresser. Cela la rendait moins légère et augmentait son tirant d'eau, mais on pouvait encore à la rigueur y tenir trois; il ne nous en fallait pas davantage.

Nous avions fait, le lieutenant Pennequin et moi, en rade de Cayenne ou sur le Mahuri, nos preuves comme pagayeurs; nous avions accompli des prouesses jugées impossibles par les nègres professionnels, cela, toujours accompagnés d'un soldat, Vlique, le maître de boxe du détachement, que nous comptions emmener avec nous comme complément d'équipage.

Sur ces entrefaites, le chef de bataillon commandant les troupes fut remplacé, et son successeur, le commandant

Grandclément, dont nous connaissions les idées plus larges et la grande bienveillance, devait, nous l'espérions, sinon autoriser, du moins fermer les yeux sur des absences de courte durée, à la condition, bien entendu, qu'elles eussent lieu en dehors des heures ou des jours de service.

Un matin, le temps était beau, nous étions libres, nous décidâmes d'aller passer la journée au large; à 10 heures nous partions tous les trois, emportant quelques vivres pour déjeuner en route. Ma chienne « Boulotte », un boule-dogue énorme, m'avait suivi; mais la pirogue, lorsque nous fûmes tous les trois installés, émergeait tout juste de douze à quinze centimètres; la chienne eût été un passager trop remuant, capable d'en compromettre la stabilité : je dus la remettre à terre et je fus, par la suite, très heureux de cette circonstance. Le vent de terre nous poussait, la voile fut hissée et nous passâmes fièrement à côté de l'aviso *l'Etoile*, le stationnaire de l'Etat, piquant droit au large, le cap sur le phare de « l'Enfant-Perdu », bâti sur un rocher qui émerge des flots à six milles en mer (1).

Après quelques heures de navigation, passées, soit à manger de la router soit, la voile amenée, à nous laisser mollement bercer par la lame, vers trois heures de l'après-midi, nous étions à hauteur du phare; c'était joli pour une première sortie.

Nous amenons la voile, nous virons de bord et nous appuyons vigoureusement sur nos pagaies; nous comp-tons mettre deux heures pour le retour. Vingt minutes après nous n'avons pas fait cinq cents mètres; le phare est toujours là, par notre travers. Nous redoublons de vigueur sur nos pagaies, attribuant à la houle qui se faisait un peu forte la lenteur de notre marche, mais certains de la trouver plus douce en nous rapprochant de la terre, c'est-à-dire en entrant dans la baie de Cayenne. Nous nous

----

(1) Le mille marin est d'environ 1.850 mètres.

trompons ; nous le constatons facilement après quelques minutes d'un effort surhumain.

— « Le « doucin », me dit laconiquement le lieutenant Pennequin, nous n'y pensions plus. »

On donne ce nom, à la Guyane, aux courants produits, aussi bien dans les fleuves qu'à une assez grande distance au large, par la masse d'eau énorme qui tombe pendant la saison des pluies. Or, nous touchions à la fin de cette saison et nous nous trouvions juste en face de la rivière de Cayenne, formée un peu au-dessus, tout comme la Gironde se forme de la Garonne et de la Dordogne, par la réunion de deux rivières importantes, celle de Montsinéry et celle de Tonnégrande.

Nous eûmes bientôt la conviction que nous ne pouvions plus regagner Cayenne. Un instant nous songeâmes à aborder au phare de l'Enfant-Perdu ; mais, outre que l'idée d'aller demander l'hospitalité aux forçats qui en étaient les gardiens nous souriait peu, la mer, qui se faisait à chaque instant plus forte avec l'approche du coucher du soleil, rendait un accostage, au milieu des brisants qui environnaient le rocher, absolument impossible ; résolument nous reprîmes nos pagaies. Une demi-heure d'efforts désespérés vint nous bien convaincre cette fois de l'inutilité de notre tentative.

La nuit arrivait, la mer se faisait décidément mauvaise, il fallait prendre un parti.

— « Gagnons la terre sous le vent, dis-je à Pennequin, nous nous abriterons tant bien que mal pour la nuit, et demain nous aviserons. »

Nous laissâmes porter de quatre quarts, comme diraient les marins, et nous mîmes le cap sur une pointe située dans le nord-ouest de Cayenne, à peu près exactement à l'ouest de notre position du moment, et désignée par les caboteurs sous le nom de Pointe-Malheur ; nous en étions distants de quatre ou cinq milles.

Pendant deux heures environ nous marchâmes sans trop d'encombre. De temps à autre nous embarquions de l'eau que Vlique et moi, qui nous trouvions, lui au milieu, moi à l'avant, vidions à l'écope, pendant que Pennequin à l'arrière maintenait l'embarcation en direction. Mais plus nous nous rapprochions de la terre plus notre navigation devenait difficile et critique.

Les côtes de la Guyane sont uniformément sans fond. Les apports de tous les fleuves côtiers, depuis l'Amazone jusqu'à l'Orénoque, ont, avec les siècles, comblé peu à peu les profondeurs de l'Océan. Sous l'action du vent, la mer, soulevée au large en des endroits profonds, vient se briser sur les hauts fonds en des lames d'une longueur infinie qui montent, montent, écument et se brisent avec fracas, se retirant vers le large pour revenir encore.

Tous les baigneurs de nos côtes connaissent cette lame qui, par les vents du large, vient mourir à la plage en une volute gracieuse, roulant les imprudents qui veulent lui résister. Ici, ces lames se faisaient sentir à deux kilomètres de la terre, elles avaient des mètres de hauteur. Nous en franchîmes plusieurs. Le pauvre Vlique se désespérait. « Je ne sais pas nager, nous disait-il. — N'ayez pas peur, faites comme moi, quittez vos souliers et votre vareuse ; nous sommes bons nageurs, le lieutenant et moi, vous le savez, nous ne vous laisserons pas vous noyer. »

Je n'avais pas fini de parler que, soulevée par une lame énorme, notre pirogue, couverte d'eau, disparaissait sous nous. En même temps je sentais deux mains glisser sur mon dos et se cramponner désespérément à la ceinture de mon pantalon.

Délibérément je me laissai couler. En moins de temps vingt fois qu'il n'en faut pour l'écrire, en une seconde, je m'étais dit que cet homme qui ne savait pas nager devait suffoquer avant moi et instinctivement rechercher la surface. Après quelques moments qui me parurent un siècle,

je le sentis effectivement desserrer son étreinte. Brusquement je lui échappai et remontai; le temps de res-
pirer et je fus assez heureux pour le saisir par les cheveux
que, fort heureusement, il ne portait pas à l'ordonnance.

« Ne me touchez pas, lui dis-je impérativement, ne me
touchez pas ou je vous noie. Laissez-moi faire, je réponds
de vous ; la terre est là..... »

Tout cela s'était passé en une minute. J'appelai Pennequin, que je ne voyais pas, mais sur le sort duquel j'avais
peu d'inquiétude ; il nageait comme un poisson.

« Voilà, voilà, me répondit dans l'obscurité une voix
calme; j'ai les jambes prises dans l'écoute de la voile; un
instant et je suis à vous. Et Vlique?.....

— Je le tiens. »

Quelques instants après notre brave troupier avait chaque main sur une de nos épaules, serrant nos chemises à
nous étrangler, et nous nagions de conserve vers la terre.
Nous fûmes encore roulés une demi-douzaine de fois par
les lames; puis, avec un accent qui décelait les angoisses
qu'il venait de traverser, Vlique s'écria : « La terre, j'ai
pied!..... »

A cent pas de nous on distinguait, en effet, la ligne
sombre des palétuviers qui bordent la côte; moitié nageant,
moitié rampant, nous les atteignîmes. Enfin!!!

Je viens de dire que les côtes de la Guyane gagnent tous
les jours sur l'Océan par les apports des fleuves. J'étonnerais peut-être mes jeunes camarades qui connaissent le
Cayenne d'aujourd'hui, si je leur disais qu'il y a vingt-cinq
ans les vieux du pays se souvenaient d'une époque où les
gros navires venaient mouiller à toucher terre, sous l'endroit où est bâtie notre caserne actuelle, là où la « laisse de
basse mer » a des centaines de mètres et découvre des
vases qui se prolongent à plusieurs milles au large. C'est
la caractéristique de toute la côte : une ceinture de vase de
plusieurs kilomètres de largeur en garantit l'inviolabilité;

elle n'est abordable qu'à l'embouchure des rivières. Partout poussent des palétuviers dont les racines, sur les bords surtout, lavées par le flot, s'enchevêtrent au-dessus du sol mouvant pour ne détacher le tronc qu'à un mètre ou deux au-dessus. Les forçats eux-mêmes, dans leurs évasions, n'ont jamais tenté de franchir cette zone; elle ne rend pas les imprudents qui tentent de la violer.

Nous avions trop l'expérience du pays, le lieutenant Pennequin et moi, pour ne pas savoir cela; aussi, satisfaits pour le moment d'avoir échappé aux flots et aux requins qui pullulent dans ces parages, nous ne songeâmes qu'à attendre le jour pour tâcher de déterminer notre position et prendre un parti.

Assis sur un tronc de palétuvier, déraciné par un de ces ras de marée si fréquents sur ces côtes, nous ne tardâmes pas, trempés comme nous l'étions, à ressentir les atteintes du froid. Pour nous réchauffer, nous nous mettions à cheval sur notre tronc d'arbre, et chacun passait à son tour au milieu, pressé par ses deux compagnons. Un autre supplice, intolérable celui-là, ne devait pas tarder à nous être infligé : les moustiques! les maringouins!!.....

Ils dépassent, dans ces vases, comme nombre et comme vigueur, tout ce qu'on peut imaginer. Au bout d'une heure cela devint tellement épouvantable que, d'un commun accord, nous nous remîmes à l'eau, cramponnés à des racines, couverts de temps à autre par les lames qui déferlaient, mais, en partie au moins, à l'abri de nos microscopiques ennemis. Nous y gagnions aussi d'être moins exposés au vent qui soufflait en tempête; nous avions moins froid.

La nuit fut longue à passer et les premières lueurs du court crépuscule de ces latitudes vinrent nous réconforter; ignorants de l'endroit exact où nous avait jetés la tempête, nous espérions apercevoir au jour ou Cayenne au vent, c'est-à-dire dans l'est, ou les îles du Salut du côté opposé. . Rien. Nous eûmes beau nous écarquiller les yeux, nous n'aperçûmes du côté du large, dans le soleil levant, que le phare de l'Enfant-Perdu, émergeant comme un point blanc sur le bleu de l'horizon. Nous avions été portés sous le vent plus loin que nous ne pensions, car, sans nous le dire, nous avions chacun l'intime conviction que le jour nous montrerait Cayenne et les navires au mouillage.

La situation devenait plus grave ; de quel côté diriger nos efforts ? D'une part, la ville. Mais n'en étions-nous pas trop loin, car il fallait pour prendre pied gagner le fin fond de la baie où elle est située ? De l'autre, nul espoir de pénétrer en terre ferme avant d'avoir gagné l'embouchure de la rivière de Kourou qui se jette dans la mer juste en face des îles du Salut, et où nous savions exister un village et un pénitencier. On compte plus de cinquante kilomètres de Cayenne à Kourou en suivant les détours de la côte ; de quelle extrémité de cette ligne étions-nous le plus rapprochés ? Rien n'était fait pour nous l'indiquer, et les deux parcours étaient hérissés des mêmes difficultés, je dirais des mêmes dangers, car toute la côte est infestée de requins.

Nous résolûmes alors de tenter l'impossible, et de nous engager dans les vases, à travers les palétuviers. Le temps était clair, le soleil devait nous servir à marcher, à peu près, dans une direction perpendiculaire à la côte. Si nous avions la chance de tomber sur un de ces endroits où la forêt n'a qu'un ou deux kilomètres d'épaisseur, nous pouvions espérer en sortir après quelques heures d'efforts ; si au contraire nous en trouvions davantage (elle en mesure par endroits six ou sept)..... à la grâce de Dieu. Mais la perspective de coucher dans ces vases molles, remplies de boas ou d'autres sales bêtes, ne nous souriait pas.

Après un effort d'environ deux heures, nous reconnûmes l'inanité de notre tentative ; nous cramponnant de racines en racines, nous n'avions pas fait quatre cents mètres. Derrière nous, la mer apparaissait, claire à travers les arbres; devant, le sombre de la forêt de plus en plus épais. Nous revînmes à la rive.

« Il faut gagner Kourou, me dit Pennequin ; toutes réflexions faites, j'ai la conviction que nous en sommes plus près que de Cayenne. »

Il avait un an de Guyane de plus que moi, par conséquent une plus grande pratique du pays : — en route pour Kourou. Nous suivions la côte, bien entendu. Notre Vlique s'était calomnié la veille en disant qu'il ne savait pas nager ; à la vérité, il ne nous égalait pas, il avait la timidité des nageurs novices, mais il se tenait sur l'eau à la condition qu'elle fût calme, et, moitié rampant sur la vase, moitié nageant, il nous suivait ; nous avancions lentement.

De temps en temps, Pennequin ou moi nous détachions en avant-garde pour couper d'une pointe à une autre, assurer notre troupier qu'il pouvait sans danger s'aventurer à prendre momentanément le large, et surtout pour tâcher d'apercevoir les îles.

Dans une de ces courses, je me heurtai à un tronc d'arbre flottant entre deux eaux, mais pas assez profondément pour que je puisse passer dessus ; je me reculai un peu et je plongeai pour passer dessous. J'avais mal calculé ma distance et je me cognai la tête assez violemment ; je ressentis une douleur cuisante que j'attribuai au choc et je continuai.

Quand Pennequin me rejoignit, il fut tout étonné de me voir la figure en sang ; ma tête avait raclé sur une de ces coquilles qui s'attachent aux bois flottants et j'avais la peau du crâne coupée comme avec un rasoir. L'heure n'était pas aux soins, je continuai.

Pennequin avait pris les devants à son tour, et, pendant que j'attendais Vlique, il avait disparu derrière une pointe.

« Venez déjeuner, nous cria-t-il dès qu'il nous apercut. » Déjeuner ! Comme cette invitation caressait agréablement les oreilles d'hommes qui depuis vingt-quatre heures n'avaient absorbé que de l'eau salée ! Et, tout en donnant de vigoureux coups de jarrets pour le rejoindre, je m'imaginais qu'il avait découvert dans les palétuviers quelque pirogue de pêcheurs dont nous allions partager les provisions. Quelques instants encore et nous le rejoignions ; il tenait à la main un superbe crabe !

« A la guerre comme à la guerre, nous dit-il gaiement ; moi, je meurs littéralement de faim et nous ne savons pas si nous dînerons ce soir. Si nous essayions de faire du feu ? » Et gagnant les palétuviers, nous voilà tous trois à chercher des branches pas trop mouillées et à frotter avec énergie. Mais le secret d'allumer le bois de cette façon ne nous avait pas été livré par Fenimoore Cooper ou Gustave Aimard : nous mangeâmes notre crabe cru.

Nous nous remîmes en route. Nos pantalons de toile étaient restés dans les racines de palétuviers, nos chemises nous servaient à faire des turbans pour nous garantir du soleil, mais, de temps à autre la coiffure s'en allait à l'eau et le moment approchait où nous allions nous trouver comme Hassan :

Nus comme le discours d'un académicien.

Vers midi, nous trouvâmes enfin l'embouchure d'une rivière. Il était temps ; ma blessure à la tête, le soleil aidant, me mettait pour le moment dans l'impossibilité de continuer.

« Nous devons être à l'embouchure du Kourou, me dit Pennequin ; le pénitencier ne peut être loin. Vous êtes fatigué, restez-là. Vlique et moi nous allons remonter la rivière et nous vous enverrons une pirogue. »

En quelques minutes, avec des branches arrachées aux arbres, nous construisîmes un solide clayonnage sur lequel je pus m'étendre à l'ombre sans enfoncer dans la vase ; mes compagnons partirent, et je m'endormis.

Quand je me réveillai, le soleil allait disparaître à l'hozon ; — on n'était pas venu me chercher, donc je n'étais pas à l'embouchure du Kourou ; je devais être à celle du Maconria, c'est-à-dire à plus de vingt kilomètres du pénitencier !

Je me fis ces réflexions en quelques secondes, puis, songeant que peut-être on me cherchait dans les environs, je me dressai et poussai de vigoureux et retentissants cris d'appel. — Rien.

Que faire ? Me remettre en route ? Mais si je me trompais dans mes conjectures ; si mes compagnons avaient, pour une raison quelconque, éprouvé du retard en route, — il avait pu arriver un accident à l'un deux ; — si on venait... Je résolus d'attendre encore. Mais j'avais froid, et pour me garantir du vent, j'imaginai de m'envaser. Oh ! ce ne fut pas long ; je n'eus qu'à me dresser et, sans efforts, je fus bientôt dans la vase jusqu'aux aisselles ; j'avais dans la main une racine de palétuvier ; je me rendormis.

Il faisait nuit noire lorsque je rouvris les yeux ; la mer montait et l'eau m'arrivait au cou ; je me cramponnai à ma racine, elle me resta dans les mains. J'eus un moment l'idée que j'avais fait une bêtise ; mais je ne voulais pas rester là et, faute d'un point d'appui pour en sortir, je me mis, par des mouvements lents, à me remuer à la façon dont on agite un piquet qu'on veut arracher de terre. Peu à peu mon trou s'élargit, l'eau y pénétra et je pus sans trop de difficulté m'allonger sur la vase que la mer commençait à recouvrir ; en rampant je gagnai le large, et, reposé par mon sommeil, bien convaincu cette fois qu'il ne me viendrait aucun secours en cet endroit, que je ne devais compter que sur moi, je me mis à nager, suivant la côte en coupant d'une pointe à l'autre pour en éviter les sinuosités.

J'avais remarqué en passant devant l'embouchure de la

rivière que l'eau qu'elle déversait était plus froide ; s'il m'arrivait dans l'obscurité de sentir une semblable sensation, c'est que je passerais devant le Kourou (1).

J'ajoute que j'avais vainement essayé de me désaltérer ; sous l'action de la marée montante l'eau était saumâtre et la gorgée que j'avalai ne fit que redoubler ma soif.

Combien de temps restai-je à l'eau ? Je ne pus m'en rendre compte que plus tard. En consultant les heures de marée, j'en déduisis que je dus me mettre en route vers 10 ou 11 heures. Je nageai jusqu'au jour sans éprouver de fatigue. Cela peut paraître bizarre de la part d'un homme qui depuis presque 48 heures n'avait avalé qu'un morceau de crabe cru.

Ce fut peut-être cette diète forcée qui me sauva ; sous son influence très probablement, je fus pris de délire. Tout en nageant je voyais devant moi des lumières, des cases, des gens de connaissance auxquels je parlais, demandant des renseignements sur la position de Kourou, sur mes compagnons, etc..... De temps à autre la raison me revenait ; j'avais alors une perception très nette de rêves dont je venais d'être le jouet, je continuais à avancer et je retombais dans de nouvelles hallucinations.

Au jour seulement je m'arrêtai. Je voyais les îles du Salut bien sur ma droite, j'en déduisais que décidément Kourou ne pouvait être loin.

Je commençais à être sérieusement tourmenté par la soif ; cela ne se traduisait pas par des troubles physiques dont j'eusse à souffrir ; j'avais une folle envie de boire, c'était tout. Pas un instant je n'ai douté que j'arriverais à bon port ; je me remis à nager et... je fus repris du délire.

Il me souvient très nettement que je me voyais guidant

---

(1) Les rivières de Maconria et de Kourou sont à proprement parler des ruisseaux, dont les vallées étroites et courtes ne recueillent que peu d'eau. Le « doucin », qui nous avait été fatal, ne s'y faisait pas sentir de façon appréciable.

le débarquement des émigrés à Quiberon!... J'étais à l'eau
avec eux et nous recevions, du rivage, des coups de fusil
dont les balles, à chaque moment, nous forçaient à plonger
la tête. Il y avait là, certainement, un mouvement incons-
cient, réflexe, provoqué par les atteintes du soleil auxquelles j'étais exposé tête nue. Je revins à moi au moment où j'essayais d'arracher à un de mes compagnons
imaginaires un bidon qu'il portait en sautoir. Cette fois
je ralliai les palétuviers pour me reposer. Je m'installai
dans les racines d'un arbre et, sans dormir précisément,
je me laissai aller à un état somnolent dans lequel je me
complaisais avec béatitude. De fait, j'étais brisé; il y avait
soixante heures que nous avions quitté Cayenne.

Je ne sais pas ce qu'il serait advenu de moi si j'étais resté
là. Peut-être cet engourdissement était-il le commencement de la fin; je n'eus pas l'idée de me le demander. —
Je fus tiré de mon assoupissement par une détona-
tion!

D'un bond je fus debout et j'y répondis par un long cri,
si vigoureusement poussé que je me fis cette réflexion que
s'il était entendu par des gens à ma recherche, ils ne pourraient s'imaginer qu'il sortait de la poitrine d'un homme à
jeun depuis trois jours. Rien ne me répondit, et, au bout de
quelques minutes d'attente anxieuse, je conclus que je
venais d'être encore la victime d'un rêve; je tendais l'oreille
cependant, il m'était dur maintenant de renoncer à l'espoir
d'être secouru.

Quelques minutes après il me sembla que j'entendais au
loin un bruit, oh! bien faible, indéfinissable; était-ce encore une illusion?

Mais non, cette fois je ne rêvais pas, le bruit se rappro-
chait, je le reconnaissais; c'était celui de pagaies vigoureusement maniées, « raguant » dans leur mouvement cadencé
les bords d'une pirogue. Cinq minutes, bien longues, et
j'apercevais l'embarcation doublant une pointe, à deux

cents mètres de moi ; elle était montée par quatre nègres ;
je la hélai :

« Je ne suis pas un forçat évadé, leur criai-je, venez me
prendre !

— Nous vous cherchons, monsieur, me répondit l'un
d'eux en patois créole !

— Ous gains di l'eau-là ? lui demandai-je dans la
même langue. »

— Oui, mouché, nous gains di l'eau. (1) »

Je n'en entendis pas davantage. D'un bond je fus à l'eau
et avant qu'ils eussent eu le temps de manœuvrer pour se
rapprocher je les avais rejoints. Sans dire un mot, une
main sur le bord de l'embarcation, j'avisai de l'œil une
dame-jeanne ; je m'en saisis et je bus à longs traits ; trop,
car à peine hissé dans la pirogue, je restituai ce que je
venais d'absorber.

« Mes compagnons ? demandai-je alors.

— Arrivés dans la journée seulement, logés à la gendarmerie, me fut-il répondu. »

Puis-je sus que nous étions tout près de Kourou, où,
effectivement, nous arrivions une demi-heure après.

Toute la population, mulâtres, nègres, transportés li-
bérés, attendait le retour de la pirogue. Je ne pouvais
décemment pas débarquer « en sauvage » chez des gens
qui ont la juste prétention de ne point l'être ; un des nègres
me prêta sa chemise, un autre son chapeau, et ce fut dans
cet accoutrement incomplet que je fus conduit chez le commissaire commandant (2).

Il se nommait Giraud, et je me plais à redire ici combien,
après vingt-trois ans, je lui suis encore reconnaissant, et
aux siens, des soins qu'ils m'ont prodigués.

M. Giraud me raconta en deux mots que mes com-

---

(1) « Vous avez de l'eau ? — Oui, Monsieur, nous avons de l'eau. »
(2) Sorte de maire, nommé par le gouverneur.

pagnons, arrivés tard dans la journée, avaient expliqué dans quelle situation critique ils m'avaient laissé, et que, tout en me faisant chercher aux environs, on avait envoyé des ordres jusqu'à Macouria pour fouiller la côte.

« Voyons, me dit ensuite un peu naïvement l'excellent homme, de quoi avez-vous besoin? Voulez-vous accepter un vermouth? » Cette idée d'offrir le vermouth à un nau-fragé qui n'a point mangé depuis trois jours m'aurait fait éclater de rire si je n'avais senti dans le ton de mon inter-locuteur l'intention absolue de chercher à m'être agréable.

« Merci, lui dis-je, si je pouvais prendre une douche et avoir des vêtements, je préférerais cela. »

Oh! cette douche d'eau douce! comme elle me sembla bonne et comme je happais avidement les gouttes d'eau qui s'accrochaient à mes moustaches! J'en avais besoin d'ail-leurs; j'avais le corps couvert d'égratignures. M. Giraud me conduisit ensuite à sa propre chambre et me força à me coucher.

« Je vous remets maintenant aux mains de ma femme, me dit-il. Elle est créole et par conséquent vaut un méde-cin pour soigner les insolations et vous donner les soins que comporte votre état de faiblesse. »

Je protestai que je n'avais besoin que d'un peu de nourriture et de repos, mais je dus me laisser faire. Quel-ques moments après la bonne Mme Giraud m'apportait un œuf, que je mangeai sans pain, ne voulant pas m'expo-ser à l'accident qui m'était arrivé sur la pirogue, et j'ingur-gitai quelques gorgées d'une délicieuse limonade.

La surexcitation nerveuse qui m'avait soutenu si long-temps disparaissait; je me sentais envahir par une faiblesse totale, très explicable, mais qui ne me préoccupait pas. Je me disais vaguement, dans un demi-sommeil, que je n'avais plus à m'occuper de moi, que mon état maintenant regardait les gens qui m'entouraient. Mme Giraud m'en-veloppa la tête d'une grande compresse, composée de simples qui ont la vertu de guérir les insolations, et je passai là, sans dormir précisément, une nuit délicieuse.

Le matin, de très bonne heure, je me levai; je trouvai sur une chaise un habillement complet, des souliers au chapeau, qui m'allait comme un gant. Mes hôtes dormaient encore, je m'habillai; j'avais hâte de sortir, de marcher enfin sur la terre ferme, et surtout de retrouver mes compagnons et tenir de leur bouche le récit de leur fin d'aventure.

Je fus surpris, en sortant de ma chambre, de trouver dans la maison Mlle Giraud, que j'avais à peine aperçue la veille. Gracieuse créole de seize ans, elle allait et venait avec les allures silencieuses d'une souris, réparant le désordre que mon arrivée avait forcément occasionné.

Au moment où, après l'avoir saluée, je me disposais à franchir les trois marches qui, de la véranda, conduisaient au chemin, je fis un mouvement de recul.

« Oh!... un serpent! » m'écriai-je involontairement, en me retournant vers elle.

Un de ces ophidiens, dont les espèces sont si nombreuses et si mauvaises à la Guyane, se prélassait béatement au frais sur une des marches.

« Ha! ha! » fit-elle avec cet indéfinissable accent des femmes créoles qui éprouvent une surprise.

Et, s'emparant d'une canne, tranquillement, d'un coup sec, elle brisa la colonne vertébrale du reptile, qu'elle jeta ensuite au milieu du chemin, où il acheva d'expirer en se tordant.

Vingt fois, cent fois, j'avais eu l'occasion de tuer des serpents, souvent autrement gros. Mais la façon si simple dont cette jeune fille, mignonne et frêle, sans souci du danger, venait d'expédier celui-ci, m'est restée dans la mémoire.

Elle n'avait pas dit un mot, et c'est avec un sourire qu'elle me fit comprendre que le passage était libre.

Pas une case du village n'était ouverte lorsque je sortis

de chez M. Giraud ; j'allais un peu à l'aventure, éprouvant à me trouver là un sentiment de satisfaction qu'on doit comprendre, lorsqu'au détour d'une ruelle, brusquement, je me trouvai face à face avec un tapir. Il était ma foi de la taille d'un petit mulet, et gros !

Je savais Kourou environné par la grande forêt ; je le savais réputé pays de chasse, mais je n'imaginais pas que le gibier, surtout celui-là, poussait l'audace jusqu'à en parcourir les rues. Je n'étais, par ailleurs, pas encore très ingambe et j'avais pour toute arme..... un parasol.

Je m'arrêtai net, jetant un regard circulaire autour de moi pour chercher un secours ou un abri ; personne, rien.

J'avoue bien sincèrement que je n'étais pas à mon aise ; je ne connaissais pas trop les mœurs de l'ennemi que j'avais en face de moi, mais je me disais que rien que sa masse était à redouter s'il lui prenait fantaisie de me charger. L'animal me regardait de son petit œil rond que de mon côté je ne perdais pas de vue ; il semblait tout aussi étonné que moi de notre rencontre ; j'attendais une attaque quand, soudain, il fit demi-tour et partit à fond de train.

Je poussai un soupir de soulagement, et bravement me dirigeai du côté opposé ; un drapeau tricolore à la porte, en tous pays c'est la gendarmerie ; j'entrai. Je trouvai là un brave militaire qui me souhaita la bienvenue et m'apprit qu'il était le propriétaire des vêtements que je portais, ce dont je le remerciai vivement ; puis je lui racontai la singulière rencontre que je venais de faire.

« Ah ! le tapir du père Guenée, me dit-il en éclatant de rire ; mais il est doux comme un agneau, vous allez le voir tout à l'heure venir manger la soupe avec nous. »

Mon tapir était privé !..... C'est égal, en toute humilité, je confesse que j'ai eu là un moment d'émotion.

Je fus ensuite conduit à la chambre où dormait encore le lieutenant Pennequin ; je le réveillai, nous nous serrâmes la main de bon cœur, en souriant. Nous répondions ainsi à une même pensée qui nous venait, à savoir que nous devions nous estimer bien heureux d'être quittes à si bon compte d'une aventure où nous avait entraîné notre imprudence. Puis il me raconta ce qu'ils étaient devenus après m'avoir quitté :

« Ils n'avaient pas tardé à s'apercevoir que la rivière qu'ils remontaient n'était pas celle de Kourou, mais le Macouria ; ils avaient eu mille peines à sortir de la zone des vases, même en suivant le lit de la rivière ; ils n'étaient arrivés en terre ferme qu'à la tombée du jour. Là Pennequin connaissait le sentier qui suit la côte et savait qu'à quelque distance il trouverait les bâtiments d'une ancienne plantation, à peu près abandonnés. Ils y étaient arrivés vers sept heures du soir et leur apparition dans la tenue qu'on sait avait mis en fuite un vieux nègre à jambe de bois qui en était le gardien. Sans scrupules, mais avec l'intention de le dédommager au retour, ils avaient mangé sa provision de manioc et quelques bananes, avaient passé la nuit là et, de bonne heure, s'étaient mis en route pour Kourou, où la « jambe de bois » avait déjà annoncé que deux « forçats évadés » avaient envahi son domicile.

Le commissaire commandant, le brave M. Giraud, les avait reçus comme tels : Pennequin s'était fâché tout rouge. L'arrivée du brigadier de gendarmerie, qui le connaissait, avait mis fin à cette confusion, et Pennequin avait accepté l'hospitalité que ce dernier lui offrait. On avait mis de suite tous les gens disponibles à ma recherche dans la direction de Macouria où j'avais été laissé, ne supposant pas, en raison de mon état de faiblesse, que je fusse dans les environs.

Vexé de sa méprise, ayant, dans la journée, reçu de Cayenne des instructions pour faire procéder à une fouille minutieuse de la côte, afin de nous retrouver, M. Giraud avait donné l'ordre formel aux gens qu'il expédiait de me ramener chez lui, si on me retrouvait.

Bref, j'étais là ; nous n'étions ni les uns ni les autres trop éprouvés par une équipée qui aurait pu nous coûter cher ; nous regagnerions Cayenne, sur des chevaux de gendarme mis, par un ordre spécial et exceptionnel du capitaine, à notre disposition, dès que nous serions reposés.

Trois jours après nous nous mettions en route ; Vlique, peu ferré en équitation, dut faire la route à pied ; il était comme nous monté à cheval au départ, mais il dut en descendre ; nous le laissâmes aux soins du gendarme qui nous accompagnait ; nous l'attendîmes avant de passer le bac qui mène à Cayenne. En l'attendant, nous eûmes des renseignements sur l'émotion causée en ville et dans la garnison par notre disparition.

La tempête qui avait sévi le soir de notre départ n'avait d'abord laissé aucun doute sur notre perte ; le lendemain matin cependant, le sémaphore avait cru apercevoir une épave dans la direction de l'Ilet la Mère, au vent de la ville, et, si improbable qu'il fût que nous pussions être de ce côté, on y avait dirigé toutes les recherches. Naturellement, elles devaient être infructueuses. Dès l'arrivée de Pennequin à Kourou, une estafette à cheval avait brûlé la route pour annoncer son sauvetage et celui du soldat. On était à ce moment très inquiet sur mon compte. Le journal de la localité s'était emparé de ce fait-divers avec d'autant d'empressement qu'ils sont rares ; il avait eu à mon endroit un article quasi-nécrologique : « ..... J'avais dû être abandonné, mourant, dans les vases de Macouria..... »

Mais, depuis qu'on nous savait tous trois sains et saufs, l'autorité supérieure se remettait de son émoi et était, paraît-il, décidée à sévir avec rigueur contre nous pour prévenir le retour d'une semblable aventure, qui avait, pendant trois jours, mis en l'air tous les services du port et la gendarmerie.

Nous n'avions point envisagé ce genre de conclusion. Pour l'éviter, dès notre arrivée en ville, sans prévenir personne de notre retour autre que le médecin du corps, nous demandâmes à celui-ci de nous faire entrer d'urgence à l'hôpital. Nous y avions quelques droits : nos corps n'étaient qu'une plaie, à ce point qu'on dut se servir d'huile et d'eau tiède pour décoller les chemises que nous avions sur le dos.

Nous redevînmes des victimes, et l'autorité militaire nous accueillit sans reproches, avec une bienveillance même dont, toujours, je garderai le souvenir.

CHAPITRE II

Une excursion en Cochinchine.

Mon camarade Comte. — Notre première sortie. — De Baria à Bien-Hoa.
— Nos précautions contre les tigres. — Histoire de poteaux télégraphiques. — Une exécution capitale à Thu-dàu-Môt. — Retour à Saïgon.

J'ai été autrefois un intrépide marcheur. Je me souviens
qu'étant sous-lieutenants à Cherbourg, mon ami Comte et
moi, avions entrepris, pour nous tenir en haleine, de parcourir toutes les routes, chemins ou sentiers, du département de la Manche. Notre carte d'état-major portait en
rouge les chemins déjà suivis; nous reprenions nos excursions, toujours à pied bien entendu, dès que le service
nous laissait un jour libre, ce qui était rare à une époque
où chaque dimanche, même, apportait encore son contingent sous forme de revue.

Désignés ensemble pour aller servir en Cochinchine, nous
dûmes laisser en noir pas mal de petits traits de nos cartes,
mais nous nous promîmes de continuer nos exercices dans
la colonie, en dépit de l'opinion des camarades qui la connaissaient déjà et qui nous affirmaient qu'on n'y pouvait
pas marcher comme en France, qu'on n'y pouvait même
pas marcher du tout, à cause du soleil, mortel pour les
Européens qui s'y exposent. Qu'on n'y pût pas marcher
comme en France, cela nous l'admettions, jusqu'à expérience, et nous renoncions à l'avance à faire les soixante,
soixante-dix et jusqu'à quatre-vingts kilomètres que nous
avions eu l'occasion de faire en une seule journée; *pas du
tout* nous paraissait trop.

Arrivés à Saïgon depuis deux ou trois mois, nous

obtînmes du général Vallière, qui commandait les troupes, non sans provoquer son étonnement en lui disant pour-quoi, une permission de huit jours. Nous voulions gagner Baria par un bateau de la ligne fluviale et, de là, remonter sur Bien-Hoa par Long-Thanh et rentrer à Saïgon par Thu-dâu-Mot et Tong-Kéou, soit cent trente ou cent quarante kilomètres au maximum.

Nos camarades plus anciens de séjour dans la colonie nous traitaient de fous. Nous n'emportions pas de provisions, nous ne connaissions pas la langue annamite, et c'est à grand'peine qu'à l'état-major nous avions pu nous procurer un ou deux vieux « topos », faits au moment de la conquête, et qui, à défaut d'une carte qui n'existait pas, devaient nous servir de guide.

Aujourd'hui de semblables promenades sont jeux d'enfants; on les ferait en huit-ressorts si les routes que j'ai vu commencer plus tard ont été achevées et entretenues; qu'on veuille bien tenir compte que je parle de vingt ans.

Nous reçûmes à Baria un cordial accueil de nos camarades qui y étaient détachés et nous allâmes faire visite à l'administrateur de la province dont nous allions, en partie, traverser le territoire.

M. Nansot, « le père Nansot », comme on le désignait familièrement en raison de sa magnifique barbe de fleuve, déjà grise, nous reçut avec bienveillance, écouta l'exposé de notre projet sans mot dire, puis, nous regardant en face :

« Parlez-vous l'annamite ?

» — Pas un mot.

» — Eh bien, vous n'arriverez pas. »

Nous eûmes la fatuité de n'en pas croire un mot, et nous prîmes congé sur cette encourageante parole.

Il nous fut impossible, à Baria, d'être fixés sur la longueur de la route à faire pour arriver à Bien-Hoa; ni l'employé du télégraphe, dont le fil suivait cette route, ni les officiers, ni l'administrateur lui-même, ne purent nous renseigner; les appréciations variaient entre soixante-deux et quatre-vingt-dix kilomètres; il y avait, on le voit, une belle marge. Quant à nos « topos », ils présentaient des solutions de continuité qui ne nous permettaient pas de pouvoir nous en aider pour apprécier la distance totale. Nous promîmes à tous de les renseigner de façon à peu près exacte à notre arrivée à Bien-Hoa.

A force de marcher sur les routes, bonnes ou mauvaises, nous étions arrivés, Comte et moi, à avoir un pas d'une régularité presque chronométrique; nous faisions six kilomètres en soixante minutes de marche; mon camarade avait charge de tenir compte des arrêts, si courts qu'ils fussent, qui pourraient se produire.

Nous partîmes, le lendemain de notre arrivée, de bon matin, avec, pour tout viatique, un morceau de pain et une cuisse de poulet, qu'un vieux camarade, le lieutenant Bourquin, avait à toute force fourrés dans une de nos sacoches.

« Prenez toujours, nous avait-il dit, vous ne savez pas où vous déjeunerez. »

Comte avait un fusil Lefaucheux; j'avais emprunté, pour la circonstance, à un camarade de Saïgon, une carabine Spencer, dont le magasin était dûment garni de ses sept cartouches; nous allions traverser une contrée à cette époque encore remplie de tigres : de bonnes armes n'étaient pas de trop.

Notre chemin, un sentier sablonneux par moments, boueux par d'autres, était le plus souvent sous bois et alors bordé d'une brousse épaisse à travers laquelle on ne voyait pas à cinq mètres; là, nous marchions le fusil à la main, surveillant, sans ralentir l'allure, chacun un côté de la forêt. Arrivions-nous dans une clairière où le sentier continuait ses sinuosités dans les hautes herbes, alors nous avions plus d'horizon, nous remettions tranquillement nos fusils en bandoulière et nous allumions une cigarette ou un cigare. Dans notre ignorance des mœurs du fauve que nous redoutions, nous faisions exactement l'inverse de ce que commandait la situation ; le tigre a trop de respect pour sa robe pour risquer de la déchirer aux brousses épineuses qui poussent et s'enchevêtrent le long du sentier sous bois ; au contraire, plus libre de ses allures dans les hautes herbes très suffisamment épaisses pour le dissimuler, il devenait à craindre dans les clairières. Les vieux Cochinchinois nous expliquèrent cela..... à notre retour à Saïgon.

Le morceau de pain et la cuisse de poulet du camarade firent notre déjeuner au bord d'un ruisseau quelconque, et dans le courant de l'après-midi nous nous arrêtâmes à Càu-thi-Vây, en pleine forêt, dans un poste de tram, autour duquel sont groupées plusieurs cases (1).

Après quelques moments consacrés à examiner la localité — et ce fut vite fait — nous songeâmes à dîner. Je ne sais plus à l'aide de quelle mimique expressive nous réussîmes à nous faire comprendre d'un milicien, qui nous apporta deux œufs. C'était peu pour nos estomacs de marcheurs ; un de nous mit dans la main de l'indigène une pièce de cinquante centimes en essayant de lui faire comprendre que, pour le même prix, il eût à nous en apporter d'autres ; ce fut en vain. Nous dûmes nous contenter de ce modeste repas, nous consolant en pensant que le lendemain soir au moins, à Long-Thanh, où nous comptions trouver un Européen, nous souperions plus copieusement. Pour rendre notre repas plus « solide », je fis durcir nos deux œufs dans l'eau qui bouillait sur le feu pour la confection du thé, la boisson journalière des Annamites.

---

(1) On désigne, en Indo-Chine, sous le nom de « tram », le service de la poste ; il était fait à cette époque par les miliciens des administrateurs. L'endroit où nous arrivions était un relais qui comportait quatre ou cinq maisons.

Notre sommeil ne fut pas troublé par les rêves qui résultent souvent des digestions laborieuses; nous dormîmes à poings fermés sur le lit de camp qui occupait le milieu de la case, et au jour nous nous remettions en route. Au bout d'une heure ou deux de marche sous bois, notre attention fut attirée par un bruit insolite; nous percevions nettement d'étranges sifflements dont nous essayions en vain de déterminer l'origine. Le fusil à la main, l'œil et l'oreille au guet, nous avancions toujours lorsqu'à un coude du sentier nous eûmes l'explication que nous cherchions vainement : c'étaient les miliciens du tram qui cheminaient, leur sacoche en bandoulière, en faisant siffler de longs et minces rotins qu'ils agitaient à tour de bras.

Dans ces contrées, je viens de le dire, peuplées de tigres, ils préfèrent, la nuit surtout, marcher à pied, et ils usent de ce moyen pour, disent-ils, effrayer le « Ong Cop » (1); de fait, bien peu d'entre eux sont enlevés. Vers 11 heures, nous arrivions au relais du tram de Phuoc-Co : une seule case entourée d'une très haute palissade en bambous.

Comme la veille à Câu-thi-Vày, nous entamâmes par gestes une longue conversation avec les miliciens pour essayer de leur faire comprendre que nous désirions manger. Nous eûmes beau montrer de la monnaie, des piastres même, je crois que nous n'aurions pas réussi à nous faire comprendre si la Providence ne s'était manifestée à nous, sous une de ses plus laides formes d'ailleurs : une vieille femme indigène vint nous adresser la parole en ce langage innomé, sabir du pays, que finissent par parler les Annamites qui fréquentent les Français. « Çà y a n'a, capitaines, lui vouloir manger ? », et elle nous proposa une poule au riz! Dire que cette offre fut bien reçue ne serait pas assez; littéralement nous mourions de faim. Deux heures après, ayant payé notre déjeuner dix fois sa

(1) Littéralement, « Monsieur Tigre ».

valeur, mais copieusement restaurés, nous nous mettions en route pour Long-Thanh, où nous arrivions vers les 5 heures du soir.

Nous trouvâmes là un géomètre en tournée, M. Lasalle, duquel nous reçûmes une cordiale hospitalité. Le lendemain nous couchions à Bien-Hoa, après avoir fait une halte à Phuoc-Thanh.

Le relevé de nos heures de marche opéré nous fit évaluer la route parcourue depuis Baria entre 75 et 80 kilomètres. Quatre ans après, je commandais un peloton de tirailleurs indigènes à Bien-Hoa, lorsque fut fait le métré exact de la route qu'il s'agissait de mettre en adjudication pour sa confection et son empierrement ; le résultat accusa 78 kilomètres 500 mètres.

Nous passâmes vingt-quatre heures à Bien-Hoa chez l'excellent M. Moty, capitaine d'infanterie de marine, administrateur de la province. Au cours de la journée, nous eûmes la curiosité d'essayer la justesse de ma carabine Spencer ; sans exception, toutes les cartouches ratèrent : elles étaient à percussion périphérique ; nous eûmes beau les tourner et retourner pour mettre à tour de rôle chaque point du culot en contact avec le percuteur, ce fut en vain. M. Moty avait heureusement de quoi me réapprovisionner en munitions de meilleure qualité, et nous en avions d'ailleurs à peu près fini avec les régions où nous étions exposés à faire de dangereuses rencontres. Nous nous sommes bien souvent demandé, depuis, ce qui serait advenu si nous avions trouvé un tigre sur le chemin que nous venions de parcourir si tranquilles et si confiants.

Les vingt et quelques kilomètres qui nous séparaient de Thu-dàu-Môt furent une étape agréable ; nous marchions sur une vraie route, où les villages n'étaient point rares et où nous trouvâmes jusqu'à des poteaux kilométriques !

A propos de poteaux kilométriques, il me revient en mémoire une anecdote bien dans les mœurs indigènes.

Quatre ans après l'époque dont je parle, au cours d'une de ces excursions pédestres auxquelles je n'ai jamais renoncé, je faisais, seul cette fois, la route de Mac-Bath, sur le Bassac, à Tra-Vinh, chef-lieu de la province de ce nom. Parti le matin, j'arrivai le soir chez l'administrateur, M. Renaud, encore un camarade de l'arme, duquel je reçus l'hospitalité traditionnelle. Au cours de notre conversation, il me demanda si j'avais remarqué, sur la partie de son territoire que j'avais traversée, l'existence de poteaux kilométriques; sur ma réponse affirmative, il m'expliqua sa question.

Deux ou trois ans avant, il avait procédé au bornage de la route; mais le bétail — les bœufs et les buffles — ne trouvant pas aux pâturages la borne que les paysans normands plantent dans leurs champs pour servir de « frottoir » aux bestiaux, avait eu vite fait de renverser de simples poteaux de bois. L'administrateur les avait fait remplacer, et, réunissant les notables d'un grand village qui se trouve à cheval sur la route, il les leur avait montrés en ajoutant que cette fois il les rendait responsables de leur disparition.

L'année suivante, au cours d'une tournée qu'il faisait dans cette direction, M. Renaud constata avec stupéfaction, en arrivant sur les terres du village en question, que tous ses poteaux avaient disparu; il continua son chemin en ruminant à quelle peine il allait condamner les notables, coupables d'une négligence si flagrante et si en dehors, je dois le dire, de leurs habitudes.

« Où sont mes poteaux? » fut la première question qu'il leur posa après avoir reçu d'eux les salutations d'usage.

« — Oh! soyez tranquille, lui répondit le maire dont la figure en parlant prit un air de satisfaction profonde, il n'en manque pas un; vous nous les aviez trop recommandés pour qu'ils ne soient pas l'objet de tous nos soins. Seulement, comme sur la route on aurait pu les abîmer et que la surveillance en était difficile, nous les avons ramassés ; mais ils sont tous là, voyez. » Et, faisant quelques pas, il le conduisit à la pagode, en face laquelle, soigneusement, tous les poteaux étaient plantés en rangs d'oignons.

Pour la troisième fois, on dut les remettre en place, et, quelques explications aidant, ils y restèrent.

A Thu-dàu-Mòt, nous assistâmes à une exécution capitale. C'est un vilain spectacle, auquel nous n'avions pas eu encore l'occasion d'assister, mais sur lequel je devais être blasé par la suite, au Tonkin. Jamais plus cependant, depuis cette époque, je n'ai été voir couper une tète par simple curiosité.

Tous les miliciens de l'administrateur sont sous les armes ; il y en a soixante ou quatre-vingts. Sous leur escorte, le patient est conduit sur le lieu du supplice ; ici, c'est un village distant du chef-lieu d'environ trois kilomètres, celui où s'est commis le crime qui va recevoir son châtiment. La famille accompagne le cortège en poussant des hurlements ; elle a eu l'attention de faire porter à l'avance le cercueil où on ensevelira le supplicié ; il est placé en évidence pour donner au malheureux qui va mourir cette suprême consolation de savoir que son corps ne sera pas jeté aux chiens.

Arrivé au lieu de l'exécution, le condamné est attaché à un pieu solidement fiché en terre et élevé seulement de cinquante ou soixante centimètres ; il n'a pas les yeux bandés ; il se prête docilement à ce qu'on demande de lui. Il est à genoux, le pieu entre les jambes, les bras ramenés en arrière et solidement maintenus ; il tend la tête.

Les miliciens ont formé le carré ; à un commandement, ils font face vers l'extérieur, portent les armes et croisent la baïonnette.

Le bourreau s'approche du patient ; il passe son doigt sur ses lèvres, marque, du jus rouge de la chique de bétel qu'il mâchonne dans ses dents, la place où, entre deux vertèbres, il va donner le coup fatal ; puis se recule de deux pas et essuie avec le pan de son vêtement la lame de son sabre.

Moi, je suis pâle ; je trouve ces préparatifs horriblement longs ; je me détourne.

« Vous êtes venu pour voir, me dit l'administrateur qui a saisi mon mouvement, allez jusqu'au bout. »

Le bourreau pousse un cri rauque ; est-ce un avertissement à sa victime de ne plus bouger ? Le sabre tournoie et s'abat ; un bruit mat, un jet de sang, c'est fini....., la tête a roulé à trois pas de là ; un soupir de soulagement soulève ma poitrine, car j'ai déployé une grosse énergie pour regarder.

J'ai depuis, bien des fois, assisté à des exécutions, souvent multiples ; j'en ai même ordonné ; mais c'était au Tonkin ou à Formose ; nous étions en pleine guerre ; nous vengions nos camarades tués, mutilés ou trahis ; nous avions l'excuse de l'impérieuse nécessité. Jamais aucune d'elles ne m'a laissé un sentiment de dégoût si profond que celle-ci, à laquelle j'assistais « en amateur ».

Le soir, remis de mon émotion, j'eus la curiosité de me faire apporter le sabre qui avait servi à l'exécution ; c'était une arme vulgaire, à poignée en bois, dont la lame n'avait jamais connu la trempe et qui présentait à peu près la consistance d'un cercle de barrique ; avec mon couteau de poche je l'ébréchai facilement.

On m'expliqua alors comment un bourreau de profession peut arriver à donner son coup avec une précision si mathématique au milieu juste du trait qu'il a tracé : il dispose sur deux chevalets un tronc de bananier dépouillé de ses feuilles ; on sait que le bananier n'est pas ligneux et se coupe comme on couperait une courge. Il fait sur ce tronc, du tranchant de sa lame, un simple trait ; puis, se retirant en arrière de quelques pas, il revient le trancher d'un vigoureux coup de sabre ; il s'exerce ainsi jusqu'à ce qu'il arrive à tomber exactement sur la marque faite ; il n'a plus ensuite qu'à s'entretenir la main.

Le lendemain, nous couchâmes à Hoc-Mon chez le phu-Ca (1), vieux et respectable mandarin annamite qui, converti jeune à la religion catholique, avait, nonobstant, en raison de sa valeur et de ses mérites, été fait mandarin avant l'occupation française. Maintenu par nous et élevé à de nouvelles dignités, il devait mourir une dizaine d'années après, assassiné dans une émeute.

Enfin, après une dernière halte chez nos camarades en garnison au fort de Tong-Kéou, nous rentrions à Saïgon.

L'expérience était faite pour nous : le soleil de la Cochinchine était un ennemi avec lequel on pouvait s'entendre à la condition de ne point le braver sans une coiffure sérieuse. Or, à cette époque, le règlement nous condamnait à l'incommode salako, dont, pour mon compte, je résolus de me défaire à l'avenir pour courir la brousse ; je le remplaçai par un de ces casques légers en feuilles de latanier, fabriqués à Phuoc-Thanh, et je m'en suis toujours bien trouvé.

Nous eûmes l'occasion, mon camarade Comte et moi, de faire d'autres excursions plus longues et plus accidentées. Nous allâmes les premiers chez les Moïs au delà de Phuoc-Linh, dans la direction de Brelàm ; c'était l'inconnu. Je n'entrerai pas dans le détail de ces voyages. Mais je veux revendiquer pour nous d'avoir rompu les premiers avec un préjugé qui tenait enfermés dans leurs garnisons nombre de nos camarades qui ne demandaient qu'à courir, à voir, à observer. Nous fûmes dépassés par nos camarades Septans, Gauroy, Gauthier, etc., qui commencèrent, mais avec des moyens et du temps, à reculer les bornes de nos connaissances géographiques en Cochinchine. Puis vint le docteur Néis, puis d'autres, en passant par le fameux roi des Ba-nhars. Aujourd'hui, grâce aux événements qui se sont si rapidement succédé depuis quinze ans, la péninsule indo-chinoise n'a plus de secrets pour nous.

---

(1) Phu, titre équivalant à peu près à celui de préfet en France.

CHAPITRE III

En Egypte.

Le 15 mars 1882, après un séjour de près de cinq ans en Cochinchine, j'embarquais à Saïgon sur le transport de l'Etat *Annamite*, que commandait alors M. le capitaine de frégate Littré.

Je ne veux pas raconter les péripéties du voyage. A part un incendie qui se déclara à bord, dans l'océan Indien, et nous mit à deux doigts de notre perte, ces péripéties furent celles de tous ces voyages auxquels nous sommes accoutumés.

Je dirai seulement un événement qui m'est personnel, auquel sur le moment j'attachai peu d'importance, mais dont le souvenir m'est bien souvent revenu à la mémoire depuis.

Dans les premiers jours d'avril 1882 (la date exacte ne peut varier que du 1er au 5), nous arrivions à Suez.

Une chaloupe à vapeur tenue à l'avance sous pression venait à bord, avant même que le navire fût mouillé, et apportait au commandant des dépêches urgentes.

Après en avoir pris connaissance, M. Littré eut un court entretien avec le colonel Reybaud, qui commandait les troupes embarquées, lequel me fit appeler immédiatement.

« Vous devez avoir grande hâte de revoir la France, me dit-il, vous venez de faire une bien longue absence. Si, cependant, je faisais appel à votre dévouement pour une mission qui pourrait retarder votre retour, puis-je compter sur vous ?..... »

La question que me posait le colonel était dictée par un sentiment de bienveillante convenance, mais j'ose dire qu'il me connaissait assez pour, d'avance, être sûr de ma réponse.

« Je suis à vos ordres, mon colonel, répondis-je, en l'interrogeant respectueusement du regard.

« — Le commandant Littré, me dit-il alors en substance, vient de recevoir du Caire une dépêche l'avisant que notre consul en cette ville est autorisé à prendre à bord du premier navire retour de Cochinchine qui passera ici un détachement de troupes commandé par un officier. L'officier, ce sera vous. Composez, en les choisissant parmi ceux les plus valides et les moins pressés de rentrer, un détachement de cinquante hommes, et tenez-vous prêts à débarquer au premier ordre pour gagner le Caire.

« J'ignore, ajouta le colonel, la nature des événements qui provoquent cette mesure; au Caire, vous serez aux ordres du consul de France. »

En moins de deux heures nous étions prêts, et le consul en était immédiatement avisé.

La journée se passa à Suez sans que les ordres, attendus par moi surtout avec grande impatience, nous fussent parvenus.

« Attendons Ismaïlia, me dit le colonel Reybaud au moment où nous entrions dans le canal le lendemain matin, très probablement nous vous débarquerons là. »

A Ismaïlia, des dépêches furent échangées avec le consul et ..... nous prîmes la direction de Port-Saïd.

« Soyez toujours prêt, me dit encore le colonel; le consul doit demander des instructions à Paris; il se peut'qu'on vous débarque demain. »

A Port-Saïd, où nous restâmes quarante-huit heures, réparant tant bien que mal les avaries causées par l'incendie avant de nous engager dans la Méditerranée, rien ne nous parvint, ou, tout au moins, nous ne reçûmes pas l'ordre que, personnellement, j'attendais si impatiemment. Nous prîmes la route de France.

En arrivant à Toulon, le 12 avril, nous apprenions ce qu'était la situation en Egypte, et aussi qu'un bataillon d'infanterie de marine était tout prêt à y partir.

J'ai souvent, depuis, réfléchi à cet incident, bien petit en lui-même.

Qui peut prévoir ce qui serait arrivé, si, pour une cause quelconque, — la rupture, par exemple, des communications télégraphiques, laissant notre consul sur une première autorisation de nous appeler à lui, — mon détachement et moi avions été débarqués ?

Peut-être c'était la France engagée, en Egypte, avec l'Angleterre, et les difficultés qui suivirent et qui subsistent encore évitées ou tout au moins très atténuées.

Si je raconte ce fait, c'est pour qu'il soit bien établi qu'il fut un moment où notre participation aux affaires d'Egypte semblait décidée, et qu'au dernier moment seulement, — obéissant à quelles considérations ? — notre gouvernement abandonna l'idée de cette participation (1).

---

(1) Ces pages étaient écrites et le manuscrit aux mains de l'éditeur, quand surgirent les affaires de Fashoda et la crise aiguë provoquée par l'expédition si hardie du commandant Marchand.

Plus que jamais sont vivaces en mes souvenirs les événements dont je parle.

Ah ! si le fil s'était rompu au bon moment, quels changements dans notre situation à l'heure actuelle ! quels affronts évités !

CHAPITRE IV

Sontay.

Je ne raconterai pas, au cours de ces souvenirs, la campagne du Tonkin ; mais je ne saurais les écrire sans toucher aux événements de guerre auxquels j'ai pris part, et aussi sans dire des faits généraux ce qu'il en sera indispensable pour l'intelligence de mon récit.

Le 19 mai 1883, le capitaine de vaisseau Rivière était tué au Tonkin. Dès que la nouvelle en parvenait à Paris, le Parlement, par un vote unanime accordait, un crédit de cinq millions, pour permettre à la France de laver l'injure faite à son drapeau. Le 31 mai, je quittais Toulon sur le transport *Annamite*, qui, en dehors de quelques détachements destinés à Saïgon, emportait environ huit cents hommes d'artillerie et d'infanterie de marine, devant être débarqués à Haïphong. Ce contingent, formé à la hâte, comprenait des détachements de plusieurs régiments ; je commandais celui du 4e, composé de trois cent quatre-vingts hommes ; j'avais en même temps charge d'un assez important envoi de matériel et d'effets d'habillement que la portion centrale se hâtait de mettre à la disposition de ses compagnies détachées au Tonkin, en prévision de la campagne qui allait s'ouvrir.

Le 15 juillet seulement nous quittions la baie d'Along, où nous étions arrivés depuis quatre ou cinq jours ; des tiraillements entre les autorités militaires et maritimes étaient la cause du retard apporté à notre débarquement. La marine supporte difficilement un commandement étranger à elle, et le général Bouët, qui venait d'être placé à la tête du corps expéditionnaire, n'avait, de par les instructions ministérielles, qu'une autorité très restreinte sur la flottille fluviale qui concourait aux opérations, laquelle était placée sous les ordres d'un capitaine de frégate. Cela m'a toujours fait l'effet d'un corps d'armée en campagne dont l'artillerie et la cavalerie seraient en partie soustraites à l'action du commandant en chef, sous prétexte que ce dernier sortirait de l'infanterie. On dut affréter des chaloupes à vapeur appartenant à des négociants chinois de Haïphong pour nous transporter à Hanoï; je fus embarqué sur l'une d'elles avec une partie de mon monde; une jonque à la remorque contenait, avec quelques hommes, tout le matériel dont j'avais charge.

Pas un renseignement ne nous fut donné sur l'état du pays; nous ignorions absolument si nous avions, ou non, à craindre quelque chose en route. L'équipage de la chaloupe qui nous portait était uniquement composé de Chinois ne parlant pas un mot de français; je pris donc la précaution de faire disposer près de moi quelques caisses à cartouches, ne voulant pas en distribuer aux hommes, dont l'imagination était un peu surexcitée et qui auraient pu en faire, de nuit surtout, un usage prématuré ou intempestif. A cinq heures du soir, le 16 juillet, nous quittions Haïphong, devant mettre, selon les hasards de la navigation — car on s'échoue souvent dans ces voyages — trente-six ou quarante-huit heures pour arriver à Hanoï.

Vers minuit — nous étions alors dans le canal des Bambous — un choc épouvantable vint nous tirer de notre assoupissement : une chaloupe à vapeur qui descendait avait donné en plein sur la jonque que nous remorquions sur le côté tribord; le choc avait brisé toutes les amarres qui la retenaient; elle allait à la dérive. Les hommes qui la montaient criaient comme des perdus; nous pouvions la croire, étant donnée la violence du choc, en train de couler. Un enseigne de vaisseau, passager, M. Jaime, et moi, nous nous précipitons aux garants d'un youyou, et nous l'amenons pour aller leur porter secours, mais l'embarcation coule immédiatement : elle a été brisée par l'abordage; quelques minutes encore, qui nous paraissent longues, et la machine de notre chaloupe, qui a stoppé au choc, se remet en marche. Nous rattrapons notre jonque; elle fait de l'eau comme un panier; je voudrais la faire échouer tout de suite le long d'une berge pour sauver au moins le matériel qu'elle contient, mais nos Chinois ne comprennent rien. M. Jaime se dispose à prendre la barre et à exécuter la manœuvre nécessaire, lorsque deux missionnaires apparaissent sur le pont; ils sont passagers sur la chaloupe qui nous a abordés; il viennent voir si nous n'avons pas besoin d'aide. Je leur demande d'expliquer aux Chinois ce que je désire, et quelques minutes après ma jonque était échouée à la rive, où on s'occupait de l'amarrer solidement.

Je fis cette nuit-là, et dans ces circonstances, la connaissance du R. P. Gendreau, aujourd'hui évêque du Tonkin, le distingué successeur de Mgr Puginier, qui se mit avec beaucoup d'empressement à notre disposition. Lui et son compagnon dormaient lorsque l'abordage se produisit; comme nous, ils ne s'en expliquaient pas la cause, qu'il fallut forcément attribuer, à l'inattention de nos pilotes, car généralement leur habileté n'est point en défaut.

Je décidai de laisser vingt hommes, sous le commandement de M. Jaime, à la garde de l'épave, et je priai le R. P. Gendreau de vouloir bien prévenir, à son arrivée à Haïphong, le commandant d'armes de l'accident qui nous était arrivé en lui indiquant l'endroit précis où notre jonque était échouée. A 2 heures du matin, nous nous remettions en route et, sans autre accident, le même jour, vers minuit, nous arrivions à Hanoï. Le lendemain, on nous dirigeait sur la citadelle mais pas avant que des cartouches fussent distribuées aux hommes; c'est en formation de marche, comme l'exigeait la proximité de l'ennemi, que nous traversâmes la ville incendiée et déserte; les hommes furent répartis dans diverses compagnies; je fus affecté à la 27e du 4e régiment.

Il faut avoir vu le Hanoï de cette époque pour se faire une idée de ce qu'était alors, suivant le vieux cliché, « la cité florissante d'aujourd'hui ». La rue des Incrusteurs (la rue Paul-Bert actuelle) était une affreuse ruelle de deux ou trois mètres de large, bordée de misérables cases en paillottes; le quartier actuel des boulevards Henri-Rivière, Dong-Khanh, Gia-Long, etc., n'était qu'un amoncellement de ruines et d'immondices; la rue des Brodeurs et le tour du Petit Lac ne présentaient que des débris de maisons incendiées. Seule, la ville indigène proprement dite, celle où est installé le gros commerce chinois, peut encore rappeler ce qu'elle était à cette époque, en tenant, bien entendu, compte de tous les embellissements dont elle a été progressivement l'objet. Là où grouille actuellement une population de soixante mille âmes, on ne rencontrait pas un chat, dans la ville abandonnée; de temps à autre, on apercevait, en parcourant ce désert, quelques rares habitants, des chrétiens, qui n'avaient pas fui, mais qui disparaissaient à notre approche, pour se cacher dans le coin le plus reculé et le plus obscur de leurs habitations.

La concession française et la citadelle, les deux points occupés par les troupes, ne communiquaient qu'à l'aide de détachements armés; dès la nuit, tout le monde devait être rentré, on fermait les enceintes et chacun se gardait soigneusement. L'immense superficie de la citadelle ne permettait pas d'en assurer la sécurité la nuit; les magasins à riz, la pagode royale, les portes Est et Sud-Est formaient autant de postes séparés où la vigilance devait être de tous les instants. Rarement les nuits se passaient sans alertes, et cependant nous ne connûmes point les jours plus difficiles qu'avait passés là le faible détachement qui, après le 19 mai, s'était cramponné à la place en attendant des secours.

Le général Bouët prenait des mesures pour mettre la ville à l'abri d'un coup de main des Pavillons-Noirs, dont le quartier général était au Phu-Hoai, à cinq kilomètres de nous; on construisait un ouvrage à la porte de Hué, un autre sur la route des Mandarins, tout près de l'emplacement actuel du champ de courses; on élevait des palissades pour garder les points faibles de l'immense périmètre qui nous enveloppait; des blockhaus en maçonnerie étaient édifiés sur chaque saillant de la citadelle; enfin un poste de Chinois auxiliaires, Pavillons-Jaunes, occupait la pagode du Grand Bouddha, à l'extérieur.

On a beaucoup parlé, au début de la conquête du Tonkin, des Pavillons-Noirs et des Pavillons-Jaunes; peu de gens connaissent l'origine de ces dénominations.

Depuis plus de vingt ans, le fleuve Rouge était l'apanage presque exclusif d'une bande nombreuse de rebelles chinois, repoussée du Kouang-Si à la suite d'une révolte. Sous la direction d'un homme cruel, astucieux, fourbe et intelligent, Luu-Vinh-Phuoc, qui bien avant nous connaissait le fleuve Rouge et son importance commerciale, cette bande s'était installée sur ses rives, et, au moyen de douanes installées sur environ trois cents kilomètres de parcours (de Sontay à Lao-Kai), avait mis en coupe réglée tout le commerce du transit. A la suite de difficultés survenues à cause d'affaires d'intérêts, cette bande s'était scindée en deux tronçons; les uns, sous le pavillon noir, conservèrent le fleuve Rouge comme pays d'exploitation; les autres, au pavillon jaune, s'établirent dans la vallée de la rivière Claire. Les deux bandes devaient être, naturellement, de mortels ennemis. Les Pavillons-Noirs, acceptés et même soldés par la cour de Hué depuis dix ans, c'est-à-dire depuis la mort de Francis Garnier, étaient nos ennemis : les Pavillons-Jaunes devinrent nos alliés.

J'ajoute qu'après un essai de collaboration qui dura deux mois, l'autorité militaire dut licencier ces auxiliaires trop habitués au meurtre et au pillage ; quelques-uns, fort peu, restèrent à Hanoï ; le plus grand nombre disparurent rapidement : ils retournèrent aux Pavillons-Noirs, d'où ils sortaient ; ces gens-là devaient trouver, avec leurs congénères, une existence plus conforme à leurs habitudes et à leurs goûts. J'ajoute que, gens de sac et de corde, habitués de longue date au pillage, au meurtre, à l'incendie, les Pavillons-Noirs devaient se montrer les ennemis les plus sérieux que nous ayons rencontrés au cours de la campagne.

Quelques jours après nous arrivait à Hanoï un « commissaire général civil de la République française ». C'était un ancien médecin de seconde classe de la marine qui, probablement parce qu'il avait porté une épée (?), critiqua vivement ce qu'il appelait « l'inaction » du général Bouët. Celui-ci, sagement, n'avait pas cru devoir affirmer sa faiblesse par des combats sans résultats pratiques, et, en même temps qu'il faisait activement travailler aux ouvrages de défense dont je viens de parler, il recueillait les renseignements nécessaires à une action offensive tout indiquée par l'arrivée des renforts qu'il venait de recevoir.

Le 15 août, en effet, à la suite d'un combat meurtrier auquel j'eus le regret de ne pas prendre part, ma compagnie ayant été désignée pour garder la citadelle ce jour-là, le cercle qui enserrait Hanoï était définitivement brisé et l'ennemi rejeté sur le Day. Il importait absolument de ne pas le laisser se fortifier au moins sur la rive gauche de ce fleuve, que nous aurions à traverser pour aller prendre Sontay, la place d'armes réputée inexpugnable de Luu-Vinh-Phuoc ; les Chinois s'étaient effectivement arrêtés à Phong et nous y attendaient. Ce village est situé à vingt-quatre kilomètres de Hanoï, sur la route qui de cette place va à Sontay; on y accède, d'autre part, par la digue du fleuve. Des reconnaissances effectuées les 27, 28 et 29 août nous firent savoir que cette dernière était libre au moins jusqu'au village de Palan, endroit où la digue quitte le bord immédiat du fleuve pour s'infléchir au sud vers Phong, laissant ainsi à l'inondation tout le sommet de l'angle que forment les deux branches du fleuve; à cause de ses facilités d'accès par eau, Palan devint la base des opérations contre Phong.

La petite colonne fut constituée à deux bataillons, formés chacun de trois compagnies d'infanterie de marine et d'une compagnie de tirailleurs annamites (1).

C'était peu de monde; mais, en raison de la distance qui séparait Hanoï de l'endroit où on allait opérer, il était impossible de dégarnir aussi complètement cette place qu'on avait pu le faire quinze jours avant, alors qu'on se battait presque sous ses murs; d'autre part, un poste avait été établi à la pagode des Quatre-Colonnes; il exigeait pour sa garde une compagnie.

Un premier bataillon gagna Palan par la route de la digue; je faisais partie de celui-là. Un autre, embarqué sur des canonnières, vint y débarquer par le fleuve. Le 31 août au soir, tous deux étaient réunis.

Un mot avant de continuer, pour expliquer la constitution de ces bataillons qui comprenaient chacun une compagnie indigène et trois compagnies françaises.

Dans un pays absolument inconnu, dont la population, très dense, nous était hostile, où les nombreux couverts du sol se prêtaient à toutes les embuscades, où nous n'avions point de cavalerie et où d'ailleurs l'action de cette dernière eût été neutralisée par la nature marécageuse du sol, les tirailleurs annamites constituaient d'excellents éclaireurs.

---

(1) Un bataillon de tirailleurs *annamites* avait été envoyé de Saigon. Les tirailleurs *tonkinois* ne furent créés que l'année suivante.

La compagnie indigène du bataillon de tête marchait en avant de la colonne ; elle prenait telle formation qu'exigeaient les circonstances et la configuration du pays. Un village, un bouquet de bois se trouvait-il sur le chemin, il était reconnu et fouillé suivant les règles ordinaires. Se trouvait-il au contraire sur la droite ou sur la gauche, la file de tête du gros — on marchait par trois — dès qu'elle arrivait à hauteur de la bifurcation qui y menait, ou avant si c'était nécessaire, se détachait sans commandement et allait reconnaître. Trois, quatre, cinq ou six patrouilles de ce genre étaient souvent en route en même temps, et les petits tirailleurs, leur mission remplie, regagnaient leur compagnie sans que celle-ci eût à ralentir l'allure. Ils excellaient à ce service et, grâce à leur parfaite connaissance des habitudes et des mœurs de leurs congénères, s'en tiraient mieux et plus rapidement que n'eussent pu le faire des soldats français ; je ne me rappelle pas avoir jamais vu leur sagacité en défaut. Dès que le contact était pris avec l'ennemi, la compagnie était rassemblée si elle n'était pas trop engagée et reprenait sa place dans le bataillon pour combattre.

Le 1er septembre, à sept heures du matin, la colonne quittait Palan ; à huit heures l'ennemi était signalé ; quelques instants après, le combat engagé.

Il dura cinq heures, pendant lesquelles, combattant dans l'eau des rizières jusqu'à mi-corps, nos soldats affirmèrent les qualités de ténacité, de sang-froid, de bravoure déjà déployées quinze jours auparavant et dont ils devaient, plus tard, donner si souvent de nouveaux et magnifiques exemples. Vers une heure, après avoir supporté de rudes attaques, dont une à la baïonnette, l'ennemi était en retraite, abandonnant la plaine et les villages fortifiés en avant de Phong. Alors on donna un peu de repos aux troupes et on remit de l'ordre dans les différentes unités ; nous avions quatre-vingts et quelques hommes hors de combat.

Une batterie d'artillerie marchait avec nous ; c'étaient des canons de 4 de montagne, vieilles pièces se chargeant par la bouche, déclassées depuis bien des années en France et qu'on avait exhumées de l'arsenal de Saïgon pour les envoyer au Tonkin ; non seulement le tir de ces malheureuses pièces était loin d'être précis, mais les munitions, emmagasinées depuis plus de dix ans sous le climat humide de la Cochinchine, laissaient fort à désirer. A un moment de l'action où ma compagnie était déployée en avant et à trois cents mètres de deux pièces, je dus prier le lieutenant qui les commandait de cesser son feu ; il tirait à douze cents mètres, et ses projectiles éclataient dans nos rangs. Que cela, au moins, ne soit pas pris pour une critique de mes camarades de l'artillerie de marine : ils ont fait au Tonkin des prouesses dont on remplirait un gros volume.

Le général Bouët renonça à pousser l'attaque à fond le même jour ; des dispositions furent prises pour passer la nuit sur les positions conquises. Personne n'avait mangé ; le repas froid et le biscuit portés dans les musettes étaient restés dans l'eau de la rizière ; nul ne songeait à s'en plaindre, et, sous une pluie battante succédant à la chaleur accablante de la journée, la nuit se passa presque gaiement. Je me trouvais, avec ma compagnie, tout proche du village de A-mô, dont les abords étaient défendus par un retranchement solide sur la digue même où nous bivouaquions et une pagode crénelée qui se trouvait sur notre gauche. Toute la nuit, les défenseurs de ces ouvrages, un peu au hasard, tirèrent dans notre direction des coups de fusil auxquels nous nous gardâmes bien de répondre. Au jour, je reçus l'ordre d'occuper ce village : l'ennemi venait de l'abandonner.

Il y avait si peu de temps qu'il en était parti, et il avait obéi en fuyant à des ordres si peu attendus, que nous trouvâmes dans les cases de nombreuses marmites pleines de riz cuit encore chaud.

C'était une bonne aubaine pour nous, à jeun depuis plus de vingt-quatre heures ; aussi, tout en continuant à fouiller les maisons, je donnai l'ordre à un sergent de faire rassembler ce riz, me réservant d'en faire la distribution en temps opportun ; je désirais que chacun eu eût sa part et qu'il ne fût pas gaspillé par ceux qui n'étaient pas immédiatement en avant. Une demi-heure après, mon service de sûreté placé, je revins. Les escouades, déjà prévenues, avaient envoyé leurs hommes de corvée.

« Faites la distribution, dis-je au sergent.

» — Dans un instant si vous voulez, me répondit-il, je crois que tout le monde n'est pas présent. »

Mais, comme je lui faisais constater le contraire, je le vis regarder les hommes d'un air embarrassé qui lui aurait probablement attiré de ma part une réprimande si je ne l'avais connu pour un excellent serviteur.

Mes hommes, eux aussi, avaient une attitude contrainte, qui attira mon attention et que je ne m'expliquais pas ; il fallait que je fusse aussi satisfait que je l'étais de leur conduite depuis la veille pour ne point me fâcher.

Sur ces entrefaites, arriva, essoufflé, un troupier tenant à la main un bol chinois qu'il avait soigneusement lavé ; il le remplit de riz et me le tendit en portant la main à la visière de son casque.

« Et maintenant, à notre tour ! dit-il en se tournant vers ses camarades. »

Je fus, je l'avoue, profondément touché de ce témoignage de déférence en semblable circonstance, et ça m'est un plaisir de rappeler ce souvenir, que je cite ici comme un exemple de l'excellent esprit qui régnait chez tous.

Des reconnaissances poussées vers Phong constatèrent qu'il n'y restait plus personne ; l'ennemi avait profité de la nuit pour repasser le Day. Encore une fois il était décontenancé par la ténacité de nos troupes, que n'arrêtaient ni le nombre, ni un armement perfectionné, ni les difficultés du terrain, ni celles de la saison. Et cependant nous avions eu affaire à Luu-Vinh-Phuoc en personne, à l'élite de ses bandes, à de vieux routiers intrépides qui, la veille, s'étaient fait tuer à coups de baïonnette par les soldats de la compagnie Taccoën.

Le résultat cherché était obtenu, et, pendant que la flottille, qui avait pénétré dans le Day, écrasait de ses obus les derniers fuyards, le général Bouët donnait des ordres pour la rentrée de la colonne à Hanoï, où elle était à nouveau concentrée le 4 septembre, à l'exception d'une compagnie laissée à la garde de Palan, dont l'occupation définitive avait été décidée.

C'est ici que se place l'incident qui mit fin au commandement du général Bouët ; il appartient aux petits côtés de l'histoire ; j'estime que ce sont ceux-là qui doivent surtout trouver place dans un récit de souvenirs personnels.

Le « général commandant le corps expéditionnaire du Tonkin » se crut en droit, après le combat du 1er septembre, d'adresser à la poignée de braves qui avaient combattu sous ses ordres un ordre du jour de félicitations ; leur conduite et les résultats obtenus justifiaient amplement cette récompense. Le « commissaire général civil », s'inspirant des traditions créées par ses aînés à l'époque de la Convention, vit dans cet ordre du jour un empiètement sur ses droits, une atteinte à son omnipotence ; il ne fit pas arrêter le coupable — ces mesures ne sont plus dans nos mœurs ou n'y sont pas encore revenues — mais il l'admonesta, prétendant que, seul, il avait qualité pour parler aux troupes en semblable circonstance.

Le général protesta dignement au nom de ses prérogatives de chef et au nom des troupes elles-mêmes ; mais, ne voulant pas pousser à l'aigu un état d'hostilité dont ne pouvait que souffrir la conduite générale des affaires, il obtint du gouvernement de remettre le commandement au colonel Bichot et rentra en France le 8 septembre. Un autre, peut-être, eût fait coffrer le médicastre, eût rassemblé ses troupes, enlevé Sontay, et eût expédié son gêneur en France en même temps que la nouvelle de sa victoire. Cela m'est une opinion personnelle; je respecte la décision que crut devoir prendre le général Bouët.

Nous attendions les renforts demandés en France par deux fois, à la suite des combats dont je viens de parler. Mais l'ère des « petits paquets » commençait, et, au lieu de la *division complète* réclamée par l'état-major, on se borna à diriger sur le Tonkin un régiment du 19e corps, un bataillon d'infanterie de marine et un de fusiliers-marins. En même temps, le contre-amiral Courbet, qui était alors à la tête de la division navale des mers de Chine, fut nommé au commandement du corps expéditionnaire du Tonkin avec des pouvoirs plus nettement définis que ceux de son prédécesseur. Mais la précision, cherchée, de ses instructions, révélait, à elle seule, la difficulté de la situation. Le commissaire civil, pressentant dans ce nouvel adversaire — le mot peut paraître bizarre mais il est juste — un caractère dont il n'aurait point facilement raison, demanda son rappel, que lui refusa le ministre. Il fallait cependant de toute nécessité que l'un des pouvoirs cédât la place à l'autre; l'autorité militaire devait s'imposer, au cours d'opérations dont chaque jour aggravait l'importance. Les difficultés qui avaient divisé le général Bouët et le commissaire civil surgirent à nouveau sous l'amiral Courbet; elles tenaient trop au système adopté pour disparaître avec un homme; je dirai tout à l'heure à la suite de quel incident le malheureux commissaire vit s'écrouler le rêve caressé d'une « viceroyauté » au Tonkin (1).

---

(1) Pour qui croirait que j'exagère en parlant de la sorte, je conseille la lecture d'une conférence faite par ce docteur (il se nomme Harmand)

Dès son arrivée à Hanoï, en octobre, l'amiral appela à lui les compagnies de débarquement de son escadre, qui furent organisées en un bataillon sous le commandement d'un capitaine de frégate; il tira de la même source une batterie de pièces de soixante-cinq millimètres, servie par des marins. C'était un renfort de cinq cents hommes tout trouvé; en y joignant les deux mille cinq cents qui arrivaient de France (10 novembre) on allait pouvoir marcher avec près de cinq mille hommes; on devenait fort et la saison se faisait excellente.

La prise de Sontay s'imposait. Les Pavillons-Noirs eussent eu trop de facilités pour venir inquiéter une garnison forcément faible, laissée à Hanoï, si le corps expéditionnaire avait marché sur Bac-Ninh avant de les avoir battus et dispersés. Au contraire, nous avions peu à craindre de ce dernier côté : d'abord, parce que les troupes qui l'occupaient, pour nombreuses qu'elles étaient, ne comportaient que des réguliers chinois, soldats de peu de valeur, dont la seule force résidait dans le nombre; ensuite, parce que cette armée, eût-elle eu l'idée de venir nous attaquer chez nous, ne pouvait le faire sans franchir le canal des Rapides et le fleuve Rouge, deux obstacles sérieux à sa marche, le second surtout. N'eût-elle eu que l'intention de bombarder Hanoï de la rive gauche du fleuve, elle devait en être empêchée par un blockhaus solide construit sur cette rive, et aussi par l'artillerie de la place, meilleure et mieux servie que la sienne.

Au point de vue moral, il importait encore d'infliger un échec définitif aux Pavillons-Noirs, et de détruire ce qui leur restait de prestige par l'anéantissement de leur repaire; enfin, dernière considération et non de peu d'im-

---

à l'Association républicaine du centenaire de 1789. La création d'un « vice-État » y est proclamée comme la seule solution pratique à la situation.

portance, la hauteur des eaux à ce moment de l'année permettait encore aux canonnières de prendre part à une attaque sur Sontay ; il ne fallait pas se priver d'un utile et puissant concours qui aurait fait défaut à une époque plus avancée de la saison sèche.

Les Tonkinois d'aujourd'hui — j'entends les Européens qui ne datent pas de la conquête — ne peuvent se faire une idée du sentiment qu'inspirait alors, chez tous, le nom de la ville mystérieuse « Sontay » lorsqu'il était prononcé.

Ame qui vive dans le corps expéditionnaire n'y avait encore mis les pieds, même parmi les quelques rares d'entre nous qui, précédemment, avaient fait partie des compagnies que le traité de 1874 nous autorisait à entretenir dans nos concessions de Hanoï et de Haïphong. Seuls, les missionnaires, bien entendu et fort heureusement pour nous, connaissaient la ville ; les indigènes chrétiens envoyés par eux aux informations nous rapportaient des renseignements utiles, mais empreints de l'exagération inhérente au caractère annamite, dont il était bien difficile de faire la part. Leur demandait-on, par exemple, à combien ils évaluaient le nombre de guerriers qui s'y trouvaient rassemblés, ils répondaient invariablement : « Beaucoup, beaucoup, — *Nhiêu lam, nhiêu quâ.* » Et, si on articulait un chiffre : 5.000? c'était oui ; 10.000? c'était oui encore. Quant aux appréciations sur la valeur des ouvrages de fortification qu'élevaient les Chinois, on comprend qu'il était difficile à nous d'avoir les idées fixées par des gens aussi étrangers à la matière que nos émissaires ; toujours il y en avait beaucoup, et tous plus forts et mieux armés les uns que les autres. Les missionnaires, avec un zèle, une bonne volonté et une patience que rien ne lassait, interrogeaient leurs envoyés, causaient avec eux longuement, les tournaient et retournaient et arrivaient enfin à se former une opinion sur la valeur des rapports que faisaient ces émissaires. Leurs appréciations personnelles, et elles avaient de la valeur chez des gens qui connaissaient les localités, étaient à tout instant portées à la connaissance de l'amiral par Mgr Puginier.

Dans nos conversations avec les Pères, ceux-ci ne nous cachaient pas que Sontay serait un morceau bien dur à avaler, même en y mettant toutes les forces dont nous pouvions disposer.

Chez les indigènes qui nous approchaient, le nom de Sontay n'était prononcé qu'avec terreur; chez toute la population du Tonkin, aussi bien près de nous, chez les gens qui pouvaient nous compter, qu'au loin jusques et surtout à Hué, le boulevard de Luu-Vinh-Phuoc était considéré comme devant servir de tombeau aux Français; le vieux bandit l'avait annoncé dans vingt proclamations, on le croyait; les mandarins y comptaient; derrière nous, le pays tout entier était prêt à se soulever à la première nouvelle d'un échec.

Pour nous, forcément imprégnés de ce milieu, Sontay était quelque chose d'énorme, une sorte de muraille de Chine formidable; nous ne respirerions à l'aise qu'après l'avoir franchie. Et, couramment, dans nos conversations, lorsque venaient sur le tapis des projets d'avenir, ils entraînaient toujours cette restriction prudente : après la prise de Sontay. Ce n'était point crainte ni peur, au moins, qu'on ne s'abuse pas. C'était ce sentiment que l'homme le mieux trempé éprouve en face de l'inconnu quand il sait celui-ci hérissé de difficultés qu'il a quand même besoin de surmonter. Je le nommerai, si on veut, de l'appréhension; non pas celle des dangers qu'individuellement nous pouvions courir : celle du succès final que tous sentaient indispensable.

Je ne veux pas refaire l'historique de la prise de la ville, le sujet a été souvent traité, mais à ce propos je tiens à établir un fait. On croit généralement, dans le public, que la campagne effective du Tonkin commença en décembre

1883 par ce fait d'armes ; on ne se demande pas de quelle façon s'écoulèrent les sept mois qui séparent cet événement glorieux de la mort d'Henri Rivière ; on ignore dans quelle situation difficile et critique s'est trouvé le faible détachement d'infanterie de marine qui releva notre drapeau tombé le 19 mai ; à travers quelles épreuves et au prix de quels sacrifices il prépara les voies à l'amiral Courbet. J'ai effleuré dans les pages qui précèdent les combats du 15 août et du 1er septembre ; ils ne constituent pas tout l'historique de cette période peu connue, une des plus glorieuses cependant des annales de l'infanterie de marine.

C'est le 11 décembre à 4 heures du matin que nous quittions Hanoï pour Sontay. Personnellement, le 14 au matin, quand ma compagnie en pointe d'avant-garde arriva devant les ouvrages de Phu-Sa et, la première, reconnut la position, je n'avais pas, mais absolument pas, fermé l'œil depuis le départ.

La première nuit, j'étais en grand'garde en avant de Phong, sur la rive droite du Day ; séparé du gros par un fleuve large, sans presque de moyens de communications, c'est tout juste si les hommes de ma compagnie dormirent un peu. La seconde, avec toute la colonne aux ordres du lieutenant-colonel Belin, des turcos, nous la passâmes en marche ; la troisième, ma foi, à cause d'ordres et de contre-ordres dont je ne cherchai pas à deviner le pourquoi, ma compagnie changea trois fois de bivouac pour enfin occuper au point du jour la tête de la colonne qui suivait le bord du fleuve.

Au cours de la journée du 14, passée en un combat sans grande importance ayant pour objet de refouler les postes chinois dans leurs ouvrages, la compagnie que je commandais, toujours la vingt-septième du quatre, après s'être approchée très près des retranchements ennemis du bord du fleuve, avait été rappelée un peu en arrière pour rejoindre les trois autres compagnies du bataillon qui n'avaient point été engagées encore.

Les faisceaux formés, plus ou moins abrités des balles et des boulets ronds, voire même ramés, qu'envoyaient un peu à tort et à travers les défenseurs des ouvrages de Phu-Sa, nous attendions que notre tour arrivât de prendre part à l'effort final. Ce moment ne tarda pas.

Vers 4 heures, notre chef de bataillon recevait l'ordre de désigner une compagnie pour marcher à l'assaut des ouvrages de gauche; c'est à la mienne qu'échut cet honneur.

En un clin d'œil nous étions prêts et au pas gymnastique nous allions prendre position sur une digue, le seul accès possible conduisant à l'ennemi, le terrain à droite et à gauche étant noyé. Une compagnie, la vingt-deuxième du deuxième régiment, nous y avait devancés et en occupait la chaussée.

« Voulez-vous me faire un peu de place à côté de vous, dis-je au capitaine Cuny, qui la commandait.

» — Jamais de la vie, me répondit-il en me serrant la main; j'ai la bonne place, je la garde. Mettez-vous derrière si vous voulez. »

Le moment n'était pas aux discussions; je formai ma compagnie *à côté* de la sienne; mais au lieu d'être sur la chaussée de la digue nous étions sur son talus; nous n'attendons pas longtemps; un cri « En avant! » et nous partons.

A quelques mètres de là, Cuny tombe à côté de moi; une balle lui a traversé la jambe; nos hommes commencent à joncher le sol; je me retourne : « Clairons! la charge!! ».

Ce n'est plus une course, c'est un emballement. Plus de deux cents mètres nous séparent de l'ennemi; la fusillade qui part de ses parapets crépite sans interruption; c'est un ouragan de plomb qui passe, en partie sur nos têtes.

heureusement; aux accents de nos clairons, qui sonnent à pleins poumons, viennent se mêler les hurlements de nos soldats et les cris répétés de : « En avant! » A défaut d'autre chose, il semble que tout ce monde, à chaque seconde effleuré par la mort, a besoin de se couvrir de bruit. Si le sentiment du devoir et l'amour du drapeau ont amené ces soldats sur la digue d'où ils viennent de partir il n'y a qu'un instant, j'affirme, sans diminuer en rien leur héroïsme, qu'à ce moment terrible un autre sentiment, tout humain celui-là, les a envahis : l'instinct de la conservation. Mais c'est « en avant » que nous fuyons la mort; c'est là qu'est le salut.

Comment nous passons à travers les haies de bambous épineux qui protègent les retranchements ennemis? comment nous escaladons ces derniers? comment sont assommés les Chinois qui n'ont pas fui? Je n'en sais rien; — nous sommes dans l'ouvrage!

A notre droite, sur une autre digue, un autre fortin vient d'être enlevé par un bataillon de turcos; un moment d'arrêt, bien court, pour ne pas rompre l'entraînement le temps seulement de nous voir rejoindre par une partie de nos hommes, et de part et d'autre nous repartons. A cent mètres de là, les deux digues se réunissent; marsouins et turcos mêlent leurs rangs, entraînés par les officiers qui sont en tête. Alors, l'ouragan recommence; en face de nous, à petite distance, se dresse une barricade, une muraille, qui sur quatre étages nous vomit des balles; à droite et à gauche, toujours le terrain noyé de la rizière, nous aurions de l'eau à mi-corps.

« En avant! »

Mais les Chinois en fuyant les ouvrages dont nous venons de les déloger ont allumé les cases en paillottes et en bambous qui bordent la digue; en deux minutes, la chaussée devient une fournaise; il faut s'arrêter. Vainement, quelques intrépides tentent de passer; roussis, grillés, ils doi-

vent y renoncer. L'incendie ne ralentit pas le feu de l'ennemi, il n'a qu'à tirer droit devant lui, nous ne pouvons
pas être ailleurs ; il faut reculer.

Derrière nous, les troupes qui nous ont vus disparaître
au delà des premiers ouvrages se sont avancées ; c'est un
flot qui nous pousse ; il faut un temps relativement long
pour faire comprendre notre situation et dégager la place.
Là tombent le commandant Jonneau, des turcos ; Jehenne,
mon sous-lieutenant ; Clavé, le lieutenant de la compagnie
Cuny ; le lieutenant indigène Mahmine, un gigantesque
Arabe, et dix autres officiers dont j'oublie les noms ; enfin
nous reculons un peu, et la divergence des digues en arrière nous met en partie à l'abri. Une tranchée est rapidement faite à leur point de jonction qu'il faut absolument
garder ; la nuit arrive ; chacun s'occupe de remettre de
l'ordre dans l'unité qu'il commande et essaye de se rendre
compte des pertes subies. Il ne me manque qu'une quinzaine d'hommes à l'appel, dont huit appartiennent au
cadre. Mon sergent-major, Berne, a le cou traversé par
une balle ; il ne veut pas aller à l'ambulance, met son mouchoir autour de son cou et reste dans le rang.

Il ne faut point songer au sommeil ; c'est sur la digue
même que nous allons passer la nuit, à l'intérieur des fortifications chinoises dont nous occupons une extrémité,
dont l'ennemi occupe l'autre. Le sol sur lequel nous sommes accroupis est labouré par les balles ; de temps à autre
un cri vient nous avertir qu'un homme est touché ; pour
mon compte, vaincu par la fatigue, je crois qu'en dépit de
la situation, je vais succomber au sommeil ; il est 10 heures
du soir.

Un cri, une clameur immense déchire l'air. En masse
les Pavillons Noirs sont sortis de la ville, et à travers les
terrains inondés de la rizière, couverts par le bruit de la
fusillade que dirigent sans relâche les défenseurs de la
barricade dans notre direction, ils sont à trente pas de

nous ; les cornes qui leur servent de clairons déchirent nos oreilles de leurs sinistres appels.

Sur toute notre ligne éclate une fusillade épouvantable. Pas un officier n'a eu le temps de faire un commandement, tellement rapide a été la surprise. C'est en vain que j'essaie de me faire entendre, ma voix se perd au milieu du fracas ; je fais sonner : « Cessez le feu ! » Au train dont vont nos hommes, dans dix minutes nous n'aurions plus de cartouches. Alors, c'est par salves que nous tirons ; le silence s'est rétabli chez nous, aussi complet qu'est effrayant le vacarme dans les rangs de nos agresseurs ; on entend les commandements des chefs de sections, calmes comme à la manœuvre.

L'ennemi, décontenancé, bat en retraite, mais il doit revenir. Trois fois dans la nuit nous subissons des attaques aussi furieuses ; trois fois elles sont repoussées avec le même succès.

Au jour la grande barricade de Phu-Sa était évacuée.

On se fera une idée de la fusillade que nous eûmes à supporter de ses défenseurs, si je dis qu'au pied de chaque créneau était disposée une caisse de cartouches, et que nous dûmes, à l'aide des pelles-bêches portées sur les sacs, déblayer les étuis vides qui couvraient le sol sur plus de dix centimètres d'épaisseur.

L'ennemi se retirait dans l'enceinte de la ville.

Le lendemain fut, enfin ! une journée de repos ; ma compagnie était cantonnée dans les paillottes du village de Phu-Sa, au bord du fleuve. Je dormis dix heures sans désemparer.

Le 16, la ville était attaquée et à 5 heures du soir nous étions maîtres de la porte Ouest. Le lendemain matin, le colonel de Maussion, de l'infanterie de marine, constatait que la citadelle était évacuée. Avec ses fossés de plus de dix mètres pleins d'eau, avec ses remparts hauts de six mètres et revêtus en maçonnerie, ses portes masquées, elle aurait pu nous arrêter longtemps et nous coûter cher

Luu-Vinh-Phuoc, en fuyant, avait fait placarder sur ses murs une proclamation emphatique comme il aimait à les faire : «.....Je fuis devant ces hommes de feu, disait-il, mais je reviendrai..... »

Il ne devait plus revenir à Sontay, mais nous l'avons retrouvé au siège de Tuyen-Quang.

Le 21 décembre ma compagnie rentrait à Hanoï. On nous avait embarqués sur un petit vapeur que mes troupiers pavoisèrent avec de grands pavillons noirs enlevés à l'ennemi. A part les blessés, nous étions les premiers qui regagnions la capitale, aussi nos camarades nous attendaient-ils au débarquement pour nous serrer les mains. Le commissaire civil lui-même était là, nous apportant ses félicitations ; mais lorsque je lui dis que l'amiral me suivait à quelques minutes et qu'il allait débarquer, il rentra chez lui, parce que, me dit quelqu'un de sa suite, l'amiral avait manqué à tous ses devoirs en ne « rendant pas compte de la prise de Sontay ».

Il ne songeait pas cependant à s'affranchir d'une prescription que comportaient ses instructions, il voulait choisir son moment, voilà tout. En effet, rentré chez lui, l'amiral revêtit sa grande tenue et, suivi de tout son état-major, se rendit chez le commissaire civil dont la maison était séparée de la sienne par un petit jardin ; il fut introduit dans un salon où l'attendait le docteur Harmand, fit placer ses officiers correctement derrière lui, puis, tirant son chapeau :

« Monsieur, Sontay est pris. » Pas un mot de plus ; il fit demi-tour et se retira suivi de son monde. Le commissaire général civil comprit qu'il n'aurait pas raison d'un homme qui le traitait de si haut, et qui, par surcroît, prenait en quarante-huit heures des villes comme Sontay ; il fit ses malles et le surlendemain il quittait Hanoï pour aller s'embarquer.

Souvenirs d'un off.   10

Pendant tout le mois de janvier ma compagnie resta à Hanoï. La ville se repeuplait ; la rapidité foudroyante avec laquelle Sontay était tombée entre nos mains avait définitivement relevé notre prestige aux yeux des populations.

A ce propos je constate, sans l'expliquer, avec quelle rapidité plus surprenante encore se propagent les nouvelles, au moins dans le Delta : la prise de Phu-Sa et celle de Sontay, les 14 et 16 décembre, parvenaient aux Révérends Pères de la mission à Ké-So, c'est-à-dire à quatre-vingts kilomètres à vol d'oiseau du lieu de l'action, quelques heures après, mais avec des détails tellement circonstanciés qu'ils se refusèrent à y croire jusqu'à confirmation officielle.

En janvier 1884, je fus placé à la 25e compagnie du 4e régiment ; elle faisait partie du bataillon auquel j'appartenais déjà, à la tête duquel venait d'être appelé le commandant Coronat, remplaçant le commandant Roux, renvoyé en France par suite de sa demande de mise à la retraite.

Au cours d'une reconnaissance effectuée par mon bataillon sur les bords de la rivière Noire dans la direction de Hung-Hoa où s'était établi Luu-Vinh-Phuoc, nous apprîmes le départ de l'amiral Courbet et son remplacement par le général Millot.

Changer un commandant en chef au lendemain d'un succès éclatant, à la veille d'opérations importantes ; remplacer un homme d'une valeur éprouvée par un inconnu, quelle incohérence !

Le prestige du drapeau, des intérêts immenses, la vie de milliers d'hommes sont en jeu, et pour une question de ministère, une question d'amour-propre, des considérations politiques, tout cela est sacrifié, compromis tout au moins, pour cette raison inavouable, inavouée, mais certaine, qu'un général victorieux peut devenir une personnalité gênante et qu'il faut le choisir parmi ceux dont les détenteurs du pouvoir sont certains de n'avoir rien à craindre.

Si l'amiral Courbet était resté à notre tête, renforcé des unités qu'on envoyait de France, la campagne d'hiver se poursuivait sans à-coup et eût été incontestablement plus vigoureusement menée qu'elle ne le fut par son successeur. On m'objectera que la place d'un amiral est à la tête de son escadre, sur le pont de son cuirassé; d'accord.

L'amiral Courbet y était, il fallait l'y laisser.

Mais on l'avait placé à la tête des troupes; il avait fait un apprentissage brillant et glorieux d'un ennemi et d'un pays que ne connaissaient pas nos généraux de France; plus qu'aucun autre il offrait les garanties voulues pour mener à bien une campagne qui demandait beaucoup plus de décision et de vigueur que l'accoutumance des conceptions stratégiques qui sont l'apanage des états-majors. On ne voulut pas l'admettre pour deux raisons : celle que je viens de dire, d'abord et surtout; cette seconde, ensuite, aussi mesquine et d'aussi nulle valeur, que le ministère de la guerre répugnait à mettre son personnel sous les ordres d'un marin.

Et cependant, sous les ordres de l'amiral Courbet, nous n'eussions pas fait cette marche fantastique de six jours pour franchir les vingt-six kilomètres qui séparent Hanoï de Bac-Ninh, lorsqu'au mois de mars nous allâmes prendre cette ville. Une bonne route, en ligne droite, relie ces deux centres, elle semblait indiquée : point. Les conceptions dont je viens de parler intervinrent et nous fîmes un détour énorme, pataugeant dans l'eau des rizières, semant les malades et les éclopés, manquant de vivres, pour nous procurer la satisfaction de voir l'ennemi fuir sans combat, mais ne trouvant même pas cette compensation à nos fatigues de le voir enveloppé et pris. L'armée chinoise de Bac-Ninh, que nous traitions avec tant de ménagements, se mit en retraite vers Lang-Son, au nord. Elle n'était point entamée, elle n'avait pas senti, comme les Pavillons Noirs à Phu-Sa, le poids de notre force, elle devait nous le prouver peu de temps après à Bac-Lé, en rouvrant les hostilités, en cours d'armistice, ce qu'elle n'eût certainement pas fait si nous avions su lui inspirer une salutaire terreur.

Que de sang, que de millions épargnés, si là, comme plus tard dans une autre expédition coloniale, préparée celle-là avec un luxe de moyens inconnus avant elle, le commandement n'avait pas été confié à des mains « insuffisamment préparées » pour me servir d'une expression connue !

On me pardonnera ces appréciations ; elles ne sortent point du cadre de mes souvenirs, et elles en forment le côté le plus triste.

Autant j'éprouve de plaisir, de bonheur, de volupté, qu'on me passe le mot, à me plonger par le souvenir dans les épisodes de ma vie militaire et coloniale, qui me rappellent les périls affrontés sous toutes les formes, les nuits sans sommeil, les jours sans vivres, les fatigues, les privations ; autant je me sens envahi par une tristesse profonde quand me reviennent à la mémoire ces événements, au cours desquels, tous, petits et grands, nous sentions que nos intérêts les plus chers, et j'entends ceux de la Patrie, étaient sacrifiés à de mesquines considérations d'ordre politique :

D'ordre politique, l'envoi de ce commissaire de la République chargé de l'administration, dans un pays où nous possédions tout juste le terrain que nous foulions de la semelle de nos bottes ;

D'ordre politique, le remplacement en cours d'opérations de l'amiral Courbet par le général Millot ; celui du général Brière de l'Isle par le général de Courcy ;

D'ordre politique toujours, la nomination au gouvernement d'une possession dont ils ne connaissent pas le premier mot, de..... Mais je m'arrête ici; l'énumération serait trop longue et la discussion des personnalités n'entre pas dans mon cadre.

CHAPITRE V

Bac-Ninh.

Je viens de dire qu'à la suite d'une marche pénible, mais sans combat, nous avions occupé la ville et la citadelle de Bac-Ninh.

Sontay avait été le boulevard des Pavillons Noirs, Bac-Ninh était celui de l'armée régulière chinoise ; mais celle-ci s'était retirée sans être entamée ; nous devions nous assurer que, pour le moment au moins, elle ne se reformait pas dans les environs (1).

Après vingt-quatre heures de repos dans la ville en ruines, car les Chinois en fuyant y avaient allumé de nombreux incendies, nous fûmes envoyés à la poursuite de l'ennemi : la deuxième brigade, général de Négrier, prit

---

(1) J'ai lu, dans les quelques ouvrages qui racontent la campagne du Tonkin, le récit de combats « brillants » livrés par le corps expéditionnaire au cours de la marche sur Bac-Ninh.

La brigade de Négrier tira quelques coups de feu et eut quelques tués et blessés ; mais la brigade Brière de l'Isle ne perdit personne.

Les relations du combat du Trong-Son, où une partie de cette brigade occupa des hauteurs fortifiées, qui de loin nous paraissaient formidables, sont toutes fantaisistes.

L'affaire du Trong-Son fut une course dans laquelle j'arrivai premier ; c'est de ma sacoche que je tirai le pavillon français qui fut arboré au sommet ; c'est un clairon de ma compagnie qui sonna « au drapeau ». Pas un coup de fusil ne fut tiré ; et en faisant exécuter la sonnerie « au drapeau » j'eus surtout pour but d'arrêter dans leur ascension fatigante les fractions de troupes qui, sur d'autres versants, escaladaient les hauteurs.

la direction de Phu-Lang-Thuong; la première, général
Brière de l'Isle, celle du Yen-Thé et de Thaï-Nguyen; j'appartenais à cette dernière.

Nous emportions des munitions en assez grande quantité et sept jours de vivres seulement; c'est tout ce que
permettaient de nous donner les approvisionnements peu
considérables qui restaient encore au corps expéditionnaire.

Après trois jours de marche nous arrivions devant la
citadelle de Yen-Thé (Tin-Dao) qui fut enlevée à la suite d'un
court engagement et où la brigade tout entière fit séjour
le lendemain, autant pour donner un peu de repos aux
troupes que pour se procurer les renseignements indispensables à une marche en avant.

Les informateurs, rentrés dans l'après-midi, confirmè-
rent au général que la place de Thaï-Nguyen était défendue
par une garnison nombreuse, en même temps qu'ils lui
signalaient de forts partis chinois aux environs de Tin-
Dao.

Le général décida alors qu'il partirait le lendemain pour
Thaï-Nguyen, mais qu'il laisserait à Tin-Dao un détachement destiné à protéger son flanc droit et sa ligne de retraite qui pourraient être sérieusement inquiétés par l'ennemi qu'on lui signalait aux environs.

Vers 4 heures du soir je fus appelé chez lui; le général
me connaissait peu; je servais sous ses ordres directs
pour la première fois.

« J'ai demandé au commandant Coronat un officier pour
une mission de confiance, me dit-il, il vous a désigné; je
vais vous dire en quoi elle consistera.

»Je pars demain matin pour Thaï-Nguyen avec la brigade;
je vous laisse ici avec votre compagnie, un peloton de turcos
et une section d'artillerie. Vous aurez à détruire la citadelle
dont je veux qu'il ne reste que le squelette; vous vous
servirez pour cela de quelques milliers de kilos de poudre

que renferme la poudrière ; vous brûlerez le magasin à riz, les habitations, vous détruirez tout en un mot et cela fait vous vous dirigerez vers Hà-Châu, sur la rivière du Song-Câu, à environ une journée de marche d'ici ; vous devrez y être le 21 au soir. Hà-Châu se trouve sur le chemin que je dois prendre pour rentrer à Bac-Ninh, vous m'y attendrez.

» Comme je veux être aussi léger que possible, je vous laisse les éclopés de la brigade, une partie de mes munitions et les bagages ; vous vous arrangerez pour que tout cela suive. Je ne peux pas vous laisser mes porteurs pour ces impédimenta, j'en ai besoin pour être aussi léger que possible, vous tâcherez d'en trouver. Vous emporterez également dix-neuf petits canons de bronze trouvés ici, je tiens à les rapporter à Bac-Ninh, où, d'Hà-Châu ils descendront par eau (1). Nous avons déjà consommé quatre jours de vivres, vous en recevrez trois encore et s'il vous en manque vous aviserez.

» J'ajoute que vous avez dans les environs deux ou trois mille Chinois dont je ne veux pas avoir à me préoccuper pendant l'opération que je vais exécuter. S'ils viennent ici vous attaquer, défendez-vous, mais, quoiqu'il arrive, n'allez pas les chercher ; s'ils vous attaquent en route, faites de même ; je compte sur vous pour me garder. Ne faites pas de prisonniers, je n'en veux pas. »

Ces instructions étaient claires. Je me permis seulement une observation sur la difficulté que j'aurais à me procurer au moins cent cinquante porteurs dans un pays hostile et occupé par les Chinois.

Le général Brière de l'Isle avait une façon à lui de regarder les gens en face.

« Votre commandant, auquel j'ai expliqué tout cela, m'a dit que je pouvais compter sur vous. Oui ou non ?

---

(1) Ces petits canons exigeaient chacun quatre hommes pour leur transport.

» — Oui, mon général », et je sortis très perplexe sur
le sort au moins des vingt et un petits canons que je devais
faire enlever. J'allai voir mon chef de bataillon pour lui
rendre compte des ordres que je venais de recevoir et je
lui exposai mon embarras.

» — Oui, je sais cela, me répondit-il, et le général ne
s'illusionne pas sur la situation. Il avait d'abord l'intention
de laisser ici deux compagnies, la vôtre et une de turcos ;
mais le capitaine de cette dernière, plus ancien que vous,
aurait eu le commandement ; j'ai répondu de vous au général à la condition que vous fussiez le chef ; vous n'aurez
qu'une demi-compagnie d'Algériens, mais vous comman-
derez ; vous êtes un vieux routier du pays ; ne me faites
pas mentir, « débrouillez-vous ».

Je ne pouvais être que flatté de la confiance que j'inspirais ; les Chinois étaient le moindre de mes soucis ; les
bagages, les caisses de munitions, quelques malades à
faire porter, enfin les canons, me préoccupaient bien autrement ; je m'en rapportai à mon étoile pour me tirer
d'affaire le moment venu, et je m'occupai de mon détachement.

« Bonne chance, me dit le lendemain matin le général
en me serrant la main, n'oubliez pas que je compte sur
vous. »

Nous étions le 18 mars, j'avais trois jours pour accomplir
mon œuvre de destruction.

La citadelle n'était pas achevée, c'est-à-dire que les
parapets n'étaient pas revêtus, pas maçonnés ; seules les
portes, une sur chaque face, étaient solidement construites
en pierres et en briques. Un magnifique magasin à riz,
d'au moins quarante mètres de longueur sur douze de
large, était bondé jusqu'au faîte ; il était en bois, couvert
en tuiles. En visitant la poudrière, une construction du
même genre, je découvris, outre un gros approvisionnement de munitions, environ dix ou douze mille ligatu-

res (1). Une pagode, de belles habitations dont quelques-unes n'étaient pas terminées, et un assez grand nombre de cases en paillottes constituaient ce que j'avais à brûler.

« Ma citadelle » était située sur un terrain environné de mamelons de très peu de relief; mais à deux mille mètres environ, au nord, commençaient les premiers contreforts du massif du Yen-Thé. C'est de cette direction que j'avais à craindre l'ennemi.

Dès le départ de la brigade je fis incendier toutes les cases en paillottes; nous n'en avions pas besoin et je voulais voir clair autour de moi, même dans l'intérieur de l'ouvrage qui mesurait au moins quatre hectares de superficie. Je chargeai le lieutenant d'artillerie qui commandait la section de faire creuser et charger les fourneaux de mine destinés à faire sauter les parapets; un autre officier devait en préparer de semblables sous chaque pied-droit des portes; une surveillance active était exercée sur tout le pays environnant.

Le premier jour quelques Tonkinois me furent amenés par une patrouille; je les renvoyai chargés de riz en leur disant de prévenir dans tous les environs que, devant un de ces jours partir en détruisant le magasin, j'invitais les habitants à venir en prendre autant qu'ils pourraient en emporter. J'étais toujours préoccupé de trouver des porteurs, j'espérais décider les gens à m'en servir en leur donnant du riz. Je me trompais. Il en vint en assez grande quantité, mais à toutes mes ouvertures dans cet ordre d'idées, ils répondaient négativement. Je fus même frappé de la façon catégorique dont ils exprimaient leur refus, déposant leur charge de riz et préférant ne pas l'emporter plutôt que s'engager à me servir. De bons Annamites

---

(1) La ligature est un chapelet de 600 sapèques, enfilées par le trou carré qu'elles portent au milieu. Chaque ligature, suivant le cours du change de la piastre, valait alors 60, 70 ou 80 centimes.

devaient, en pareil cas, protester de leur dévouement, promettre jusqu'au dernier moment, et..... ne pas venir. J'en conclus que les Chinois n'étaient pas loin, qu'ils devaient occuper les villages de ces gens-là, que peut-être même mon riz allait grossir leur approvisionnement. Néanmoins, comme c'était mon seul moyen de me tenir en contact avec l'extérieur, et que de l'extérieur seul pouvaient m'arriver des porteurs; comme au total le riz emporté ne constituait pas une quantité appréciable, je continuai à en distribuer, tout en redoublant de surveillance sur les gens qui en venaient chercher.

Le second jour les travaux de destruction furent continués; les remparts commencèrent à s'écrouler dans les fossés sous l'action des mines; je fis préparer des bûchers autour du magasin à riz, de la poudrière et des constructions que nous occupions.

Vers 10 heures du matin, je fus prévenu par une sentinelle qu'on apercevait au loin, sur le sommet des mamelons dans l'ouest des montagnes du Yen-Thé, un assez fort détachement qui marchait avec de nombreux drapeaux; je vérifiai le fait, les travaux furent cessés, les portes fermées et chacun prit son poste de combat.

Ma jumelle braquée, j'essayai longtemps de distinguer quelque chose avant de reconnaître que les drapeaux qui flottaient étaient tricolores!..... Que diable cela pouvait-il bien signifier? Ces gens-là se présentaient dans une direction diamétralement opposée à celle qu'avait suivie la brigade en me quittant, et d'ailleurs elle ne marchait pas avec un pareil luxe d'étendards. Je savais les Chinois capables de toutes les ruses : je redoublai de surveillance, d'autant que, au lieu de venir sur nous, cette troupe nous laissait sur sa gauche et se dirigeait sans hésitation vers les montagnes où je soupçonnais l'ennemi de se tenir.

Nous fûmes tous fort intrigués en voyant ces gens disparaître derrière un contrefort de la montagne à environ deux kilomètres de la citadelle. Personne autour de nous qui pût nous renseigner; quant à envoyer en reconnaissance, ça m'était interdit. Mes officiers et moi nous perdions en conjectures, sans cesser de fouiller l'horizon avec nos jumelles, espérant qu'un indice viendrait enfin nous donner le mot de l'énigme.

Une demi-heure après, une vive fusillade éclata dans la direction où nous avions vu disparaître tout ce monde-là. Nous étions de plus en plus intrigués, mais nous le fûmes bien davantage en voyant réapparaître nos porteurs de pavillons tricolores qui se rabattaient à toutes jambes dans notre direction, suivis de près par des Chinois, faciles à reconnaître à leurs grands chapeaux et à leurs vêtements bleus.

Je donnai immédiatement des ordres pour que, même par la force, l'entrée de la citadelle fût interdite à ces fuyards que je ne connaissais pas, puis, à l'aide de quelques tirailleurs annamites que j'avais sous la main (des éclopés qui n'avaient pu suivre la colonne), je fis crier aux premiers qui parvinrent à portée de voix qu'ils eussent à disparaître rapidement pour me permettre de tirer sur les Chinois. La consigne fut vite transmise; en un instant mon champ de tir fut dégagé et quelques feux de salve, envoyés à sept et huit cents mètres, arrêtèrent net l'ennemi qui répondit un instant, sans nous causer d'ailleurs aucun mal, et se retira.

Deux ou trois cents Annamites étaient massés en arrière de la citadelle; les pavillons tricolores battaient au vent; que diable pouvait être cette bande? Je fis reprendre les travaux et donnai l'ordre d'introduire le chef qui la commandait.

Je vis arriver un grand gaillard, à l'air décidé, précédé de quatre parasols et suivi de quelques hommes armés de fusils à piston. Le parasol est l'insigne du mandarinat; mon homme en avait quatre, il devait avoir de quoi tenir. Dès qu'il eut terminé les salutations d'usage, je lui fis

demander par mon interprète de m'expliquer qui il était
et ce qui venait de se passer.

« Je suis catholique des missions espagnoles, me dit-il
en substance (1), je combats pour les Français; je ne vous
savais pas ici. J'ai rencontré des Chinois dans un grand
village au pied de la montagne et je me suis battu; mais
je n'ai que trois cents hommes, qui tous n'ont pas de fusils
ainsi que vous pouvez le voir; l'ennemi était plus fort que
moi et sans vous j'eusse passé un terrible moment; j'ai
fait deux prisonniers; je vous les livre; j'ai pris deux
canons, je vous les donne. »

C'était la première fois, depuis le commencement de la
campagne, que j'entendais parler. d'un semblable dévouement à la cause française, même chez des catholiques. Ils
nous rendaient d'incontestables services sous bien des rapports, mais jamais jusqu'à prendre les armes, *proprio motu,*
pour notre drapeau.

Je flairai quelque chose que je ne m'expliquais pas
encore et lui demandai de qui il tenait l'autorisation, ou
l'ordre, de lever des hommes et de combattre pour nous.

« Du gouvernement français, me répondit-il. » Et il tira
d'une boîte que portait un de ses hommes un papier qu'il
me présenta :

« Laissez passer le nommé X. Y. Z. Service des renseignements. Une signature et le cachet du bureau des renseignements à Hanoï. »

Enfin! j'y voyais clair!

Mon homme n'était pas plus mandarin que le dernier
des siens; il s'était présenté, sous le patronage d'un missionnaire probablement, au bureau des renseignements
qui lui avait délivré le laissez-passer qu'il me montrait,
pour servir au besoin auprès des commandants des troupes

---

(1) Tout le nord du Delta, à partir de la rive gauche du fleuve Rouge
est évangélisé par des dominicains espagnols.

en opérations. Exploitant l'ignorance et la crédulité de ses compatriotes, il avait présenté ce papier, *revêtu d'un cachet*, comme une sorte d'investiture; il avait levé une bande et il écumait le pays pour son compte. Sachant notre présence à Tin-Dao, il croyait les Chinois loin; il n'y avait qu'une chose exacte dans ses explications, c'est que nous la lui avions parée belle. Tout cela était pour moi limpide comme de l'eau de roche.

Je ne lui en laissai rien voir, je le félicitai de ses exploits et je l'engageai à les continuer.

« Tu sais maintenant où sont les Chinois; tu sais que nous sommes ici, il faut retourner prendre ta revanche.

» — Vous avez raison, me dit-il, mais mes hommes ont faim; beaucoup, je vous le répète, n'ont pas de fusils, les munitions me manquent, etc. »

J'avais trouvé dans la poudrière une soixantaine de fusils à piston et des munitions; je les lui donnai en même temps que je l'autorisais à faire prendre pour ses hommes autant de riz qu'il en voudrait.

La Providence m'envoyait là les porteurs qui me manquaient; il ne fallait pas les laisser échapper, mais je n'estimai pas le moment venu d'en parler.

« Fais manger tes hommes aujourd'hui et qu'ils se reposent, lui dis-je; il y a derrière la citadelle des abris en paillottes que je t'autorise à faire occuper par eux. Demain matin tu iras voir où sont les Chinois. »

Effectivement le lendemain, au jour, la bande se mettait fièrement en route dans la direction de l'ennemi et nous donnait, une heure après, une réédition de la scène de la veille : fusillade, fuite des partisans et apparition des Chinois; mais cette fois ceux-ci étaient nombreux.

Est-ce notre inaction de la veille qui les a enhardis? c'est probable; toujours est-il qu'en peu de temps, j'en ai bien quinze cents sur les bras. Par groupes compacts ils se développent sur un front de plus d'un kilomètre et menacent de m'envelopper complètement. Je n'ai pas trop de tout mon monde et de mes deux canons.

Je suis néanmoins sans inquiétude; j'ai dans la main une troupe solide dont tous les hommes et tous les officiers ont vu le feu de près.

Ce qu'il importe c'est de localiser l'action à un de mes fronts; l'ennemi est trop nombreux, mon effectif trop faible, pour que je puisse me défendre efficacement sur mes quatre faces.

J'attends sans brûler une cartouche que l'ennemi soit à bonne portée, cinq ou six cents mètres; son feu, pour violent qu'il soit, ne cause pas de mal dans nos rangs bien abrités; puis, sans me préoccuper du centre, j'écrase les deux ailes sous des feux de salve et des volées de mitraille dont l'effet est instantané : les ailes se débandent et le front s'arrête. Salué à son tour de vigoureuse façon, il ne tarde pas à battre en retraite, reconduit par des feux et des obus dont nous constatons les effets dans ses masses compactes. Nous ne devions plus le revoir; il était alors 11 heures du matin et je devais partir le lendemain.

Le chef des « partisans » m'amena encore deux canons et deux prisonniers; conformément aux ordres du général ces derniers et ceux de la veille furent passés par les armes. Si on s'étonne d'une semblable mesure, si elle paraît barbare, je ferai remarquer que, depuis le commandant Rivière, tué le 19 mai, tous les morts ou les blessés que les circonstances des combats ne nous avaient point permis de ramasser immédiatement et qui étaient tombés aux mains des Chinois avaient été décapités et mutilés par eux.

Le moment était venu d'aborder la question qui me préoccupait.

Pour enlever les munitions et les bagages laissés par la brigade, porter les hommes incapables de marcher et mes vingt-trois petits canons, il me fallait au moins cent cinquante hommes. Le général comptait sur moi; eussé-je dû faire porter tout cela par mes soldats, je ne voulais rien laisser, mais on comprend qu'il m'en coûtait de me résoudre à cette extrémité.

J'expliquai mon cas à l'homme aux quatre parasols, en ajoutant qu'en me fournissant des porteurs il ne ferait en somme que reconnaître le service que je lui avais rendu en l'empêchant par deux fois d'être écrasé par les Chinois.

Il m'écouta attentivement; me fit, suivant la coutume annamite, un profond salut en s'agenouillant trois fois, puis il entama un long discours. J'étais fixé sur ses intentions avant qu'il n'ouvrît la bouche : le salut avait été trop prolongé pour ne pas précéder un refus.

J'entendis sa réponse d'un air distrait, causant avec les officiers présents, ainsi qu'il convient quand on traite des affaires de peu d'importance, mais ne perdant rien de ce qu'il racontait :

« Mes hommes sont très fatigués; ils ne mangent pas tous les jours depuis que je tiens la campagne; Hà-Chàu où vous voulez m'emmener est situé du côté opposé à notre pays; sans doute vous nous avez rendu un grand service; nous conserverons pour vous les sentiments qu'on doit à un père, etc., etc., mais nous ne pouvons pas. »

Puis lui et les siens recommencèrent un salut plus profond encore que le premier, et croisant les bras ils attendirent.

« Eh bien, dis-je au bout d'un moment à mon interprète, que dit-il? »

Et celui-ci me recommença son récit que j'avais tout entier compris et que j'écoutai avec le même air distrait et indifférent.

« Dis-lui que c'est fâcheux, que je me passerai de ses services; mais que puisque nous devons nous quitter ici, il faut qu'il me rende les fusils et les munitions que je lui ai donnés et dont, peut-être, je lui eusse fait cadeau si je l'avais connu plus longtemps. Ajoute que j'ai ici douze ou quinze mille ligatures que je vais faire sauter demain avec la poudrière; comme je ne lui demandais que cent cinquante porteurs et qu'il a trois cents hommes, je comptais faire enlever par les autres quelques milliers de ligatures, avec lesquelles, en arrivant à Hà-Châu, je voulais le récompenser; mais que toutes ces paroles sont oiseuses; il ne peut pas venir, n'en parlons plus. »

Je connaissais assez le caractère annamite pour être à peu près certain que la réserve, que je faisais ainsi donner, vaincrait la mauvaise volonté de mon homme; il se concerta avec deux ou trois des siens et reprit la parole :

Ses hommes mangeaient abondamment depuis deux jours grâce au riz que j'avais donné; ils ne devaient plus être trop fatigués puisqu'ils dormaient tranquilles sous notre protection; il serait mal à eux, auxquels j'avais rendu service, de me laisser dans l'embarras; ils porteraient non seulement le matériel, mais les ligatures.

Allons donc!..... j'avais une rude épine tirée du pied.

Il fut bien convenu que je ne lui donnais pas les ligatures qu'on emporterait; que ce n'est qu'arrivé à Hà-Châu que je lui en compterais deux mille sur à peu près trois mille qu'on pouvait transporter; je me défiais et j'avais raison.

Immédiatement les « partisans » furent introduits dans la citadelle et les fardeaux furent préparés à l'aide de bambous solidement attachés avec du rotin, soit aux canons, soit aux caisses, soit aux paquets de ligatures.

Je passai ma dernière nuit à Tin-Dao plus tranquille que les précédentes, je ne prévoyais plus rien pouvant entraver la mission dont j'étais chargé : les remparts n'existaient plus; le reste, portes, magasins, poudrières, habitations, devait sauter ou brûler le lendemain matin; l'ennemi n'avait pas bougé sérieusement et, s'il lui prenait envie d'inquiéter ma marche, je comptais lui infliger une sérieuse leçon.

Le 21, à 5 heures du matin, tout le monde était debout; je fis introduire les porteurs et il se passa, naturellement, ce que j'avais prévu : en un clin d'œil toutes les ligatures furent enlevées et le reste abandonné. J'avais pris mes mesures : au fur et à mesure qu'ils sortaient, tous mes guerriers étaient ramassés par une section qui les attendait, et injonction leur était faite de n'avoir point à bouger sous peine d'un coup de fusil. Je fis mander le chef; il entra en fureur, lâcha la bordée de jurons obligatoires en pareil cas, puis, secondé de son fils et de ses lieutenants, tous armés de triques sérieuses, ils commencèrent le rassemblement des porteurs. Ce ne fut pas long; à 6 heures tout mon monde, en ordre parfait, était massé sur un mamelon assez distant de la citadelle pour que personne n'eût à craindre les effets de l'explosion. Je voulais ne partir qu'après m'être assuré *de visu* que rien ne pouvait être sauvé par les Chinois, qui, certainement, verraient l'incendie.

Les bûchers furent allumés par quelques hommes désignés à l'avance qui rejoignirent la colonne au pas de course. Aidé d'un officier, j'allumai la poudrière et la mine destinées à faire sauter la dernière porte; puis, enfourchant nos chevaux, nous gagnâmes au large. J'avais rejoint ma troupe quand l'explosion se produisit : la terre trembla; secouées, démolies, les habitations flambèrent; le magasin à riz fit, à lui seul, un superbe incendie; j'avais eu la précaution de le faire arroser avec le contenu d'une cinquantaine de grandes jarres d'huile. Quand je fus certain que le riz, sans être entièrement consumé, était au moins assez enfumé pour ne pouvoir plus servir à la consommation, je donnai le signal du départ.

Je n'arrivai que le lendemain matin à Ha-Châu, forcé que je fus de remonter jusqu'au village de Phuong-Do pour trouver un gué me permettant de franchir le Song-Càu. Par suite d'un orage qui avait éclaté dans la journée, les eaux montaient rapidement; quelques heures après, le gué n'existait plus.

Je m'installais à peine qu'un messager du général me parvenait. Il me faisait part du succès de son opération sur Thaï-Nguyen et terminait en me disant : « ..... Cette lettre vous trouvera à Ha-Châu, où je dois repasser la rivière ; attendez-moi, et surtout gardez, pour que je m'en serve, les embarcations qui vous ont servi à la franchir. »

D'embarcations, il n'y en avait point. J'avais mon matériel au complet, mes munitions, mes vingt-trois canons, mais pas une ligature !..... C'était dans le programme et je n'eusse pas songé à m'en fâcher sérieusement, sans la lettre que je recevais du général. Je prévoyais qu'encore une fois j'allais avoir besoin de mes « auxiliaires ».

« Où sont mes ligatures ? dis-je au chef ; car maintenant que tu as fidèlement tout apporté ici, je veux te payer. »

« — Les hommes qui les portaient ont disparu, je suis incapable de savoir où ils sont passés. »

J'étais tout simplement volé par lui, *de connivence avec mon interprète*, mais encore une fois cela ne m'étonnait pas ; c'était dans l'ordre ; je connaissais trop les Annamites pour en avoir jamais douté : le contraire m'eût stupéfié.

Je feignis une grande colère et, séance tenante, je le fis arrêter ainsi que son fils et quatre de ses lieutenants ; puis je me préoccupai de la question vivres. Nous avions consommé ce qui m'avait été laissé par la brigade, mais le village contenait, en riz, volailles, cochons, etc., de quoi nous nourrir tous pendant bien des jours. Je fis procéder à une distribution régulière de toutes ces provisions dont il importait d'éviter le gaspillage pour le cas où la brigade, que j'attendais d'instant en instant, n'aurait pas trouvé le moyen de se réapprovisionner.

Vers midi, le général me fit prévenir qu'il n'arriverait que le lendemain : « ..... Je fais fouiller la rivière et diriger sur Ha-Châu les embarcations nécessaires à mon passage, ajoutait-il, gardez-les au fur et à mesure de leur arrivée avec celles que vous avez déjà. »

Trois heures après, un autre courrier : « ..... On me rend compte qu'on ne trouve pas une embarcation ; je fais conti-nuer les recherches ; tâchez d'aviser de votre côté..... »

Enfin à 5 heures du soir, une dernière missive ; elle était au crayon, de la main même du général, écrite sur une feuille de son carnet : « Pas une jonque, pas un sampan, pas un panier (1). Il faut que je passe demain ; je n'ai plus de vivres ; ma rentrée à Bac-Ninh s'impose ; je compte sur vous, faites l'impossible. »

Décidément j'étais, pour le moment au moins, l'homme des missions difficiles. Je considérais que j'avais eu une chance miraculeuse en apportant avec moi tout ce que le général m'avait laissé, voire même quatre canons en plus ; je lui en avais rendu compte le matin par le retour de son premier courrier ; il me témoignait sa confiance en me demandant « l'impossible » ; il fallait tâcher d'y satisfaire.

Je fus trouver mes prisonniers ; ils m'avaient servi une fois, ils devaient pouvoir m'aider encore.

« Tu as manqué à ta parole, dis-je au chef, tu m'as volé ; tu seras fusillé demain matin. »

Ni lui ni ses hommes ne bronchèrent ; ils avaient vu avec quel calme j'avais ordonné l'exécution de leurs Chinois, la veille ; ils ne doutaient pas de leur sort.

« Ecoute-moi, repris-je après un silence, tu as peut-être un moyen de sauver ta tête. J'ai besoin pour demain matin avant le jour de douze jonques assez grandes pour porter chacune au moins quarante hommes. Si tu me les fais trouver je te fais grâce complète. Je vais s'il le faut donner la liberté à deux de tes camarades et même à ton fils. Qu'en penses-tu ? »

Il causa un instant à voix basse avec les siens.

« Je ne sais pas, me dit-il, si je pourrai vous satisfaire, mais tenez pour certain que j'en ai grande envie. Gardez

____

(1) Petite embarcation en bambous tressés.

mes hommes, gardez mon fils, mais laissez-moi libre. Seul, j'ai assez d'autorité pour essayer de vous donner satisfaction. Avec ou sans embarcations je serai de retour demain matin. »

Je n'avais pas le choix; je lui fis remarquer que les otages me répondaient de lui, et je le laissai partir. Mon interprète, son complice sùrement, inquiet de voir tourner les choses au tragique, m'affirma que je ne le verrais plus. Il se trompait.

A minuit, un premier bateau arrivait : une belle jonque, pontée, avec, comme toutes les embarcations de ce genre, un roufle en planches au milieu; à 2 heures du matin j'en avais sept. Je fis immédiatement relàcher mes prisonniers et sonner le réveil; on alluma de grands feux sur la rive et à l'aide des outils portatifs que chaque homme avait sur son sac et de ceux trouvés dans le village, les roufles furent démolis, les ponts enlevés et j'eus de superbes chalands pouvant, étant donné qu'on n'avait que la rivière à traverser, porter chacun soixante hommes. A 5 heures, j'en avais dix et mon chef arrivait, traînant avec son monde un train de bambous, avec lequel, à la rigueur, on pouvait établir une passerelle.

J'envoyai alors au-devant du général une estafette à cheval, lui rendant compte que, suivant ses ordres : *tout était prêt pour son passage.*

Il y comptait si peu qu'à son arrivée, en me témoignant toute sa satisfaction, il voulut bien me dire qu'il avait besoin du témoignage de ses yeux pour croire ce que je lui avais annoncé.

A 11 heures, la brigade était sur l'autre rive et se mettait en route pour Bac-Ninh où elle arrivait le soir après une marche forcée.

Mon détachement, laissé en arrière pour surveiller le pays, ne rejoignit que quarante-huit heures plus tard.

CHAPITRE VI

Hung-Hoa.

Rentré en grande partie à Hanoï, le corps expéditionnaire fut réorganisé pour marcher sur Hung-Hoa, où se fortifiaient les Pavillons-Noirs ; nous avions été déçus dans nos espérances de gloire par les misérables « réguliers » de Bac-Ninh, nous espérions que nos vieux ennemis nous dédommageraient.

C'est à Sontay que s'opéra la concentration. Notre brigade, la première, devait monter sur Hung-Hoa par la route mandarine ; la seconde devait gagner l'embouchure de la rivière Noire par la digue du fleuve Rouge.

Un matériel nouvellement débarqué permit d'adjoindre à chaque brigade une batterie de pièces de 80 de campagne ; c'était la première fois que nous allions marcher avec autre chose que ces petits canons que les troupiers avaient irrévérencieusement baptisés du nom significatif de « pétards » ; une batterie de 95 fut même embarquée sur des chalands pour être employée au besoin.

Si je parle de l'artillerie, c'est pour avoir l'occasion de raconter une de ces..... anomalies, pour rester parlementaire, auxquelles devait nous habituer sur une vaste échelle le grand état-major du général Millot. A la stupéfaction de tous, nous apprîmes un jour qu'une batterie de campagne était commandée par..... un lieutenant de vaisseau !!!

Je ne veux pas faire ici de personnalité, l'officier dont il s'agit est devenu plus tard un de mes bons camarades, et je conserve de lui un excellent souvenir. Mais, au moins cinq capitaines d'artillerie de marine étaient sans emploi par suite de promotions diverses, et, avec nous tous, ils trouvèrent au moins bizarre qu'on leur préférât un lieutenant de vaisseau pour conduire, à terre, une batterie montée.

L'artillerie de marine méritait plus d'égards; en veut-on un exemple ?

La 1re batterie *bis*, capitaine Régis, avait été tardivement rappelée de Bac-Ninh, pour faire partie de la 1re brigade, pendant les opérations contre Hung-Hoa. L'ordre portait qu'au cas où elle ne pourrait pas rejoindre Hanoï en temps utile, cette batterie serait remplacée dans la colonne par telle autre unité.

Le capitaine Régis a une journée pour franchir, sur un mauvais chemin, les vingt-six kilomètres qui le séparent d'Hanoï; il se met en route et à 7 heures du soir il est en face de la ville, sur la rive gauche du fleuve Rouge. Il fait prévenir l'état-major général qu'il est là, et demande qu'on fasse traverser les chalands nécessaires au passage de ses hommes, de ses chevaux et de son matériel. On n'a pas prévu cela, rien n'est prêt; il reçoit l'ordre de rester où il est.

Mais ce contretemps ne fait l'affaire ni du capitaine, ni des braves artilleurs qu'il commande; ils ont été de toutes les fêtes depuis le commencement de la campagne, ils veulent être de la dernière.

Régis fait ramasser sur la rive une vingtaine de paniers (des embarcations en lames de bambous tressées, longues au plus de trois ou quatre mètres) qui porteront ses hommes, ses canons, ses coffres; on fera deux voyages, on en fera trois s'il le faut. Les chevaux traverseront à la nage. Le fleuve a quinze cents mètres de largeur, le courant est rapide, n'importe.

A 10 heures du soir, la batterie, complète comme pour une parade, avait traversé le fleuve, était rangée à la porte de la concession et le capitaine Régis prévenait le chef d'état-major, colonel Guerrier, qu'en exécution de ses ordres il serait le lendemain matin, au point initial, à l'heure prescrite.

Le 8 avril nous quittions Sontay.

La place de Hung-Hoa fut bombardée à quatre kilomètres de distance, et quand il fut bien avéré qu'il n'y restait plus un Chinois; que tous, sous nos yeux, étaient passés sur la rive gauche du fleuve, alors, mais alors seulement, la deuxième brigade reçut l'ordre d'occuper la ville.

La tactique qui consistait à déplacer l'ennemi sans l'entamer pouvait et devait nous mener loin : à Bac-Ninh elle préparait l'affaire de Bac-Lé ; à Hung-Hoa elle nous ménageait Tuyen-Quang. Sous la main d'un autre chef, avec un état-major plus au courant du pays et plus entreprenant, étant donné les forces imposantes dont nous disposions, les Pavillons-Noirs devaient être anéantis, ou tout au moins mis pour longtemps dans l'impossibilité de nuire. On ne sut pas le comprendre alors : Luu Vinh Phuoc se retira sans être entamé; il devait enfin succomber l'année suivante sous les coups du général Brière de l'Isle.

En même temps que la 2ᵉ brigade, général de Négrier, recevait l'ordre d'occuper Hung-Hoa, la 1ʳᵉ était envoyée faire un détour considérable par La-Phu, à quelques kilomètres du confluent de la rivière Noire, qu'elle devait traverser là, pour, disaient les instructions de l'état-major général, suivre ensuite un sentier lui permettant d'aborder la ville par le sud.

Ce sentier n'existait pas; celui où nous nous engageâmes, après le passage de la rivière, suivait le fond d'un ravin; il menait à Dong-Van, sur le Song-Mua. A la vérité, il s'en détachait une piste qui, grimpant aux flancs des monta-

gnes, menait dans la direction de Hung-Hoa. Le général le
fit reconnaître par le commandant de Douvres, du 12e d'artillerie, qui déclara péremptoirement que son matériel n'y
pouvait pas passer : ordre fut alors donné de revenir en
arrière et la brigade n'entra à Hung-Hoa que quarante-huit
heures après.

J'ajoute tout de suite que trois jours plus tard une batterie d'artillerie de marine, toujours celle du capitaine
Régis, suivait le chemin déclaré impraticable, sans même
retarder l'infanterie qui l'accompagnait.

Ici se place encore un point d'histoire à éclaircir.

On a prétendu, pour expliquer ce fait, au moins bizarre,
qu'on n'a ni tué ni pris un seul Pavillon-Noir à Hung-Hoa,
que le général Brière de l'Isle, chargé d'un mouvement
enveloppant, s'était égaré avec sa brigade. C'est au moins
une erreur. D'abord, il ne restait plus de Chinois à ramasser ; tous étaient à l'abri de nos coups lorsque le général
Millot se décida à faire avancer sa 2e brigade ; ensuite
le général Brière de l'Isle ne s'est point égaré ; il a suivi
*exactement le chemin qui lui avait été indiqué par l'état-
major*, et s'il l'a trouvé impraticable, si ce chemin menait
à Dong-Van au lieu de conduire à Hung-Hoa, la faute en est
imputable à ceux qui donnèrent des ordres sans s'entourer,
au préalable, des renseignements indispensables.

Grâce aux missionnaires, on avait pu dresser, par renseignements, des cartes d'une exactitude très suffisante ;
à défaut d'une échelle exacte, les chemins, les villages, les
reliefs du sol, les rivières y étaient le plus souvent fort
bien indiqués, quant à leur position relative au moins. Or,
j'ai eu entre les mains, quelques jours plus tard, la carte
du général ; il l'avait confiée à mon lieutenant, chargé de
procéder, par un levé à vue, à sa rectification ; *l'état-
major général y avait indiqué, par un trait au crayon rouge,
le chemin que nous avons suivi.*

La prise de Hung-Hoa, en avril, marquait la fin des opérations pour la saison. Les grandes chaleurs arrivaient, les pluies avec elles. Des négociations poursuivies à Pékin pouvaient faire supposer que les hostilités ne se rouvriraient plus : le corps expéditionnaire fut disloqué.

Notre 1re brigade fut en grande partie dirigée sur Ninh-Binh et Nam-Dinh où elle devait passer la mauvaise saison et attendre les événements.

Au cours de la marche effectuée pour gagner nos nouvelles garnisons, nous eûmes l'occasion de recevoir l'hospitalité des Révérends Pères de la mission française, à Ké-So, leur maison-mère en même temps que le grand séminaire du diocèse.

Les Pères, prévenus de notre passage, s'étaient mis en mesure de pourvoir aux besoins de tous ; ils avaient prévenu le général et obtenu de lui que la halte fût, ce jour-là, prolongée, pour leur permettre, suivant l'expression de l'un d'eux : de nous mieux soigner. Des bœufs, des porcs et de la volaille furent distribués à la troupe et les officiers n'eurent pas besoin de toucher aux provisions de la popote.

Quel déjeuner plein de cordialité et d'effusion que celui que nous fîmes avec les Pères, et comme nous étions heureux de nous retrouver, dans ce coin perdu, après les fatigues et les privations d'une dure campagne, au milieu de toute une famille de vrais Français de France !

J'aime les missionnaires et je suis heureux de parler d'eux, parce que je les connais. Au cours des longues années que j'ai passées en Indo-Chine, j'ai été à même d'apprécier les sentiments aussi élevés que désintéressés de ces hommes respectables entre tous, trop souvent jalousés par des fonctionnaires, francs-maçons ou ignorants, qui ne leur pardonnaient pas d'avoir su acquérir, à force d'honnêteté, de désintéressement et dévouement, un ascendant sur les populations, même païennes, que celles-ci se refusaient à subir de la part d'une autorité inconnue et maladroite.

Et ces fonctionnaires traduisaient leur dépit en disant que les missionnaires avaient perdu leur nationalité et n'étaient plus Français. Heureusement que l'histoire tout entière de nos conquêtes coloniales, j'entends l'histoire vraie et honnête, celle qui sans esprit de parti racontera les faits, est là pour donner un éclatant démenti à une assertion aussi haineuse que calomnieuse.

Dans toutes les circonstances de ma vie aux colonies, j'ai été en contact avec les missionnaires, et mon cœur de soldat, dont aucun de ceux qui me connaissent ne saurait mettre en doute les sentiments, a battu à l'unisson des leurs, toutes les fois qu'au cours de nos longues conversations je les entendais parler de la France, de son armée, de son drapeau.

Nous trouvâmes bien court notre séjour chez les Révérends Pères de Ké-So, et monotones et tristes les haltes qui suivirent.

Le 3 mai nous arrivions à Ninh-Binh, où mon bataillon devait tenir garnison.

CHAPITRE VII

En marche.

Mes préoccupations en marche. — Comment j'alimentais l'ordinaire.
Histoire d'un bœuf et d'un porc.

Un de mes grands soucis, au cours des marches pénibles
que nous exécutions, était le bien-être de mes hommes,
aussi bien sous le rapport du repos, lorsque les circonstances nous permettaient de leur en procurer, que sous
celui de la nourriture.

Les cantonnements, dans les villages tonkinois, offraient
généralement assez de ressources pour nous permettre de
faire coucher les hommes à l'abri; le plus souvent, les officiers partageaient, avec une escouade ou deux, une case
située à proximité de l'endroit fixé comme place de rassemblement en cas d'alerte.

Suivant la place qu'occupait une compagnie, une unité
quelconque, dans une colonne, suivant aussi l'importance
de cette dernière, on arrivait dans les cantonnements à des
moments qui variaient entre 3 heures de l'après-midi
et 9 heures du soir. Quand, par exemple, une brigade
tout entière, l'état-major général, les services accessoires,
etc., avaient à s'écouler sur des sentiers où ne passaient
pas deux hommes de front, on comprend facilement ce
long écart entre l'arrivée des premières troupes et celle
des fractions d'arrière-garde.

C'est dans ce dernier cas surtout que la vigilance des
officiers devait s'exercer. Les soldats, on l'a dit bien souvent, sont de grands enfants, dont sans cesse il faut s'oc-

cuper. Facilement ils oubliaient qu'à 4 ou 5 heures du matin il fallait mettre sac au dos, et les conversations, le soir, si on n'y.tenait rigoureusement la main, se prolongeaient tard.

J'étais impitoyable sur ce chapitre-là, et j'exigeais que les feux fussent éteints et le silence complet à l'heure que je fixais suivant les circonstances.

J'avais accoutumé mes hommes à préparer, quand le temps le permettait, les fourneaux et l'eau pour le café du lendemain; combien de fois n'ai je pas allumé le feu moi-même sous les marmites pour laisser mon monde dormir vingt minutes de plus.

Nous portions en marche quatre jours de vivres, sel, sucre et café, viande de conserve et biscuit. C'était strictement suffisant pour des hommes jeunes, qui fatiguaient beaucoup, cette « ration de campagne »; d'autant que souvent les circonstances ne permettaient pas les distributions de vin ou de tafia.

D'autre part, nous avions à ménager les populations; aussi l'autorité supérieure avait-elle, avec grande raison, défendu le « chapardage », même dans les villages dont les habitants disparaissaient à notre approche, sous les peines les plus sévères.

J'avais imaginé un moyen de procurer à mes hommes la soupe et le bœuf, tout en respectant les ordres donnés. Il était peut-être de ceux qu'une morale un peu stricte eût réprouvé; il avait une si bonne excuse à mes yeux que je m'en confesse ici sans honte ni remords.

Chacun sait qu'on désigne sous le nom de « campement » la réunion des hommes qui, précédant les colonnes en marche, sont chargés d'opérer la répartition des ressources en logements qu'offrent les localités où doivent s'arrêter les troupes, en même temps que, le moment venu, ils sont chargés de conduire chaque fraction constituée à l'emplacement qu'elle doit occuper.

Les hommes qui, chaque jour, étaient désignés dans ma compagnie pour ce service recevaient l'ordre de rechercher, dès leur arrivée au gîte, s'il se trouvait dans une partie quelconque des cantonnements, un bœuf. Si oui, ils devaient se garder de le tuer, mais le conduire sans bruit dans une des cases affectées au cantonnement de ma compagnie.

Le plus souvent, dès mon arrivée, j'étais prévenu de la présence, dans un coin quelconque, du précieux quadrupède ; j'avais la marchandise, il me restait à me procurer un vendeur. Pour ce faire, je faisais « cueillir », n'importe où, le premier indigène venu ; je le mettais en présence de l'animal et je lui demandais s'il voulait me le vendre.

J'ai eu l'occasion de dire combien voleurs sont les Annamites : j'exploitais sans vergogne ce vice au profit de mon monde. Suis-je, une fois par hasard, tombé justement sur le propriétaire? J'en doute. Ce qu'il y a de certain, c'est que jamais je n'ai essuyé un refus à mon offre d'achat, et que je payais d'autant meilleur marché que mon vendeur d'occasion avait hâte de disparaître avec le fruit de ..... mettons de « son aubaine », pour ne pas qualifier trop durement un acte dont j'avais la responsabilité morale.

Je faisais solder la dépense par le caporal d'ordinaire, qui l'inscrivait sur son carnet, et, au point de vue de la forme, au moins, j'étais en règle.

Que si de sévères censeurs trouvent mon procédé irrégulier ou immoral et le blâment, je répondrai que cent-cinquante estomacs de vingt ans m'ont depuis longtemps donné une absolution qui suffit au calme de ma conscience.

Un jour cependant, les choses faillirent mal tourner.

Nous faisions une de ces grand'haltes longues, à cause des fortes chaleurs de la journée; en arrivant au cantonnement, j'avais acheté et fait tuer un bœuf; il était mangé, et chacun se reposait.

Je vis entrer dans la case que j'occupais l'aide de camp du général Brière de l'Isle, flanqué d'un interprète et d'une femme indigène.

« — Le général, me dit-il, a reçu une plainte de la femme qui m'accompagne ; on a tué dans votre cantonnement un bœuf lui appartenant. Ce n'est pas la première fois, paraît-il, que vous transgressez les ordres sévères donnés à ce sujet ; le général est très mécontent, et m'envoie faire une enquête. Tâchez de vous tirer de là, mon pauvre vieux, ajouta en guise de péroraison le brave camarade Klippfel. »

Je lui expliquai alors, sur le ton d'un homme convaincu de son bon droit, qu'effectivement j'avais fait tuer un bœuf, mais que je l'avais bien et dûment acheté et payé, ainsi qu'en justifiait mon cahier d'ordinaire que je lui mis sous les yeux. Qu'il ne m'était point venu à l'idée d'exiger du vendeur un titre de propriété en règle ni un acte de naissance de la bête en question. Qu'en effet j'avais déjà, à l'aide de marchés de même genre, que je ne considérais pas comme défendus, procuré de la viande à mes hommes et que, ce faisant, j'estimais mériter plus d'éloges que de blâmes, etc., etc.

« — Mais, me dit Klippfel, comment avez-vous payé trois piastres un bœuf que vous devez savoir en valoir six ou huit ? car cette femme affirme que son bœuf était magnifique. »

Je fus tiré de l'embarras que me causait cette question par l'intervention d'un troupier qui avait assisté à notre conversation.

« — Si mon capitaine veut voir les tripes du bœuf, dit-il à l'aide de camp, il pourra se rendre compte que la « ba gia » (1) exagère singulièrement. »

Je trouvais l'intervention de mon soldat intempestive ; la vieille ne mentait pas ; son bœuf était réellement beau.

____

(1) *Ba gia*, vieille femme.

« — Voyons ces tripes », me dit Klippfel, pressé de finir par cette investigation une enquête dont il devinait parfaitement le mot, mais heureux d'avoir de bonnes raisons à donner au général pour m'éviter des désagréments.

Le troupier nous fit faire quelques pas.

« — Voilà, mon capitaine ! »

Et il nous montra un tas de débris devant lesquels je restai stupéfait. C'était tout petit.

« — Décidément, me dit Klippfel, la bonne femme exagère ou le bœuf que vous avez acheté n'est pas le sien. J'en vais rendre compte au général et, pour cette fois, soyez convaincu qu'il n'en sera que cela. C'est égal, ajouta-t-il en me serrant la main, n'achetez pas trop de bœufs ; on finirait par le défendre. »

Dès qu'il eut le dos tourné, je demandai des explications au sujet du paquet d'intestins qui nous avait été présenté.

« — Voyez-vous, mon capitaine, me dit le troupier, ça, ça vient d'un gros porc que nous avons trouvé..... par hasard. Quand j'ai vu arriver la vieille, je me suis douté du coup ; j'ai apporté le paquet ici. »

CHAPITRE VIII

Ninh-Binh.

Les citadelles du Tonkin. — Un crédit de quarante mille francs. — Une visite à la mission de Phuc-Nhac. — Un apéritif bizarre. — M. Patenôtre.

Le 3 mai 1884, nous arrivions à Ninh-Binh, où mon bataillon devait tenir garnison.

Le choix des points à occuper par les troupes du corps expéditionnaire, pendant la saison chaude, n'était pas dicté par des raisons d'ordre militaire, mais bien par la nécessité de trouver immédiatement les vastes logements nécessaires à abriter, au moins, des hommes fatigués par une longue et pénible campagne.

Sous ce rapport, les villes où existaient des citadelles annamites : Bac-Ninh, Sontay, Hung-Hoa, Haï-Duong, Hung-Yen, Nam-Dinh, Ninh-Binh, etc., étaient tout indiquées. Construites dans le même genre, ne différant que par la forme et la superficie, elles renfermaient toutes, outre les nombreux logements des mandarins provinciaux, de vastes magasins à riz qui devaient nous être d'une grande ressource.

A Ninh-Binh, les murs, hauts de cinq mètres, étaient comme partout revêtus en maçonnerie; des miradors en briques, dont la toiture aux angles légèrement relevés ne manquait pas d'élégance, surmontaient les trois portes par lesquelles on pénétrait à l'intérieur en passant sur de beaux ponts, en briques aussi, établis sur des fossés de dix mètres de largeur.

Quoique construites, au point de vue du tracé, suivant

les principes de la fortification européenne et présentant souvent, suivant les exigences du flanquement, des fronts bastionnés parfaits, ces citadelles, celle de Ninh-Binh comme les autres, différaient de notre manière de construire en ce qu'il existait au pied du rempart, sur une largeur de cinq ou six mètres, une berme qui semblait apporter un point d'appui commode à des assaillants qui auraient réussi à franchir les fossés. Cette bizarrerie ne devait pas nous échapper, et nous en cherchâmes l'explication. Cette partie de leurs fortifications est dénommée par les Annamites « le chemin des Eléphants ».

En cas d'assaut, si l'ennemi a réussi à s'avancer jusqu'au pied du rempart, au moment où il va tenter l'escalade, les portes s'ouvrent et des éléphants dressés parcourent ce chemin, broyant ou rejetant dans les fossés tout ce qu'ils rencontrent sur leur passage.

Ce moyen de défense avait certainement sa raison d'être à une époque ou des tam-tam, des arcs, des lances ou de mauvais fusils constituaient tout l'armement des belligérants en ces pays.

Notre citadelle renfermait trois magasins à riz, construits comme ils le sont partout : sur des travées en maçonnerie d'un mètre de hauteur, espacées entre elles de trois ou quatre mètres, est établi un solide plancher en madriers de bois dur ; les murailles sont montées en madriers de même genre, la toiture est en tuiles ; tout cela très solidement conditionné. De petites portes à coulisses, pratiquées sur les grands côtés, permettent de prendre le riz en le faisant couler à l'extérieur ; deux portes ménagées à chaque extrémité, sur les petits côtés, permettent l'emmagasinage jusqu'au faîte. Le riz que contiennent ces magasins provinciaux, ainsi d'ailleurs que celui qui constitue les approvisionnements particuliers, n'est jamais décortiqué ; c'est une opération qui se fait chaque jour au fur et à mesure des besoins.

Nos trois magasins étaient vides; ils avaient environ soixante mètres de longueur sur douze de large et dix de haut; ils constituaient les éléments d'un superbe casernement pour la troupe, les officiers devant trouver assez de logements dans les habitations abandonnées par les mandarins.

J'ai souvent entendu dire au Tonkin, et la chose a été répétée en France jusqu'à la tribune de la Chambre des députés, que l'autorité militaire avait fait acte de bien grave imprévoyance en désaffectant les magasins à riz dans un pays où la disette se fait sentir, en moyenne, une année sur trois, où la famine fait trop souvent de nombreuses victimes.

La critique peut paraître fondée à des ignorants.

Qu'on retrouve la cause initiale de la création des magasins à riz dans une pensée humanitaire, je l'admets sans discussion; mais combien, dans la pratique, on est loin de cette idée première!

Depuis longtemps, ces magasins ne servaient qu'à emmagasiner l'impôt, payé en nature. Aux époques de disette, ils se vidaient, bien entendu, et cela au grand bénéfice des mandarins; mais c'était une bien faible atténuation à la misère publique que le contenu de trois magasins comme ceux dont je parle distribué aux 250.000 habitants de la province (1). Et encore faudrait-il admettre qu'ils fussent conservés pleins jusqu'au dernier moment, ce qui paraît difficile, puisqu'ils étaient alimentés par l'impôt, et que, la récolte manquant, celui-ci ne rentrait pas.

En raison de ma longue expérience du pays d'Indo-Chine et d'un séjour de plusieurs années aux troupes indigènes, où, souvent, nous avions à construire de toutes pièces les camps de nos soldats et les logements de nos cadres euro-

---

(1) J'emprunte ce chiffre à l'*Annuaire du Tonkin*, 1893.

péens, mon chef de bataillon me chargea d'étudier minutieusement nos ressources en logement, de lui soumettre une assiette du casernement et en même temps un devis approximatif des dépenses que nécessiterait la nouvelle affectation des différents locaux : il fallait installer des lits de camp, des planches à bagages, une infirmerie, une boulangerie, une cambuse, une poudrière, etc.

Après m'être entouré de tous les renseignements possibles sur le prix de la main-d'œuvre ou celui des divers matériaux à employer, je soumis au commandant Coronnat un travail faisant ressortir une dépense de cinq mille francs. Ce dernier voulut bien l'approuver, et il adressa au général Millot, le commandant en chef, une demande de crédit de pareille somme, en faisant ressortir l'urgence qu'il y avait à procéder aux diverses installations que ce crédit visait, si on voulait en faire bénéficier les troupes pendant la saison chaude. Sur ces entrefaites, et par suite de sa promotion au grade supérieur, le lieutenant-colonel Coronnat rentra en France.

Mus par le seul désir de procurer le plus rapidement possible un peu de bien-être à nos hommes, nous n'avions réfléchi, ni l'un ni l'autre, que, sous toutes les latitudes, l'arme du génie est une arche sainte, à laquelle les profanes ne doivent point toucher.

Voir de simples officiers de troupe s'occuper de choses qui, administrativement, ne les regardaient pas, ces choses eussent-elles, comme dans la circonstance, la santé et le bien-être des hommes pour objets, parut du dernier grotesque à l'état-major du général Millot. Nous donnions là, nous, des troupes de la marine, une singulière mesure de notre connaissance de la « fo-orme ». On voulut bien, cependant, nous pardonner notre ignorance, en raison de l'intention, et l'on soumit notre demande au service du génie pour « examen et suite à donner ».

Un mois après, un capitaine de l' « arme spéciale » fut

déplacé de Hanoï et envoyé à Ninh-Binh pour étudier la question et donner ses conclusions. Nous accueillîmes, bien entendu, très cordialement le camarade qui nous arrivait. Débarqué à 6 heures du soir, il eut le temps de prendre son vermouth avant de se mettre à table avec nous, et, à 10 heures, il se rembarquait ; il avait vu juste le chemin du débarcadère à notre salle à manger.

Quinze jours plus tard, une décision du général en chef accordait au service du génie un crédit de *quarante mille francs* pour l'installation et l'aménagement des bâtiments de la citadelle de Ninh-Binh !

Quatre mois après, lorsque je quittai Ninh-Binh, on faisait encore le pain dans un four portatif, — mais le principe était sauf.

Depuis neuf mois, nous menions une rude campagne, et la saison des pluies arrivait à temps pour nous permettre un repos dont le besoin se faisait sentir, pour la troupe surtout. Malheureusement, les chaleurs excessives que nous ne tardâmes pas à subir contribuèrent à développer des germes morbides contractés dans des cantonnements contaminés, et nous fûmes atteints par une épidémie de variole qui causa quelques décès, malgré tout le dévouement déployé par le docteur Foucaud et ses infirmiers improvisés.

J'employais mes loisirs à courir les environs. Pour la première fois depuis le commencement des opérations, on pouvait tenter une excursion sans courir le risque d'y laisser sa tête. J'exprimai au mandarin militaire de la province mon intention d'aller à une vingtaine de kilomètres, jusqu'à Phuc-Nhac, faire une visite aux missionnaires, qui ont là un petit séminaire.

« — On n'a jamais vu, dans les villages que vous voulez traverser, me dit-il, d'autres Européens que les Pères, qui habitent le pays depuis de longues années, sont vêtus

comme nous et parlent couramment notre langue. Sûre-
,ment, votre passage excitera la curiosité, mais je ne crois
pas que vous soyez maltraité ni insulté; néanmoins, et par
mesure de précaution, je vous ferai accompagner par un
de mes *doi* (1). »

Je partis le lendemain, escorté du doi en question, que
suivaient deux domestiques; l'indigène investi d'une fonc-
tion, si petite soit-elle, ne se déplace jamais sans être suivi
de tout ou partie de ses serviteurs; l'un portait sa boîte à
bétel, l'autre son parapluie.

J'eus toutes les peines du monde à obtenir de mon
mandarinot qu'il me laissât mon fusil de chasse; il voulait à toute force le confier à un de ses hommes, non pas
par méfiance de l'usage que j'en pouvais faire, mais parce
qu'un grand chef comme moi devait marcher les bras
ballants.

Ma traversée dans les villages n'était pas sans causer
quelque émoi; les femmes, les enfants surtout, s'enfuyaient
à mon approche, effarouchés comme poules et poussins.
Mais, si j'avais la curiosité de me retourner quelques pas
plus loin, j'apercevais tout ce monde sortant sur le seuil
des cases, causant à haute voix et riant à gorge déployée :
sans doute, on commentait mon aspect, ma tenue, ma
barbe ou ma haute taille, et pas toujours, très probablement,
en termes bien respectueux. Qu'y faire? ..... Je me disais
que les choses se passeraient exactement de même façon
en France, dans presque tous nos villages, si un Annamite
ou un Chinois, en costume national, venaient à les traverser.

Vers 10 heures du matin, à l'entrée d'un grand village
où se tenait un marché, j'aperçus un Annamite d'aspect
bizarre : vêtu comme les autres, la tête couverte du large
et traditionnel chapeau conique, les pieds nus, il avait une

---

(1) Petit officier qui commande à cinquante hommes.

magnifique barbe grisonnante, bien plus fournie cent fois que celles que j'avais pu voir au menton des indigènes les plus barbus; comme moi il portait un fusil en bandou-lière. Je m'approchai de lui... A n'en pas douter cet Annamite était un Européen.

« — Je crois, lui dis-je en le saluant, que j'ai la bonne fortune de rencontrer un missionnaire?

» — Oui, monsieur, me répondit-il en soulevant son chapeau et en m'examinant d'un œil curieux. »

J'étais vêtu d'un pantalon et d'un veston de toile bleue; à part le casque, j'avais assez la tenue d'un mécanicien de chemin de fer; j'étais, de plus, crotté comme un barbet. — Je me présentai, pendant que mon cornac, après l'avoir salué respectueusement, lui expliquait qui j'étais et d'où je venais.

« — Soyez le bienvenu chez nous, capitaine, me dit-il; je suis le Père Ravier; si vous voulez bien me suivre, dans cinq minutes nous sommes à la mission. »

Je reçus un accueil franchement cordial du R. P. Dumou-lin, le supérieur, et *hic et nunc* (c'est sa locution favorite) nous devînmes amis; il me présentera ensuite au P. Deu, son troisième adjoint pour la direction du petit séminaire. Nous causâmes longtemps; je dus leur donner des rensei-gnements sur bien des événements qu'ils ne connaissaient que par le gros; puis vint l'heure du déjeuner : le P. Dumoulin appela un domestique et lui donna ses ordres; celui-ci écouta respectueusement, puis, me désignant du regard, dit au Père qu'il n'avait point de pain.

« — Que cela ne vous inquiète pas, Père, lui dis je en interrompant son serviteur : je mange très volontiers la nourriture indigène, et, si vous voulez me mettre à l'épreuve, vous verrez que je manie les bâtonnets de façon très con-venable. »

Nous fîmes un excellent déjeuner; puis je visitai l'éta-blissement. Il n'avait pas les grandes installations de Ké-

So, la maison principale, mais tout y était très convenable et fort bien tenu.

« — Quand je songe, me dit le R. P. Dumoulin en rentrant chez lui, qu'il y a plus de vingt ans je fus débarqué sur la côte du Tonkin par une jonque venant de Hong-Kong, la nuit, et que c'est en me cachant, conduit par quelques chrétiens dévoués, au prix de mille fatigues et d'autant de périls, que je réussis à retrouver notre évêque, Mgr Puginier, et qu'aujourd'hui vous êtes là, capitaine, représentant pour nous la patrie, portant son drapeau! .....

» France! ajouta l'excellent Père en me prenant la main et sans même dissimuler les larmes qui lui montaient aux yeux, France! Dieu réunit encore ici ton Eglise et ton armée! Déjà une fois, nos cœurs ont tressailli d'espérance, lorsqu'il y a dix ans nous assistions aux exploits de Francis Garnier et de ses compagnons; l'heure n'avait point sonné; aujourd'hui elle arrive. Oh! oui, dites-moi bien que, cette fois, vous nous apportez la patrie, et que les erreurs, les fautes du passé ne se renouvelleront pas. »

Et, emporté par ses souvenirs, le P. Dumoulin me raconta cette épopée, connue, de Francis Garnier et des siens. Il était à Hanoï, à cette époque, il les avait tous vus de près. Son œil s'animait, sa voix vibrait, son cœur battait en retraçant les exploits héroïques de cette poignée de braves et les résultats immenses qu'ils étaient en droit d'espérer.

Puis la mort de Garnier, tué dans une misérable échauffourée; la stupeur de ses compagnons en sentant leur manquer ce chef, si apprécié en raison de son intelligence et de son audace; la façon dont ils se ressaisirent cependant et le parti qu'il y avait quand même à tirer de leurs efforts quand arriva Philastre!...

Je la connaissais, moi, vieux Cochinchinois, toute cette histoire de 1873; les sentiments que m'exprimait le Père, c'étaient les miens, c'étaient les nôtres à tous, soucieux de notre honneur et de nos intérêts ; et cependant j'étais empoigné par ce récit, au travers duquel perçait, en même temps qu'une foi profonde, un patriotisme ardent.

« — Quel beau rêve nous avions fait, ajouta-t-il en terminant, et quel triste réveil!... Aujourd'hui, au moins, nous resterons Français, n'est-ce pas? »

Je lui en exprimai ma conviction bien sincère, et je serrai la main à ces bons Pères en leur promettant de revenir les voir.

Le même soir, je rentrais à Ninh-Binh.

Le lendemain, le mandarin de la province, celui qui m'avait fait accompagner, m'engagea, si je désirais faire d'autres excursions, à me servir de mon cheval et à autoriser mon escorte à monter également. J'avais mis ses hommes sur le flanc en leur faisant faire une quarantaine de kilomètres.

Le souvenir de ce mandarin militaire me remémore une petite anecdote.

Nous vivions, les officiers de la garnison de Ninh-Binh, en bonne intelligence avec toutes les autorités indigènes provinciales. Il y avait là mon mandarin militaire, le Lanh-Binh, celui de la justice, le Quan-an-Sat, et un autre de rang un peu inférieur, quelque chose comme un archiviste, peut-être.

Un matin, de bonne heure, l'un de nous — était-ce moi? — avait rencontré nos trois mandarins se promenant ensemble et les avait invités à venir à notre popote prendre un rafraîchissement.

Nos gaillards savaient-ils déjà faire la différence qu'il y a entre le vermouth, l'absinthe, le bitter ou l'amer Picon? ou bien les étiquettes qui ornaient les bouteilles, et qu'ils regardaient attentivement, servaient-elles seules à fixer leur choix?..... Toujours est-il qu'ils nous désignaient du doigt la fiole dont ils désiraient goûter le contenu.

Auquel de nous germa-t-il dans le cerveau une idée

baroque, je ne saurais le dire : on fit apporter sur la table une bouteille d'huile et une de vinaigre.

Nos mandarins de contempler de nouvelles étiquettes, en nous interrogeant sur les propriétés de ces nouveaux liquides.

« — Toujours des liqueurs excellentes, leur fut-il répondu ; nous autres Français, nous en avons comme ça une variété infinie, contenues dans des fioles de formes et de grandeurs différentes. »

Et, en un instant, la table fut couverte de la collection de bouteilles la plus bizarre qu'on puisse imaginer.

Le lubin, les eaux dentifrices de toutes marques s'y mêlaient aux apéritifs, aux sirops de groseille ou d'orgeat, à l'huile et au vinaigre.

Nos mandarins n'en revenaient pas d'une si grande variété de bonnes choses.

On fit apporter des petits verres et nous entreprîmes de les faire goûter à toute notre collection.

L'huile alternait avec l'eau du docteur Pierre, l'orgeat avec le vinaigre, et littéralement nous nous tordions aux réflexions baroques que suggérait cette dégustation à nos Asiatiques.

Le spectacle était bizarre : cette table couverte de bouteilles et de verres de toutes les dimensions, entourée de mandarins et d'officiers, et devant la maison (c'était un hall, sans murs, l'ancien tribunal indigène) les trente ou quarante domestiques de nos hôtes, porteurs de parasols ou autres, tout ce qui les suit quand ils sortent, accroupis, nous regardant, échangeant en riant leurs observations sur tout ce qu'ils voyaient.

Et nos mandarins dégustaient toujours ; les eaux dentifrices semblaient leur plaire ; ils discutaient les mérites du docteur Pierre ou des « Bénédictins » avec encore un peu de sérieux. Mais, au train dont ils y allaient, à l'animation de leur langage et de leurs yeux, nous comptions bien que le dénouement approchait, et nous nous tenions les côtes : un peu d'ivresse et un gros... mal de mer !

Une visite imprévue vint brusquer le dénouement de cette scène burlesque.

Un groupe d'Européens fit soudainement irruption dans l'enceinte de nos logements ; en tête, indiquant le chemin, marchait le résident de la province.

Je m'avançai au-devant de ces visiteurs.

« — Monsieur le ministre, je vous présente le capitaine Thirion, fit le résident », s'adressant à un étranger, homme de belle prestance et d'allure sympathique.

Un peu interloqué, je fis un pas en arrière, tout en saluant, et brusquement je me retournai vers le groupe des indigènes :

« — Di !... Di !... (1). »

Comme une volée de corbeaux, en une seconde, tous avaient disparu, en même temps que nos ordonnances, comprenant la situation, en un tour de main, faisaient disparaître les traces de cette « beuverie » d'un nouveau genre.

Pendant que les autres officiers s'avançaient à leur tour, et, successivement, étaient présentés à « monsieur le ministre », je serrai la main du lieutenant de vaisseau Gouin, de sa suite, que je connaissais, tout en l'interrogeant du regard.

« Monsieur Patenôtre, me dit-il rapidement, ministre de France à Pékin, de passage au Tonkin, en tournée de visites..... »

Des rafraîchissements plus... convenables furent servis, et, laissant causer M. Patenôtre avec d'autres officiers, je donnai à Gouin l'explication de la petite scène si inopinément interrompue, le chargeant d'expliquer plus tard, au ministre, la façon plus que bizarre dont il nous avait surpris, faisant déguster nos apéritifs à des mandarins tonkinois.

---

(1) « Allez, sortez ! », — formule impérative.

CHAPITRE IX

Formose.

Les soins de propreté. — Un vomitif général. — L'alimentation.
La compagnie Rouge.

J'ai eu l'occasion de raconter par le gros ce que fut pour
les troupes de la marine l'expédition de Formose (1).

Quelle mine féconde en anecdotes de tous genres que
l'évocation des neuf mois passés à défendre, contre un
ennemi nombreux, luttant contre une épidémie terrible,
le drapeau que nous avions été si audacieusement planter
à Kelung!

Que de dangers, que de privations gaiement supportés!
Et comme tout cela était bien fait pour mettre en relief les
qualités maîtresses du soldat français : la bravoure au feu,
l'entrain et la bonne humeur toujours!

J'en ai cité bien des exemples dans les *Souvenirs d'un
soldat.* Une des premières privations dont nous eûmes à
souffrir, en dehors de l'absence de vivres frais, fut, pour
les officiers, celle de vêtements de rechange, de linge, de
savon.

Les soldats portaient leurs sacs ; mais nos bagages étaient
restés sur les bateaux qui nous avaient amenés, et nous ne
savions même pas s'ils avaient été débarqués et où ils
pouvaient se trouver.

Cette situation dura cinq semaines, au cours desquelles,
dans le poste que j'occupais au moins, nous procédions à

______

(1) *L'Expédition de Formose, Souvenirs d'un soldat;* Paris, Henri
Charles-Lavauzelle, éditeur.

notre toilette et à notre changement de linge de la façon
suivante :

A tour de rôle, chaque officier, accompagné de son
ordonnance, gagnait un petit ruisseau voisin du fort, et là,
pendant qu'il se livrait aux soins de propreté corporelle, le
soldat lavait tout, chaussettes, pantalon, chemise, gilet de
flanelle, — sans savon, bien entendu.

Il fallait attendre pour gagner le poste que tout cela fût
sec et, pour ce faire, errer sous les hauts bambous dans la
tenue d'Adam avant le péché. A tour de rôle, les officiers
se remplaçaient.

Heureusement, pendant cette première période, le soleil
dardait des rayons de feu qui aidaient à l'opération.

Vint le moment où il fallut procéder de même pour la
troupe ; les maladies, qui se développaient rapidement,
exigeaient des soins de propreté et d'hygiène aussi complets
que possible.

Alors, je faisais procéder par section.

Les hommes emportaient leurs armes et leurs munitions
pour être prêts à toute éventualité, et, les faisceaux formés tout à côté d'eux, les fourniments accrochés aux
baïonnettes, ils faisaient leur lessive.

Il faut avoir vu le spectacle étrange que nous donna un
jour une section ainsi occupée, lorsqu'un facétieux cria :
« Aux armes ! »

Mais, avec octobre, le soleil disparut, et la pluie de cinq
mois commença, presque sans intermittences.

J'ai le droit de dire que, cinq mois durant, nous avons
tous monté une faction pénible, sans repos, sans répit.

Il ne gelait pas, heureusement ; mais quelques degrés au-
dessus de zéro constituaient une température bien froide
pour des hommes toujours trempés, la nuit surtout où le
mouvement n'entretenait plus la circulation du sang. Le
froid aux pieds devenait intolérable, et, comme souvent la

proximité de l'ennemi interdisait de faire du feu, nous tapions, nous frottions nos mains pour y ramener la chaleur, et l'un après l'autre nous serrions nos pieds nus pour les dégourdir un peu.

J'ai dit (1) comment le fort qu'occupait ma compagnie avait été évacué à cause de son insalubrité, après une visite de l'amiral motivée par le rapport que lui avait fait le docteur Landouar, qui était venu passer vingt-quatre heures avec nous.

C'était au moment où nous commencions à éprouver ces malaises bizarres occasionnés par la présence dans l'organisme de nombreux lombrics dont le germe résidait certainement dans l'eau que nous buvions.

Si le sulfate de quinine manquait pour soigner les fiévreux, les approvisionnements en ipéca n'avaient point encore été entamés, et, sur les conseils du docteur, un certain jour, j'administrai à tous mes hommes, sans exception, un vomitif qui devait être curatif pour les hommes atteints, préventif pour les autres.

Je renonce à peindre le spectacle qu'offrit ma pauvre compagnie pendant quelques heures, et, si je raconte ce détail un peu..... naturaliste, c'est pour essayer de donner une idée des mille misères que nous eûmes à supporter.

Toutes les médailles ont leur revers, et, pour rares qu'ils ont été, nous avons connu de bons moments. — Je ne parle pas des jours de combat.

A bord d'un petit vapeur allemand, *l'Alwine* j'eus l'occasion de faire, dans le courant de décembre, des provisions pour ma compagnie.

Je disposais d'un boni formidable, car les versements quotidiens à l'ordinaire n'avaient jamais été interrompus,

----

(1) *Op. cit.*

et depuis plus de deux mois on ne dépensait rien. Pâtés de foie gras, boîtes de gibier, confits de volailles, etc., j'en achetai pour quelques centaines de francs, et nos hommes passèrent une bonne journée.

Les boîtes en fer-blanc qui témoignaient de ce festin de Lucullus avaient été soigneusement conservées; c'était un souvenir agréable, et puis, c'était aussi de la vaisselle de rechange.

Quand, le lendemain de son arrivée à Kélung, le colonel Duchesne vint nous visiter dans nos cantonnements, il resta stupéfait en face d'un tas de ces boîtes.

Je lui expliquai dans quelles circonstances j'avais fait ces achats.

« Et c'est de privations de ce genre qu'ont vécu vos hommes? dit-il en s'adressant au lieutenant-colonel Bertaux-Levillain; plus d'un régiment en France en souhaiterait autant. »

Et le brave colonel continua sa tournée, convaincu très probablement qu'il avait été débarqué la veille sur les rives du paradis terrestre.

Une compagnie d'infanterie de marine occupait, au milieu de la ville de Kélung démolie, une grande et vaste pagode, entourée de murs qui constituaient une défense sérieuse, à laquelle il avait été ajouté tout ce qui était nécessaire pour la mettre, le cas échéant, à l'abri d'une attaque, que rendait cependant improbable sa situation au centre de toutes nos positions extérieures.

La sécurité qu'offrait cette situation faisait de la pagode, qui, comme le moulin de Sans-Souci, prit le nom de son propriétaire, c'est-à-dire du capitaine de la compagnie, le but de promenade des marins qui descendaient à terre : on allait à la pagode « Cramoisy ».

Puis on regagnait son bord, et on partait pour Hong-Kong, Singapour ou ailleurs.

On y racontait naturellement ses souvenirs et ses impressions sur Formose et la situation des troupes françaises, et, comme on avait surtout vu la pagode Cramoisy, et la compagnie Cramoisy, c'est ce nom qui revenait souvent dans les conversations !

Cela donna lieu à un quiproquo qui nous procura, lorsqu'il vint à notre connaissance, un moment de douce hilarité.

Un journal de Hong-Kong raconta très sérieusement, et l'article fut plus tard recueilli et hospitalisé par la presse anglaise, que les Français faisaient aux Chinois de Formose une guerre tellement féroce qu'ils avaient créé, pour les exécutions sanguinaires qu'ils ordonnaient journellement, une compagnie qu'on dénommait, à cause de sa tâche spéciale, la « compagnie Rouge ! »

Nous quittâmes Formose le 21 juin, et c'est le 2 septembre seulement, après de nombreux transbordements, que nous fûmes débarqués à Brest. Nous ramenions ce qui restait des trois bataillons débarqués à Kélung le 1er octobre précédent.

Nous fûmes reçus au débarcadère par... un adjudant du régiment !!!

L'heure n'était pas venue des réceptions triomphales qui devaient marquer le retour du Dahomey ou de Madagascar.

CHAPITRE X

Un convoi sur la rivière Noire.

En route pour deux mois. — Organisation d'un convoi fluvial. — Les difficultés de la navigation sur le cours inférieur de la rivière Noire. — Arrivée à Van-Yên.

En mars 1887, après un séjour de dix-huit mois en France, j'étais de retour au Tonkin, et le hasard d'une mutation me renvoyait justement à Ninh-Binh prendre le commandement de la 14° compagnie du 2° régiment de tirailleurs tonkinois.

A vrai dire, cette destination ne me souriait guère; le Delta était alors absolument calme, et j'eusse préféré occuper un des postes de la frontière de Chine, où les aventures étaient de tous les jours.

L'avenir me réservait un dédommagement; je l'attendis dix-huit mois.

En octobre 1888, ma compagnie fut désignée pour aller occuper Laï-Chàu, sur la haute rivière Noire.

Je venais de passer un an à Quan-Chao, dans le sud de Ninh-Binh, poste incontestablement le plus fiévreux de tout le Delta du Tonkin. A grand renfort de sulfate de quinine, j'avais réussi à éviter les pertes qui avaient décimé là mes prédécesseurs; nos santés à tous n'en étaient pas moins fortement éprouvées. Je rappelle cela pour établir que nous partions, pour le point le plus excentrique du Tonkin, pleins de bonne volonté, mais dans un état physique laissant à désirer.

Et, quand je dis « pleins de bonne volonté », j'exagère, le cadre européen — trois officiers et neuf sous-officiers — en était rempli, mais il n'en était pas de même de la troupe indigène. Les Tonkinois ne quittent pas le Delta pour les régions montagneuses sans de grosses appréhensions : « L'eau de la montagne est mortelle pour nous », disent-ils. (*Nu'o'c-dôc ;* exactement : eau vénéneuse.) (1) A cette époque surtout, où depuis bien longtemps les hautes régions étaient fermées aux habitants du Delta, elles inspiraient un effroi en partie dissipé aujourd'hui qu'elles sont fréquentées journellement.

J'ajoute qu'à l'état-major de notre brigade, où avait été conçu et rédigé l'ordre de mouvement qui me mettait en route, on ignorait complètement le pays où on nous envoyait.

« ..... La 14e compagnie, disait cet ordre, voyagera jusqu'à Viet-Tri par messageries fluviales ; de *Viet-Tri à Van-Bu, par sampans* ; de Van-Bu à Laï-Châu, par terre. »

Les « sampans » sont de lourds bateaux, construits par le service du génie, à peu près bons pour la navigation sur le fleuve Rouge, mais absolument impropres à remonter la rivière Noire ; j'en allais faire l'expérience, jusqu'à Van-Yên seulement.

La canonnière *Bobillot* nous débarqua à Cho-Bo, point terminus de la navigation à vapeur sur la rivière Noire. Une grosse jonque, remorquée, contenait nos bagages et cinquante jours de vivres pour ma compagnie, laquelle était exactement à l'effectif de 167 hommes.

A Cho-Bo, la rivière est barrée par un rapide sérieux

---

(1) Les missionnaires portugais ou italiens qui ont eu l'heureuse idée de substituer les caractères latins aux caractères chinois pour écrire la langue annamite ont laissé des traces non équivoques de la prononciation de leur propre langue ; de là les *barbes* aux *u* et aux *o*, et bien d'autres signes conventionnels qui paraissent, à première vue, bizarres.

Le *d* du mot : *dôc*, devrait être barré comme un *t*, si nos imprimeries étaient outillées comme le sont celles de Saïgon ou de Hanoï.

dont le génie a vainement tenté de faire sauter les roches ;
il nous fallut, à bras, transporter vivres et bagages dans
les sampans qui nous attendaient au-dessus.

Le commandant Pennequin, sous les ordres duquel
j'allais servir dans le haut pays, m'avait écrit pour me prévenir que ma navigation cesserait à Van-Yên, parce qu'elle
devenait matériellement impossible au-dessus de ce point,
et que c'est de là que commencerait mon voyage par terre.
Mon itinéraire comportait, avec les repos, cinquante jours
bien comptés : juste le temps d'aller, en paquebot, de
Saïgon à Marseille et d'en revenir. Mon cadre européen
avait été prévenu de la longueur du trajet ; il fallait que
tous fissent leurs provisions, les vivres que j'emportais ne
comportant que du biscuit, du riz et du sel.

Mon ordre de marche me donnait vingt-deux jours pour
monter de Cho-Bo à Van-Yên ; le 6 novembre, au matin,
nous nous mettions en route.

La rivière Noire, je le dis tout de suite pour l'intelligence de mon récit, ne ressemble en rien à nos rivières de
France ; c'est, à partir du point où nous la prenions, un
torrent qui coule entre des rochers plus ou moins élevés
mais tellement à pic ou déchiquetés qu'un homme ne peut
absolument pas suivre les berges. Il est impossible, dans
les endroits qui l'exigeraient, de haler les embarcations
à la cordelle, à la manière dont nos bateaux fluviaux sont
traînés, dans nos canaux surtout, soit à bras, soit par des
chevaux. Quand les circonstances l'exigent — et c'est à chaque instant — les hommes doivent d'abord se mettre à l'eau,
gagner, au-dessus du point à franchir, un rocher où il leur
soit possible de se tenir debout ou accroupis, et c'est sur
place, « mains sur mains », suivant l'expression des marins,
que s'opère le halage ; pendant ce temps, les hommes restés
à bord poussent du fond avec de grands bambous ferrés.

Il arrive fréquemment que la corde casse, ou que le
manque d'ensemble des efforts des remorqueurs force ces

derniers à lâcher l'amarre; alors, suivant la violence du courant à ce moment, c'est à un kilomètre ou deux qu'il faut aller rechercher le sampan; heureux encore si, dans sa dérive, et avant que les hommes qui le montent ne s'en soient rendus maîtres, il ne tombe pas sur un ou plusieurs voisins qu'il entraîne avec lui!

Par une mesure d'économie d'une opportunité contestable, le service du génie avait remplacé les cordes de halage en chanvre par des rotins de la grosseur du pouce, horriblement lourds et dans lesquels se formaient à chaque instant des coques qui en occasionnaient la rupture. Chaque sampan était monté par trois mariniers seulement, au lieu de sept qu'ils sont d'ordinaire, les tirailleurs devant suppléer par leur aide à cette diminution d'équipage; enfin, un caporal pontonnier et deux soldats européens de la même arme avaient la direction du convoi au point de vue technique.

Il est de principe de ne point mettre en route moins de trois sampans; il n'est pas trop de vingt hommes exercés pour franchir les endroits difficiles, et encore faut-il, dans bien des cas, mettre le chargement à terre et le transporter à bras, au prix de mille peines et d'une grosse perte de temps, au-dessus de l'obstacle.

J'avais, en fait de carte, un croquis très approximatif dressé par un officier au cours d'une descente en pirogue; c'est tout ce que possédait alors le service topographique. Comme renseignement, c'était de peu de valeur au point de vue navigation : d'abord, parce qu'à la descente la marche est trop rapide pour permettre un levé un peu exact; ensuite, parce qu'en raison même de cette vitesse on franchit cent passages difficiles sans s'en apercevoir et sans les indiquer; enfin, parce que les rapides se déplacent ou souvent disparaissent, suivant la hauteur des eaux. Au moment de mon départ, elles étaient très basses.

Le 6 novembre au matin, nous nous mettions en route; mon convoi comportait neuf sampans.

Notre première journée se passa sans incidents. Tantôt ramant, tantôt poussant de fond, nous gagnâmes Su-Yut, où je fis masser mes embarcations pour passer la nuit.

Su-Yut est le point où la rivière change brusquement de direction. Jusqu'à cet endroit et depuis son confluent avec le fleuve Rouge, elle a couru à peu près nord-sud; à partir de là, sa direction générale est sud-est-nord-ouest. Nous avions fait l'étape ordinaire des convois sans rencontrer d'autre difficulté qu'un rapide insignifiant, en face le poste même de Su-Yut.

Je copie quelques lignes de mon journal de marche :

« 7 *novembre*. — Départ à 6 heures du matin; grand'halte à 10 h. 20 sur la rive gauche; départ à midi 15; franchi le Thac-Ban (1); halte de nuit à 5 heures à l'endroit où existe un dépôt de charbon (2).

» 8 *novembre*. — Départ à 6 heures du matin; à 9 h. mon sampan, qui tient la tête, passe un rapide et fait halte au-dessus; tout le monde a passé à 10 h. 15, moins un sampan dont le gouvernail est cassé. J'envoie deux pontonniers le réparer, et, comme il peut marcher avec ses propres moyens, puisqu'il porte vingt tirailleurs, je repars à midi. Nous traversons une succession de petits rapides; la marche est pénible. Je me fais remettre, par un convoi qui descend, tout ce qu'il a de cordelles à bord de ses bateaux; j'ai déjà rompu plusieurs des miennes; on a

---

(1) *Thac*, rapide. C'est l'expression dont nous nous servirons pour les désigner.

(2) Ce dépôt avait été laissé là quelques semaines auparavant pour le service d'une chaloupe à vapeur qui remontait M. Pavie, consul de France à Luang-Prabang. C'est la première embarcation à vapeur qu'on essayait de faire naviguer au-dessus de Cho-Bo; ce fut la dernière. Elle sombra dans le Thac-Hoa, un peu au-dessus de Van-Yên, au cours de son premier voyage.

négligé de me donner des rechanges, et je prévois que ce supplément me sera nécessaire. A 3 heures, je m'arrête pour rallier mon convoi ; il ne peut pas me rejoindre entièrement avant la nuit : une partie doit faire la halte à environ 800 mètres au-dessous. Le sampan en avarie n'a pas rejoint.

» *9 novembre.* — J'attends que tout mon convoi soit massé pour me remettre en route ; mais une des embarcations restée en arrière fait de l'eau en assez grande quantité ; on la décharge, elle est réparée tant bien que mal, je l'allège un peu, et à 11 heures nous repartons ; le sampan retardataire a rejoint. Je constate, à propos des avaries à réparer, que le personnel pontonnier est absolument dénué d'outils ; je dois ouvrir mes propres bagages pour lui en procurer.

» Je tiens toujours la tête ; la navigation est plus difficile que la veille ; les distances entre chaque sampan s'augmentent considérablement. A 3 heures, je m'arrête ; le dernier sampan arrive à 5 h. 15. »

J'organisais, bien entendu, chaque soir, un service de surveillance ; non pas que j'eusse à me garder de l'ennemi, le pays que nous traversions était absolument calme, mais il fallait entretenir sur la berge de grands feux pour éloigner les tigres, et il fallait surtout surveiller le niveau des eaux. J'ai dit qu'elles étaient très basses ; mais, à cette époque de l'année, il tombe souvent dans les massifs montagneux du Yun-Nan, c'est-à-dire dans le haut bassin de la rivière, des pluies torrentielles qui se traduisent par des crues d'une rapidité foudroyante. Malheur aux imprudents qui sont surpris ! En un jour, en une nuit, en quelques heures, le niveau s'élève de dix mètres, et toute la vigilance déployée ne sert quelquefois pas à éviter une catastrophe. On s'est amarré le soir dans un endroit calme, à l'abri d'un rocher ; on s'endort à peine bercé par un mouvement insensible ; on se réveille dans un remous énorme ou dans un tourbillon qui rompt les amarres les plus solides, entrechoque les embarcations, jette le désarroi et la panique dans les équipages surpris; on est emporté et roulé par le flot, qui monte, sans avoir eu le temps de se reconnaître. Quelque temps avant, un convoi, surpris par une crue, avait ainsi perdu, outre son matériel et son chargement, une quarantaine d'hommes, presque la totalité de ses équipages. C'était là une de mes préoccupations et je veillais.

Nous dormîmes peu cette nuit du 9. Vers 11 heures une voie d'eau se déclara brusquement dans un sampan; c'était un de ceux qui portaient du riz. Il fallut procéder sans retard à son déchargement et s'occuper de le réparer. Comme au jour il n'était pas prêt, je mis le convoi en route, restant moi-même en arrière pour presser la réparation et activer la marche de mon retardataire.

Vers 8 heures, je vis arriver le long de la berge, qu'il suivait en escaladant péniblement les rochers, mon lieutenant, M. Berrut, un brave officier plein d'entrain qui devait mourir quelque temps après, noyé dans un rapide.

« Mon capitaine, me dit-il, notre voyage est terminé. J'ai dû arrêter le convoi non loin d'ici, au-dessous d'un obstacle infranchissable : une muraille d'eau d'un mètre et demi à deux mètres de hauteur. Les bateliers indigènes se refusent à passer; le caporal pontonnier déclare que c'est absolument impossible. »

Je hâtai la marche de mon sampan, enfin réparé, pour juger par moi-même la situation.

C'était réellement un obstacle que le Thac-Chuông, que nous avions devant nous; je l'ai depuis franchi bien des fois, avec des hauteurs d'eau différentes : je ne lui ai jamais retrouvé cet aspect.

J'interrogeai mon caporal pontonnier, qui venait de faire une reconnaissance des lieux.

« Mon capitaine, me dit-il, je renonce à conduire le convoi plus loin. J'ai eu un prix de navigation sur le Rhône, qui n'est pas toujours commode ; je crois connaître mon métier ; nous ne passerons pas. »

Nous n'étions pas les premiers qui remontions la rivière cependant ; c'est ce que je lui fis observer en descendant à terre.

Effectivement, l'obstacle était sérieux. Jusque-là, les rapides que nous avions franchis étaient peu de chose en comparaison.

Généralement, les eaux, en venant se heurter à un fond plus élevé ou à une roche qui d'une berge faisait saillie dans le lit de la rivière, étaient rejetées vers la berge opposée en un gros bourrelet qui s'en allait mourir bien au-dessous du point où il avait pris naissance. On pouvait toujours s'approcher de ce dernier point ; souvent même on y était porté par les remous du courant ; c'est de là qu'on prenait ses dispositions pour franchir le rapide à « sa racine ». On faisait passer la remorque et les remorqueurs au-dessus, et, quand tout était prêt, on abordait l'obstacle. L'embarcation était généralement plus ou moins emportée vers le milieu du lit de la rivière, mais elle passait sans trop de difficultés et surtout sans périls.

Ici, nous étions en face d'un vrai barrage, une dénivellation, une chute d'eau, d'au moins un mètre de hauteur ; non seulement nous étions dans un étranglement, mais encore des roches occupaient le milieu du lit et augmentaient ce que j'appellerai la « fureur » de l'obstacle.

A cent mètres au-dessus du rapide se trouvait heureusement, au pied des rochers, un banc de sable, découvert, de cent cinquante mètres environ de longueur. J'estimai qu'en réunissant toutes les amarres dont je disposais, en les doublant, en employant tout mon monde pour faire passer un sampan, je devais y arriver, le banc de sable dont je viens de parler permettant le halage en marchant ; mon caporal pontonnier hocha la tête d'un air de doute lorsque je lui expliquai mon plan. Je compris son objection muette; c'était aussi ma préoccupation : comment se comporterait l'embarcation en abordant cette marche liquide, grondante et écumante?

J'espérais que l'avant, très relevé, de mes sampans, sous l'influence d'une traction rapide, devait surmonter cette difficulté et éviter les accidents.

Je demandai trois bateliers indigènes de bonne volonté pour s'embarquer sur le premier sampan qu'on allait ainsi essayer de passer, et, sur ses instances, je leur adjoignis un soldat pontonnier; il se nommait Lemaire.

Une amarre de deux cents mètres fut élongée le long des rochers, des hommes disposés de place en place pour la faire parer et la jeter à l'eau; puis tout le monde disponible, officiers compris, réuni sur le banc de sable, mit la main dessus.

Je pouvais bien décharger mon convoi, passer à vide et recharger plus haut; mais cela me demandait trois jours.

Je commençais à comprendre pourquoi on m'avait donné vingt-deux jours pour faire mon trajet.

Grimpé sur un rocher d'où je dois voir tout ce qui se passe, tel un officier de marine sur son banc de quart, je donne le signal, et le premier sampan est dans le remous. L'amarre n'est pas encore raidie, il vient en travers; j'ai un moment de forte émotion.

« Hardi! » Lentement il se redresse; il est dans l'écume; un instant son avant disparaît sous le flot. « Hardi encore! » Il est passé!! Alors, abandonnant l'amarre, mes tirailleurs poussent une clameur de satisfaction, et, comme de grands enfants, se précipitent au-devant du sampan qui court sur son aire et qu'ils semblent voir pour la première fois.

On élonge à nouveau l'amarre, et nous recommençons. Cette fois, personne ne doute du succès. Moi seul peut-être, je me dis qu'il suffit de bien peu de chose pour occasionner un accident; cependant s'il ne se produit pas exactement au moment où la barque grimpe la marche liquide, il n'aura pour résultat que de la faire dériver au loin.

Le deuxième sampan passe ; les autres suivent, et à 4 h. 1/2 tout le convoi est amarré pour passer la nuit. J'avais fait seulement retirer les armes de deux sampans dont la solidité ne m'inspirait pas confiance.

Nous venions de gagner deux bons jours de marche.

« 12 *novembre*. — Encore une succession de rapides difficiles ; à 10 heures, halte pour le repas. Un lieutenant du poste de Van-Yèn, descendu en pirogue au-devant de nous, nous apporte du pain frais. Il est étonné de la rapidité de notre marche ; il m'affirme que je n'en ai plus que pour quatre jours. A midi 15, nous repartons ; un rapide nous arrête encore. Sept sampans seulement peuvent le franchir dans l'après-midi. Je fais cesser le passage à 4 h. 1/2. Tout le monde a dû se mettre à l'eau une partie de la journée ; on a besoin de repos. Les amarres de deux sampans se sont brisées ; j'ai eu cependant la précaution de les doubler. Tous les sampans font de l'eau. (Nous avons fait à peine trois kilomètres.)

» 13 *novembre*. —A 6 heures du matin, je commence le passage des sampans restés en arrière ; il est terminé à 8 heures. Je fais mettre à terre, sur des nattes, une partie du chargement de l'un deux. C'est du riz complètement mouillé ; je le fais pelleter, aérer, vanner et, quand il est sec, remettre en sac. J'en perds environ deux cents kilos trop avariés pour être conservés. Nous ne partons qu'à midi après avoir dû confectionner deux gouvernails. A 1 heure, encore un rapide. Il est au-dessus d'une île de galets, dans le grand bras de la rivière ; le petit bras n'a pas assez d'eau pour le passage. Il faut, disent les bateliers, le passer comme les autres, avec une amarre. Mais de la pointe de l'île, où nous sommes, à la berge, il y a deux cents mètres. L'amarre est entraînée par le courant ; elle fait une courbe énorme qui neutralise tous les efforts. Je renonce à ce moyen, et avec le pontonnier Lemaire, le même qui la veille a passé tous les sampans dans le Thac-Chuông, contre l'avis des bateliers, je traverse le grand bras pour tenter le passage sur la rive opposée, là où le bourrelet d'eau est mort, où le courant est encore très rapide, mais sans trop de remous. Ma tentative réussit; les autres suivent, et à 5 heures du soir nous avons encore franchi une grosse difficulté.

» 14 *novembre*. — Départ à 6 heures. Un petit rapide, puis, pour la première fois depuis le départ, trois ou quatre kilomètres en eau calme. Je m'arrête à 8 h. 1/2 pour attendre les traînards. A 10 h. 30 tout le monde a rallié, et nous repartons. A midi, j'aperçois, sur la rive gauche, un pavillon français!... c'est le poste de Van-Yên. Nous déjeunons, et à 5 heures le convoi tout entier est amarré sous le poste. »

J'avais mis exactement neuf jours à faire mon trajet. Nous venions d'établir un record qu'on ne devait pas battre, mais qui eut pour résultat de diminuer sensiblement la durée du trajet des convois suivants.

Tout le monde, sans exception, avait mis la main à la pâte, ou, plus exactement, s'était, vingt fois le jour, mis à l'eau pour pousser les sampans ou les haler. Moi-même, avec le mien, j'avais constamment tenu la tête, franchissant, avec les seuls moyens de mon équipage, bien des passages difficiles. Il devenait alors impossible aux bateliers de ne pas me suivre, quittes, comme ils le faisaient souvent, à emprunter le secours de leurs voisins. J'aurai d'ailleurs expliqué leur peu d'empressement à marcher vite quand j'aurai dit qu'ils étaient payés à la journée et qu'au retour à Cho-Bo ils étaient licenciés jusqu'à un prochain convoi.

Bien me prit de me hâter : quatre jours après mon arrivée à Van-Yên, alors que nous continuions par terre notre route vers l'ouest, une crue comme celle que je craignais se produisit. Devant le poste de Van-Yên, en une nuit, elle fut de neuf mètres.

Pendant tout mon trajet, environ cent trente kilomètres, mes relations avec les habitants avaient été absolument nulles. Il n'existait alors aucun village sur les rives mêmes de la rivière, et les quelques pirogues descendantes que nous avions croisées semblaient, à notre vue, faire force de rames pour éviter notre contact.

CHAPITRE XI

Au Laos.

Un peu d'histoire. — Quarante-cinq jours de marche. — Laï-Châu. —
Deo-van-Tri. — Une pointe sur Muong-Boum. — Deo-van-Seng. —
Retour à Laï-Châu. — Un homme heureux.

Il y a quelques années encore, on désignait sous le nom
de Laos le pays, alors inconnu ou à peu près, qui s'étend
du nord du Cambodge au sud du Tonkin et du Yun-Nan, et
de l'est de l'Annam à l'ouest du Siam et de la Birmanie.

L'occupation d'une partie de cette immense contrée par
nos troupes, et plus encore les nombreuses explorations
dont elle a été l'objet, ont permis de constater sur son sol
l'existence de populations de langages, de mœurs et souvent
même d'origines différentes. De ces constatations, il est ré-
sulté quantité d'appellations locales, plus ou moins exactes
faute d'une connaissance suffisante des peuples et des
idiomes, appellations qui, d'ailleurs, ne sont pas encore
entrées dans le domaine de l'enseignement géographique.

On désigne couramment au Tonkin, sous le nom de
haute rivière Noire, la partie de ce cours d'eau située entre
Van-Yên et la frontière du Yun-Nan. Cette partie de sa
vallée est dénommée le pays des Sib-Song-Chu-Thaïs (littéralement : douze cantons, ou douze districts, *Thaïs*).

Les habitants de cette région, les Thaïs, ont la prétention d'être la race la plus ancienne de la presqu'île
indo-chinoise. Ils auraient eu leur époque de grandeur et
de domination avant de se voir, en des temps plus récents,
tour à tour tributaires des Chinois, des Siamois, des
Birmans et des Annamites.

Il existe là une féodalité héréditaire qui, sous certains

rapports, laisse loin derrière elle ce que nous savons du Moyen âge en Europe. Pour différencier tout de suite ces habitants des populations de race annamite, je dirai qu'ils sont honnêtes, francs et loyaux. A notre contact, ils perdront peut-être ces qualités ; mais nous, les premiers occupants, nous les y avons trouvées. J'ai la satisfaction de pouvoir dire que, personnellement, pendant trois ans que j'ai administré ce pays tout entier, ou à peu près, j'ai consacré tous mes efforts à les leur conserver.

Je ne veux pas faire ici un historique de nos débuts dans ce pays ; je n'en dirai qu'un mot, indispensable à la clarté de mes propres souvenirs. En 1887, une colonne de troupes, aussi bien conduite au point de vue militaire qu'elle était inopportune et impolitique, parcourut tout le pays, obtenant pour seul résultat d'y faire le vide le plus absolu. A la voix de leurs chefs, qui savaient ne pouvoir résister à nos forces et à nos moyens, les villages furent brûlés, le bétail abandonné au plus épais des forêts, et les habitants remontèrent vers l'Ouest, sur la frontière du Yun-Nan, prêts à la franchir si nos troupes les y venaient chercher.

Les postes laissés par la colonne dans la région, à Laï-Chàu, à Tuàn-Giao, à Pa-Houm, n'exerçaient leur autorité et leur surveillance que sur quelques rares individus, d'honnêteté douteuse ceux-là, qui, pour une raison ou pour une autre, n'avaient pas cru devoir suivre les leurs.

La suprême autorité était alors entre les mains d'un homme dont nous devions, plus tard, apprécier la valeur, Déo-Van-Tri. C'est sur son ordre que s'était produit cet exode des populations vers l'Ouest. C'est à son plus mortel ennemi qu'une malencontreuse erreur nous fit confier l'administration indigène du pays. Avec des gens aussi inféodés à leurs chefs que le sont les Thaïs, nous aurions longtemps régné sur un désert, sans l'ingérence dans les affaires de ce pays de M. Pavie, alors consul de France à Luang-Prabang, sur le haut Mékong. Lui seul connaissait un peu les Thaïs par les rapports qu'ils avaient avec les populations qui l'entouraient.

Il vint à Hanoï dans le courant de 1888 et obtint facilement du général Bégin, qui y commandait alors, qu'une politique nouvelle, plus rationnelle et plus appropriée à la situation, fût adoptée.

Pour ce faire, on décida le remplacement du personnel militaire administratif et des troupes qui occupaient la région. Le commandant Pennequin fut nommé au commandement du territoire, et ma compagnie désignée pour aller occuper le poste de Laï-Châu, le pays d'origine de Déo-Van-Tri et de tous les siens.

Outre sa connaissance des affaires et des indigènes, M. Pavie arrivait dans les Sib-Song-Chu-Thaïs avec un gros atout.

Trois frères de Déo-Van-Tri avaient été, deux ans avant, faits prisonniers par les Siamois, chargés de chaînes et emmenés à Bangkok. Il avait réussi à se les faire remettre et les amenait avec lui. Reconnaissants de la liberté qu'ils lui devaient, bien traités au cours de leur voyage, suffisamment endoctrinés, séduits par la perspective de retrouver leurs titres et leurs dignités, ces trois hommes furent envoyés par M. Pavie à Déo-Van-Tri et à son père, qui vivait encore, pour les engager à revenir sur les terres de leurs ancêtres y jouir, sous notre contrôle et notre surveillance, de leur ancienne autorité et des prérogatives y attachées. La mission échoua, en partie au moins. Ni Déo-Van-Tri ni son père ne consentirent à bouger. Mais, comprenant que les populations ne pouvaient rester indéfiniment campées dans un pays qui ne suffisait pas à les nourrir, ils autorisèrent la réintégration des anciens villages et leur reconstruction. Deux frères cadets du grand chef, Cam-Hon et Cam-Cui, obtinrent également de descendre à Laï-Châu y reprendre, près de nous, leurs anciennes fonctions.

Pendant que s'obtenaient ces résultats, qui pour être incomplets n'en n'étaient pas moins appréciables, je continuais le voyage dont j'ai raconté les débuts dans le chapitre précédent. Je n'en veux pas redire les détails jour par jour; il fut fatigant dans un pays horriblement tourmenté, où les chemins sont des pistes aux flancs de montagnes rocheuses, pistes d'autant plus mauvaises qu'elles n'étaient plus suivies depuis un an. Un long détour dans le Sud sur Dien-Bien-Phu, d'où il fallut chasser une garnison siamoise qui était venue audacieusement s'y s'installer, allongea considérablement mon trajet.

Quand je revois par le souvenir ma pauvre compagnie d'hommes fatigués et anémiés par la fièvre, s'égrenant sur ces sentiers perdus, dans un pays sans habitants et sans ressources; passant, par tous les temps, les nuits en forêt manquant d'eau quelquefois; à la veille de manquer de riz, car à un moment je n'eus pour me réapprovisionner que celui — en bien petite quantité — que je réussis à me procurer chez des peuplades sauvages de la montagne; sans sel, sans médicaments, car la provision du départ était épuisée; quand, dis-je, je me reporte à ces circonstances, je me demande comment nous sommes arrivés à Laï-Chàu, après quarante-deux jours de marche, c'est-à-dire le 27 décembre, sans avoir perdu un seul homme en route.

Et, pour nous reposer en arrivant, point de poste, point de ces cases propres et aménagées que comporte cette expression. A peine des gourbis; une installation provisoire qui est la honte de ceux qui s'y sont complu sans songer qu'après eux des camarades viendraient qui, fatigués et malades, auraient besoin d'abris.

Mais c'était là une mince déception; nous étions de taille à nous installer confortablement, autant au moins que le comporteraient les ressources du pays, et nous pûmes, le moment venu, constater qu'elles étaient énormes. Je ne relève la chose que parce que, au cours de ma carrière, c'est non seulement la seule fois que cela me soit arrivé, mais encore le seul fait de cette nature dont j'aie entendu parler.

Quelque graves que fussent les préoccupations politiques dans une région où nous arrivions sérieusement pour la première fois (1), je dus consacrer mes premiers soins à la construction d'un « poste » dans le vrai sens du mot. Deux mois après, mes hommes occupaient des cases solides, hautes, vastes, aérées et jouissaient enfin d'un repos auquel leur donnaient droit les fatigues et les misères endurées depuis dix-huit mois.

J'avais passé ce temps à prendre langue dans le pays et à me documenter dans la mesure du possible en vue de l'extension de notre influence dans ces régions inconnues.

Le commandant Pennequin, qui devait, plus tard, acquérir sur les peuplades thaïs et laotienne une si haute influence, sentait, comme moi, le péril de l'inaction et me pressait d'agir.

M. Pavie, en rendant compte de sa mission dans la haute rivière Noire, avant de redescendre sur Luang-Prabang et Bangkok, avait annoncé la soumission de Déo-Van-Tri comme un fait accompli. Or, en février 1889, si mes souvenirs sont bien exacts — et ils ne pourraient dans la circonstance me tromper que de quelques jours — le général en chef écrivait au commandant Pennequin une lettre dans laquelle, en substance, il lui disait : « On raconte à Hanoï que non seulement Déo-Van-Tri n'a point fait sa soumission, mais on dit le poste de Laï-Chau très menacé

---

(1) Je ne veux critiquer ni nommer personne, mais je dirai, à l'appui de mon assertion, que mon prédécesseur, le premier occupant du poste de Laï-Châu, ignorait à ce point la configuration physique même du sol, qu'il envoyait une longue communication à la Société de géographie de Rochefort sur la possibilité et l'urgence de relier le fleuve Mé-Kong à la rivière Noire et au fleuve Rouge par un canal!!...

par ce chef et par ses contingents. Ces bruits, très contra-
dictoires des renseignements qui me sont parvenus par
M. Pavie sur la tranquillité du pays, ont besoin d'être dé-
mentis. J'attends votre réponse. »

Le commandant m'envoya cette lettre; j'étais absent; je
vais dire pourquoi :

J'avais trouvé, à Laï-Chau, le frère cadet de Déo-Van-Tri,
Cam-Hon, dont j'ai parlé plus haut, et, grâce à ma patience
et à mes largesses sous toutes les formes, nous étions devenus de bons amis.

Sur mes instances réitérées, il avait fini par donner des
ordres pour faire redescendre autour de nous une partie
au moins de la population émigrée vers l'Ouest. Un mois
après mon arrivée, j'eus la satisfaction de voir paraître
les premiers habitants. Tous descendaient par la rivière,
installés, hommes, femmes, enfants, poules et cochons,
sur de grands radeaux de bambous qui, après les avoir
transportés, devaient leur fournir, en partie, les matériaux
nécessaires à la construction de leurs cases. J'avais à pourvoir aux besoins immédiats de ces pauvres diables, qui
suaient la misère; et c'était une tâche difficile dans un pays
qui n'était plus cultivé depuis deux ans. J'y parvins grâce
à des achats de riz que je fis chez les Méos, peuplade sauvage des sommets, d'origine absolument différente des
Thaïs, et qui n'avaient point fui, garantis qu'ils étaient,
contre une action militaire de notre part, par l'altitude des
hauteurs qu'ils occupaient : le plateau de Ta-Phin est à
1.800 mètres au-dessus du niveau de la mer; c'est, en
partie, là que je réussis à me réapprovisionner.

J'avais des ressources pécuniaires bien restreintes pour
faire face à toutes ces exigences, et je dus souvent faire des
emprunts à ma cassette particulière. Sont-ils tous rentrés?
Je n'oserais l'affirmer ; mais cette considération était bien
secondaire en face du résultat à obtenir.

J'avais souvent parlé à Cam-Hon de son frère aîné et

manifesté la satisfaction que j'éprouverais à le voir se rallier franchement à nous, accepter le fait accompli de la domination française et venir près de moi m'aider à rendre la prospérité au pays.

A ces ouvertures, auxquelles je me gardais bien, en les formulant, de donner une expression d'impatience ou d'inquiétude, Cam-Hon m'avait toujours répondu que son frère était un homme fini, usé, impotent, incapable d'exercer une autorité quelconque, et que je n'avais pas à m'inquiéter de son absence. Mais ces affirmations, que je retrouvais, dans toutes les bouches autour de moi, répétées comme une leçon, jointes à quelques indiscrétions que me rapportèrent mes soldats indigènes, ne firent que fortifier chez moi l'opinion que Déo-Van-Tri, pour un motif qui m'échappait, voulait rester dans la coulisse, mais était toujours le seul chef, aussi bien des habitants qui me revenaient que de ses propres frères, et que, sur un mot de lui, si une occasion s'en présentait, tout ce monde-là m'échapperait et pourrait peut-être compromettre la sécurité de ma troupe et celle du poste qui m'était confié.

Un vieux Thaï, qui nous servait d'intermédiaire pour nos achats de riz et de porcs chez les Méos, qui par conséquent avait de fréquents rapports avec le poste, avait été jusqu'à dire que Déo-Van-Tri était un homme terrible, un colosse; qu'il n'aimait pas les Français, et qu'il tuerait immanquablement le premier qui oserait aller à lui. Le propos m'avait été rapporté. Je résolus d'en avoir le cœur net, et, au commencement de février, je me mis en route pour l'Ouest. C'était l'inconnu, que le pays où je m'engageais; j'y prévoyais de grosses difficultés, mais la situation m'imposait le devoir de les négliger aussi bien dans l'intérêt de l'extension de notre influence que dans celui de notre propre sécurité.

C'est un de nos privilèges, dans l'infanterie de marine, que les situations analogues à celle dans laquelle je me trouvais. J'étais seul, séparé par plus de quinze jours de marche de mon supérieur immédiat, le commandant Pennequin, retenu à ce moment-là dans la haute vallée du Song-Ma ; je disposais d'une force très restreinte, dans un pays inconnu, peu habité, inculte, et j'avais pour mission de préserver notre drapeau de toute atteinte, de toute souillure. Pas cela seulement : j'avais à le faire accepter définitivement par une population qui, aux qualités dont j'ai parlé, savait joindre la bravoure et le mépris de la mort ; par un chef, Déo-Van-Tri, qui avait conduit ses contingents, contre nous, jusque sous les murs de Tuyen-Quan, où il avait été un des plus redoutables lieutenants de notre vieil eennmi Luu-Vinh-Phuoc. Ce détail, que je connaissais, je n'en avais jamais parlé aux siens, mais il était fait pour me décider plus encore à voir clair dans la situation (1).

Au commencement de février 1889, je me mis en route.

Pour éviter toute complication, pour n'effrayer personne, pour bien affirmer le caractère pacifique de mes intentions, je décidai de n'emmener personne avec moi. Seuls, mon ordonnance et un sergent, tous deux Tonkinois, m'accompagnaient ; ce dernier devait me servir d'interprète auprès des chefs thaïs, qui, tous, parlent couramment l'annamite.

C'est à Muong-Boum, à toucher la frontière du Yun-Nan, qu'on m'avait dit que résidaient Déo-Van-Tri et son père ; c'est à Muong-Boum que je voulais aller.

. (1) M. Lefèvre-Pontalis, qui, en 1890, accompagnait M. Pavie au cours d'un voyage d'exploration dans les pays laotiens, trace le portrait suivant de Déo-Van-Tri, avec lequel il vécut de longs mois : «..... C'est un chef qui, à des aptitudes militaires, joint un sens pratique très remarquable et une connaissance approfondie du Yun-Nan, où il a beaucoup voyagé. C'est, en un mot, un indigène d'une intelligence supérieure..... dont M. Pavie avait reçu la soumission en 1888. »

Le portrait tracé est exact, j'eus l'occasion de le constater plus tard ; mais la conclusion tend à consacrer un anachronisme contre lequel je m'élève ici.

Sous le prétexte de visiter la rivière au-dessus du Laï-Châu, j'emmenais Cam-Hon avec moi, me réservant de lui faire connaître plus tard mon intention de pousser jusqu'à la résidence de son frère.

Je prévins le sous-officier auquel je remettais le commandement du poste qu'il n'eût pas à s'inquiéter de moi; que j'allais dans l'Ouest pour hâter le retour des populations, que mon absence durerait quelques jours.

Le soir de mon départ, je couchai au village de Pa-Han; c'était au-dessus de Laï-Chau, le premier centre d'émigration. Un millier d'habitants grouillaient là, sous de pauvres abris, amaigris par les privations, vêtus de haillons, mais conservant dans leur misère un air de digne fierté qu'on eût vainement cherché sur des figures annamites en semblable occurrence.

Je passai trois jours au milieu de ces braves gens, visitant chaque case, caressant les enfants, distribuant quelques monnaies d'argent, essayant, en un mot, de faire comprendre à tous que les mauvais jours étaient passés et que, sous notre administration, marchant parallèlement à celle de leurs chefs héréditaires, ils pouvaient, sans crainte et sans arrière-pensée, retourner chez eux, reconstruire leurs villages et cultiver leurs champs.

Cam-Hon semblait enchanté de la sympathie que j'inspirais à tout ce peuple et m'affirmait que ma présence était faite pour vaincre les dernières hésitations qui existaient encore.

J'en pris texte pour lui annoncer que, puisque telle était mon influence, je décidais de ne pas m'arrêter là; que je voulais visiter d'autres centres; que, puisque j'étais en route et qu'il était avec moi, rien ne nous empêchait d'aller jusqu'à Muong-Boum, où je serais heureux de faire visite à son père, qui était un vieillard, et où je pourrais rencontrer Déo-Van-Tri.

Je vois encore la figure étonnée, ahurie, de mon chef,

lorsque j'eus fini de lui exprimer mes intentions; il n'y voulait pas croire.

Alors commença une litanie interminable. D'abord, la vieille antienne; il était complètement inutile de songer à voir son frère, malade, gâteux, incapable de se mouvoir à cause de son excessive obésité, etc.

Puis, ces arguments ne me convainquant pas, un changement de mode : c'était un homme terrible, à la colère duquel il ne fallait pas m'exposer; puis encore, les difficultés du chemin, les rapides de la rivière, l'absence de villages, l'impossibilité de passer en forêt, les sentiers ayant disparu, etc.

« — Alors, lui dis-je, tu ne veux pas m'accompagner?

» — Mais c'est impossible.

» — Soit. Je partirai seul. Mais, s'il m'arrive un accident en route, tu en porteras la responsabilité auprès de l'autorité française. Je me mets sous la sauvegarde de tous les Thaïs qui m'ont approché; pas un, j'en suis suis sûr, ne se refusera à attester la douceur et la bienveillance de mes procédés envers eux. Ou bien ton frère est le malade que tu me représentes, ce que je ne crois pas; ou bien il entend exercer contre nous une autorité qu'il a conservée entière. Dans les deux cas, je veux le voir; il faut que votre peuple sache bien que, si un jour les hostilités recommencent, la responsabilité en incombera tout entière à l'orgueil d'un seul.

» — Vous le voulez! me dit enfin Cam-Hon, vaincu. Nous partirons demain. Nous prendrons d'ici la voie de terre jusqu'à Muong-Mô; les rapides de la rivière sont trop périlleux et trop durs à remonter; je vais donner des ordres pour qu'à ce dernier village des pirogues nous soient préparées. »

Le pauvre homme, en acceptant de me conduire, avait l'air d'un mouton qu'on mène à l'abattoir. J'ai su depuis qu'il fit partir le jour même un express pour annoncer mon voyage sur Muong-Boum, et que chacun des jours suivants il en expédiait plusieurs pour tenir son frère au courant de mes agissements.

Le lendemain fut une journée de marche pénible; j'avais fort à faire, avec ma haute taille et mes longues jambes, pour me tenir en équilibre, dans les affreux sentiers de la montagne, sur la selle indigène qu'on m'avait procurée. Je ne sais par quel miracle de stabilité je réussis à faire l'étape sans chute, ou, plutôt, j'avoue sans fausse honte que, me conformant en cela à l'exemple que me donnaient mes compagnons, j'étais le plus souvent cramponné à la longue et épaisse crinière de ma monture.

Cette étape fatigante nous avait fait éviter deux rapides, le Thac-Nhac et le Thac-Pò, dont j'eus, à la descente, l'occasion d'apprécier les difficultés.

De Muong-Mò, nous reprîmes la navigation en pirogues. Ces embarcations sont d'un seul morceau, creusées dans le tronc d'un des arbres gigantesques des forêts vierges. Quatre hommes, généralement nus à cause de la nécessité de se mettre à l'eau à chaque moment, servent à les manœuvrer. Deux à l'avant, deux à l'arrière, armés chacun d'une longue pagaie qui, à l'occasion, sert à pousser de fond, conduisent ces barques avec une rare habileté; au milieu, un petit roufle, en feuilles de bananier ou de balisier, abrite un ou deux passagers, qui sont tenus à une grande prudence dans leurs mouvements pour ne pas compromettre l'équilibre de ces esquifs, absolument instable à cause de leur manque de quille.

Nous couchâmes en route deux fois, avant de quitter la rivière Noire pour nous engager dans le Nam-Boum (1).

Dans nos longues conversations, le soir, au bivouac, chaque fois Cam-Hon était revenu sur l'inopportunité de mon voyage, essayant de me dissuader de le pousser plus

---

(1) *Nam*, rivière.

loin. Rapprochant ses instances du va-et-vient continuel de ses émissaires, qu'il ne pouvait pas arriver à me dissimuler complètement, j'en conclus que Déo-Van-Tri ne me ménageait pas une trop cordiale réception ; mais plus loin j'avais poussé, plus il m'était difficile de reculer ; je n'en avais pas d'ailleurs la pensée, les raisons déterminantes de la démarche que je tentais s'accusant davantage encore par l'hostilité que je sentais en face de moi.

Dans le Nam-Boum, ce ne fut plus de la navigation, mais du traînage ; nos piroguiers étaient à l'eau, cherchant entre les rochers un étroit passage où haler l'embarcation, la soulevant parfois, lorsque ces passages devenaient trop étroits ; passant d'une rive à l'autre pour chercher un chenal, mais jamais ne me demandant — ce qu'ils avaient fait souvent sur la rivière Noire — de descendre à terre pour les alléger ; nous approchions. Effectivement, vers les 11 heures du matin, la vallée du ruisseau s'élargit, et nous découvrîmes, sur la rive droite, les hautes toitures d'un grand village, devant lequel Cam-Hon s'arrêta, donnant, en laotien, des ordres aux gens qui conduisaient nos deux pirogues, la mienne et celle de mes deux Tonkinois. Entraîné rapidement, je n'eus point le temps de lui demander d'explications. Le village que nous venions de passer, je n'en doutais pas, c'était Muong-Boum. Où nous conduisait-on ?

Deux heures plus tard, on m'accostait enfin sur la rive gauche. Un indigène m'attendait, qui, par signes, me fit comprendre d'avoir à le suivre jusqu'à un village dont j'apercevais les cases sous de hautes touffes de bambous. Avec mes deux compagnons, je suivis notre guide, qui nous conduisit dans une habitation petite, étroite et sale, qui avait été complètement évacuée à notre intention.

Je sentais le côté critique de l'aventure dans laquelle je m'étais engagé ; de la façon dont j'allais me conduire devait en dépendre le succès. Décidé à la douceur et à la modération, puisqu'une autre attitude n'eût point eu la sanction de la force, j'étais quand même résolu à ne rien abdiquer de la dignité des fonctions au nom desquelles je me présentais; les longues heures d'une fastidieuse navigation m'avaient permis de réfléchir un peu à toutes les éventualités.

Ce débarquement clandestin en quelque sorte, cette vieille case qu'on m'offrait comme logement, rien de cela ne me convenait. A l'aide d'une mimique expressive, je fis comprendre mon mécontentement, et, toujours suivi de mes deux Tonkinois, je retournai vers mes pirogues, où nous nous réinstallâmes, en dépit d'un long discours que nous tint notre conducteur, et auquel nous ne comprenions rien.

Allongé sous le roufle en paille de mon embarcation, tenant à la main, par contenance, le numéro d'un vieux journal que j'avais déjà lu au moins trois fois, du titre au nom du gérant, je me demandais comment tout cela allait finir, quand enfin Cam-Hon arriva.

Je lui exprimai avec calme mon étonnement d'être reçu de pareille façon chez les siens, et je lui demandai si, là où nous nous trouvions, je n'étais plus celui qu'il avait coutume, comme tous d'ailleurs, d'appeler le *ong quan lon* (1).

Il ne me laissa pas continuer, me disant qu'on n'avait point exécuté ses ordres, et, prenant sa course vers le village, il disparut. Une demi-heure après, il était de retour.

Douze hommes à cheval l'accompagnaient, douze vieillards à barbe blanche; un cheval magnifique, disparaissant sous des couvertures aux couleurs éclatantes, m'était amené. Il me le présenta lui-même, et, suivi cette fois d'un cortège imposant, car toute la population du village s'était portée vers nos pirogues, on me conduisit à une belle et

---

(1) Le grand mandarin, le grand chef.

vaste case où tout mon petit bagage arrivait en même temps que nous.

Je pris place dans la grande pièce du milieu, sur le lit de camp le plus élevé, et, entouré de mes vieillards, on servit le thé. Au cours de la conversation qui s'engagea, après avoir dit à ces braves gens que je venais les voir parce qu'ils étaient mes administrés et aussi pour faire une visite à Déo-Van-Seng leur vieux chef, je laissai intentionnellement tomber le nom de Déo-Van-Tri. Un des vieillards se leva et, dans un long discours m'expliqua qu'il était le beau-père de Déo-Van-Tri ; que ce dernier partageait sûrement pour les Français les sentiments d'amitié que je venais de leur exprimer pour le peuple thaï, mais qu'il me fallait renoncer à le voir, car à ce moment il était en Chine pour y traiter des affaires personnelles d'intérêt.

Je répondis sur le ton d'une parfaite indifférence que je ne croyais pas à cette absence; que d'ailleurs Déo-Van-Tri était libre ; que je ne ferais pas une démarche pour le voir; que, le lendemain, j'irais faire une visite à son père, parce que nous, Français, avions comme eux le respect des vieillards, etc.

Vers les 8 heures du soir, j'étais rentré dans le compartiment de la case qui m'était réservé, Cam-Hon m'ayant prévenu qu'il passerait la nuit dans cette même maison. J'achevais mon repas, servi par mon vieux Nguyen, quand le sergent entra chez moi l'air effaré et brusquement me dit en français :

« — Mon capitaine, j'ai beaucoup peur! — La maison est gardée par des hommes armés de fusils.

» — Eh bien, qu'est-ce que cela prouve? Et toi, Nguyen, dis-je à mon ordonnance, un vieux barbon, as-tu peur?

» — Oh! si y a na mon capitaine, lui n'a pas peur, Nguyen y a na pas peur », me répondit-il, en ouvrant bien large sa grande bouche dans un sourire.

Or, j'avais plus confiance en la perspicacité de mon

domestique, un vieux routier honnête à sa façon, qu'en celle de mon sergent; néanmoins, l'inquiétude de ce dernier, qui avait peut-être vu ou entendu des choses qu'il ne me disait pas, me mit la puce à l'oreille, et, avec les allures d'un flâneur qui ne veut pas dormir encore, je gagnai la pièce ou Cam-Hon était en conversation avec quelques amis.

« — Pourquoi donc, lui dis-je après quelques mots échangés, avoir mis des factionnaires autour de la maison? »

« — Mais, parce que vous êtes un grand chef, me répondit-il un peu embarrassé. »

Je n'insistai pas. Honnêtement, il me faisait garder contre les entreprises de son aîné. J'en eus le pressentiment immédiat et la preuve seulement trois ans plus tard.

Le lendemain, vers 9 heures, toujours suivi de mon escorte à barbe blanche, je rendis visite à Déo-Van-Seng; on m'attendait : le thé fut servi, et nous causâmes.

Le vieux chef me remercia de ce que nous avions fait pour sa famille en lui rendant ses jeunes fils prisonniers des Siamois et de ce que nous faisions pour son peuple; il rendit justice à notre modération et à notre bienveillance, manifesta l'espoir de voir longtemps durer, entre nous, les rapports sur ce pied. Il me montra le brevet d'investiture à lui délivré par l'empereur Tu-Duc quelque trente ans auparavant.

A mon tour, j'exprimai mes sentiments d'affection paternelle pour le peuple thaï, et j'assurai son chef qu'une grande nation comme la France n'avait qu'une parole, qu'un cœur et qu'une figure; que nous n'étions point venus chez eux comme des oiseaux de proie avides de butin, mais seulement pour les protéger contre les exactions des Chinois ou des Siamois, et cela précisément parce que nous étions maintenant substitués à l'empereur d'Annam, etc.

« J'aurais été content, lui dis-je en terminant, de voir ton fils Déo-Van-Tri. C'est lui qui, aujourd'hui, est le chef du peuple thaï; il n'eût pu résulter que de bonnes choses pour tous d'une cordiale entente entre nous.

» — Mon fils aîné est en Chine », me répondit-il.

Je n'insistai pas et pris congé en promettant de lui envoyer sous peu un cadeau en souvenir de notre entrevue.

Je regagnai ma demeure. J'avais la bien intime conviction que Déo-Van-Tri n'était point absent; je le redis à Cam-Hon, en lui annonçant que je comptais rester encore deux jours et que, pendant ce temps, il se déciderait peut-être à me venir voir.

Je les passai à me promener dans les villages environnants, ces deux jours. Au fond, je ne m'amusais guère; non pas que j'eusse la moindre crainte : j'étais partout traité avec des marques de respect non équivoques; mais, depuis dix jours, j'étais absent de Laï-Chau, où le besoin de ma présence pouvait se faire sentir et où je craignais qu'on ne fût inquiet sur mon sort. D'un autre côté, je ne voulais pas, par un séjour trop court, laisser soupçonner que je craignais de me rencontrer avec Déo-Van-Tri.

Quand arriva le moment du départ, Cam-Hon me demanda la permission de ne pas m'accompagner, désireux qu'il était de passer quelques jours avec les siens. J'accédai à sa demande, et il me confia à un de ses parents, qui avait charge, sur sa tête, me dit-il, de me conduire à bon port.

Après trois jours d'une navigation très mouvementée, j'étais de retour à mon poste. Mes sous-officiers, jour par jour, avaient été tenus au courant de mes déplacements par des gens envoyés, à mon insu, par Cam-Hon.

C'est en dépouillant le courrier arrivé en mon absence que je trouvai la lettre du général en chef dont j'ai parlé plus haut. Je pus répondre en toute connaissance de cause que la région était calme et que si, effectivement, Déo-Van-Tri n'avait pas fait sa soumission, il ne se montrait pas un ennemi bien redoutable, puisque j'avais pu passer trois

jours dans son village y faisant acte d'autorité et que j'étais
rentré accompagné par un de ses parents.

Trois ans plus tard, après un court séjour en France,
j'étais à nouveau dans la haute rivière Noire, où, comme
chef de bataillon, je commandais le cercle de Van-Bu.

Déo-Van-Tri avait fait sa soumission. Il avait, en 1890,
accompagné M. Pavie dans un voyage au Yun-Nan et dans
le pays Shan, puis était revenu s'installer à Laï-Chau, le
berceau de sa famille. Son attitude peu franche laissait
à l'autorité supérieure des doutes sur sa fidélité et sur la
confiance qu'on pouvait avoir en lui ; aussi, je fus pressé de
fournir en haut lieu des renseignements à ce sujet.

Trois fois, en 1892, à des mois d'intervalle, je vis ce chef
chez lui, sans parvenir à me faire une idée exacte de ses
pensées de derrière la tête. Au fond de toutes ses protesta-
tions de dévouement, je sentais une gène difficile à ana-
lyser. Chaque fois, bien entendu, je lui avais parlé de
mon voyage à Muong-Boum en 1889 et exprimé ma conviction bien arrêtée qu'il y était présent, mais qu'il s'était
dérobé, et chaque fois il m'avait opposé une dénégation
formelle.

Une quatrième fois enfin, en 1893, et ce fut la dernière
fois que je le vis, il me parla à cœur ouvert :

« .....Je vous connais maintenant, me dit-il ; votre cœur
est bon, et je vous aime comme on aime son père. Vous
avez fait beaucoup de bien dans le pays, et cela devait arriver parce que vous êtes un homme heureux. Tout ce que
vous entreprendrez ici, vous le réussirez. »

« Oui, reprit-il en répondant à l'étonnement qu'il voyait
se manifester sur ma figure, oui, vous êtes un homme
heureux.

» .....J'étais bien à Muong-Boum lorsque, il y a trois ans,
vous y vintes voir mon père. C'est moi qui, mêlé aux serviteurs, vous servit une tasse de thé ; j'étais là, et vous êtes

redescendu vivant ! Vous êtes un homme heureux. J'ai écouté vos paroles : elles étaient pleines de bons sentiments pour le peuple et pour nous ; mais je ne vous connaissais pas. J'ai, depuis, voyagé avec M. Pavie ; j'ai été à Hanoï. Partout j'ai été bien traité et bien reçu, mais il me restait encore de la défiance au cœur. Aujourd'hui vous êtes revenu près de nous, vous n'avez point changé ; je suis votre fils, et vous êtes un homme heureux. »

CHAPITRE XII

Cent cinquante kilomètres en sept heures.

Le régime des eaux de la rivière Noire. — Bloqué par la crue. —
Une descente émouvante.

J'ai parlé, dans un précédent chapitre, de la difficulté que présente la navigation en *sampans* (c'est-à-dire avec des barques pouvant porter facilement deux tonnes et vingt hommes), sur le cours inférieur de la rivière Noire, de Cho-Bo à Van-Yên.

Au-dessus de ce point, il ne navigue et ne peut naviguer que des pirogues.

A force d'audace, et aussi à grand renfort de bras, une chaloupe à vapeur réussit, en 1888, à gagner Van-Yên. Elle avait derrière elle le rapide de Cho-Bo, qu'il lui était interdit de jamais redescendre ; elle en avait, au-dessus de Van-Yên, bien d'autres qu'elle ne devait jamais remonter. Elle sombra dans le Thac-Khoa, et cette tentative ne se renouvela pas.

Les pirogues, pour petites qu'elles soient, ne sont point un moyen de transport à dédaigner ; elles peuvent, suivant leur taille, porter jusqu'à mille kilogrammes d'une marchandise qui ne serait pas trop encombrante. Et le jour où une politique habile et une administration intelligente réussiront à attirer vers notre colonie du Tonkin une partie au moins du commerce qui se fait dans le sud du Yun-Nan, soit avec la Birmanie et le Siam, soit avec Canton, *à dos de mulet*, c'est par la rivière Noire et à l'aide de pirogues qu'il faut s'attendre à le voir commencer ; les routes viendront après. Les caravanes de mulets mettent deux mois et demi et trois mois pour aller de Canton à Tali-Fou, ou inversement; en la moitié du temps, pendant six mois de l'année au moins, on peut exécuter, soit à l'aller, soit au retour, le trajet de Hanoï à Tali-Fou. Il y aurait pour obtenir ce résultat bien peu de chose à faire aux chemins qui mènent de ce dernier centre aux points d'embarquement sur la rivière Noire, et les Chinois, commerçants avant tout, seraient les premiers à en comprendre la nécessité et à les faire exécuter.

Je viens de dire : *pendant six mois de l'année au moins.* Cette période est à comprendre entre octobre et avril; c'est la saison d'hiver, celle où, dans ces pays, on jouit d'une température qui rappelle sensiblement celle de notre printemps de France.

De mai à septembre, c'est la saison des grandes pluies, celle où, suivant la configuration de ses berges, la rivière voit ses eaux s'élever jusqu'à quarante mètres au-dessus de l'étiage. On comprend qu'alors la navigation devient impossible : aucune force humaine ou animale — les berges s'y prêtassent-elles, ce qui n'est le cas nulle part, — ne pourrait faire remonter une embarcation, et la descente est jugée impossible par les bateliers les plus expérimentés, les plus hardis, les plus intrépides.

On ne peut pas plus se faire une idée de ce qu'est alors le chaos de ces eaux, même en les regardant de la rive, qu'il n'est possible à un spectateur de se rendre compte de l'état de la mer, au large, quand, un jour d'orage, il la contemple d'une plage de bains de mer.

J'avais parcouru la rivière, de son confluent avec le fleuve Rouge à Laï-Châu et au delà, bien souvent, mais toujours ou à peu près dans la saison que je viens de dire; j'en connaissais tous les obstacles aux eaux basses et moyennes et les dangers qu'il y avait à les franchir, à la descente surtout; je savais qu'en bien des endroits, où sont établis des bacs de passage — et cependant ces endroits sont choisis dans des biefs calmes — il arrivait, en mauvaise saison, que le simple passage devenait impossible ; mais, je le répète, j'étais comme tout le monde, je ne savais pas ce qu'était ce « chaos » d'eau (je ne trouve pas d'autre mot), se creusant, se soulevant, tourbillonnant, écumant, entraînant dans sa course échevelée des arbres gigantesques, arrachés aux berges, faisant crouler sous son action rongeante des blocs de rochers qu'aucune mine n'aurait réussi à ébranler.

Je devais m'en rendre compte, et j'en ai gardé le souvenir.

En juillet 1892, j'avais quitté Van-Bu, mon chef-lieu, pour une tournée politique urgente vers Tuàn-Giao et Luàn-Chàu. Il fallait que je fusse réellement forcé de me déplacer pour me mettre en route en une saison où il pleut constamment, de ces pluies dont seuls nos gros orages de France peuvent donner une idée. Mes affaires réglées, je décidai de pousser jusqu'à Laï-Chàu, dont je n'étais guère qu'à deux jours de marche. J'y arrivais après quinze jours passés à courir les sentiers de montagne qui sont les routes du pays, sous une pluie battante, après avoir franchi vingt ruisseaux débordés, souvent à la nage, et, par suite, atteint d'une douleur sciatique très intense qui me mettait dans l'impossibilité de penser au retour par la voie de terre.

Je passai là quelques jours, puis il me fallut songer à rentrer à Van-Bu, où les affaires du cercle exigeaient impérieusement ma présence.

Je demandai à Déo-Van-Tri s'il voulait mettre à ma disposition une pirogue pour me permettre de faire le voyage. Une seule devait me suffire ; je n'avais personne à ramener avec moi, mon bagage était léger ; je n'avais même pas pu amener mon cheval jusqu'au bout, tellement les chemins étaient mauvais et dangereux.

« — Vous n'y songez pas, me répondit le chef ; voyez la

rivière; vous la connaissez bien, vous qui avez déjà habité Laï. Le banc de galets qui est sur la rive en face, à l'embouchure du Nam-Laï, est couvert de plusieurs mètres d'eau. Or, quand il émerge un peu, la descente est périlleuse, mais on peut la tenter. En ce moment, pas une pirogue n'arriverait au Nam-Ma, et les eaux montent toujours. »

De Laï-Châu au Nam-Ma, il y a environ quarante kilomètres; c'est l'endroit le plus encaissé de tout le cours de la rivière. Les berges, si tant il y a qu'on puisse leur donner ce nom, sont des montagnes à pic qui, par endroits, ont des centaines de mètres d'élévation; on jurerait qu'un coup de sabre a, dans le roc de la montagne, ouvert un passage aux eaux de ces contrées lacustres.

J'étais donc bloqué, car mon état de santé me rendait, je le répète, le retour par terre absolument impossible.

Aù bout de quinze jours, il se produisit un arrêt dans le mouvement ascensionnel des eaux; la pluie avait dù faire relàche dans le bassin supérieur, car chez nous elle continuait à faire rage.

Je réitérai ma demande de pirogue, alléguant le grand besoin que j'avais de rentrer chez moi.

« — Vous voulez partir, me dit Déo-Van-Tri, soit. Vous arriverez *peut-être*. Je vais vous donner ma pirogue la plus solide; elle sera exceptionnellement montée par six hommes au lieu de quatre ; ça ne sera pas trop pour la circonstance. Je vais vous choisir des bateliers experts et robustes, mais en dehors des hommes mariés ou des pères de famille... Vous comprenez pourquoi. Depuis plus d'un mois, aucune pirogue n'a descendu la rivière; pas une, pour quelque raison que ce soit ne bougera d'ici tant que le banc de galets ne sera pas largement découvert. »

J'avoue que ce langage dans la bouche d'un homme comme Déo-Van-Tri, qui certainement connaissait la rivière comme pas un et avait la juste réputation de ne pas redouter grand'chose, me fit réfléchir. Je n'en laissai rien paraître.

A la hâte que j'avais de retourner à mes affaires, venait s'ajouter maintenant un autre sentiment.

Bien souvent, au cours d'un séjour de trois ans dans les pays thaïs, j'avais eu l'occasion de voyager avec les frères de Déo-Van-Tri. Dans leur pays, sur leurs chemins, je les avais lassés à la marche, dormant avec eux à la belle étoile, vivant de leur vie, sans que jamais ils eussent pu surprendre chez moi une trace de fatigue.

J'eus l'idée que Déo-Van-Tri forçait les ombres du tableau pour me faire reculer. Et, cependant, le fait était là, constaté par moi pendant trois saisons antérieures: aucune pirogue ne descendait à cette époque.

J'ajoute, pour expliquer la pensée qui me vint, qu'à cette époque, quoique bien convaincu de la fidélité de Déo-Van-Tri, je n'avais pas encore reçu de lui l'aveu dont j'ai parlé au précédent chapitre. Cette idée qu'un chef indigène essayait peut-être de prendre la mesure de mon courage eût suffi à me décider, à défaut d'autres.

Sur ces gens encore primitifs, il est indispensable, à l'occasion, d'affirmer toutes les supériorités, et celles d'ordre physique les touchent et les subjuguent plus aisément que les autres.

Je fixai mon départ pour le lendemain matin, 8 heures.

A l'heure dite, je m'embarquais, après avoir serré la main au capitaine Reynier, qui commandait le poste, à Déo-Van-Tri et à tous les siens venus pour me saluer à mon départ.

Un signe à mes bateliers : trois secondes après, je suis au milieu du torrent, emporté avec la rapidité d'une flèche ; nulle puissance humaine ne peut me le faire remonter.

J'éprouve, je l'avoue franchement, un moment de surprise : le ciel est sombre ; la pluie tombe à torrents ; les eaux se heurtent avec un fracas épouvantable ; mes bateliers hurlent et se démènent comme de vrais démons... Il me faut quelques minutes pour reprendre possession de moi-même.

C'est que, vraiment, le spectacle est terrifiant!

Nous sommes entrés dans le couloir qui doit finir au Nam-Ma.

Les eaux, poussées avec une violence inouïe contre les roches de la montagne, reviennent en un flot d'écume au milieu du torrent; se heurtent à celles qui viennent de la rive opposée, s'entassent, s'amoncèlent en une lame grondante, qui s'écroule, entraînant dans des tourbillons terribles des arbres tout entiers.

Et nous passons sur cette lame; nous courons sur les bourrelets liquides de ces tourbillons, avec la rapidité d'un train; et toujours une lame nouvelle, et toujours des tourbillons!

Je ne sais ce qui m'impressionne le plus : ou le danger de la situation, ou les cris que poussent mes piroguiers. Pour se faire entendre de leurs camarades qui sont derrière, pour leur indiquer les écueils terribles et mortels qui semblent pousser sous nos pas, pour indiquer la direction, pour la changer, les trois hommes qui sont devant jettent dans l'air des cris assourdissants, auxquels répondent les hommes de derrière. Je ne comprends pas le laotien, mais, si j'interprète l'intonation, j'ai le droit de me croire perdu à chaque seconde.

Assis au milieu de ma pirogue, une main sur chaque bord, je cherche en vain à fixer un des mille spectacles qui successivement disparaissent et s'effondrent pour faire place à de nouveaux; de temps à autre, je me demande si c'est dans le tourbillon de droite ou dans celui de gauche que nous allons achever notre voyage.

Je redoute le passage du Nam-Meuc; il y a là, aux basses eaux, un rapide difficile. Nous le franchissons sans nous en apercevoir; sous trente mètres d'eau le rapide a disparu et, si les tourbillons sont là, plus profonds, nous n'avons pas le temps, tellement notre course est folle, de le constater.

J'ai, dans ma pirogue, un passager, un neveu de Déo-Van-Tri, par lequel il me fait accompagner, suivant l'usage.

C'est un jeune homme de 20 ans, à la figure ouverte et intelligente.

« — La rivière est mauvaise, lui dis-je, n'as-tu pas peur?

« — Si j'étais seul, me répond-il, j'aurais très peur; mais avec vous, non. »

Je suis flatté de cette marque de confiance, et ces paroles me revinrent en mémoire, plus tard, lorsque Déo-Van-Tri me qualifia d'homme heureux.

A 9 h. 1/4 nous arrivons au Nam-Ma; en soixante-quinze minutes nous avons franchi quarante kilomètres. Et nous sommes au bas du passage le plus dangereux de la rivière. Là son lit s'élargit et mes piroguiers réussissent à accoster la rive; ils amarrent solidement l'embarcation, puis, sans parler, ils se regardent avec de larges éclats de rire. Ils sont heureux de la prouesse qu'ils viennent d'accomplir; il y a de quoi.

Tranquillement, ils tirent d'un coin de la pirogue leur provision de riz cuit et se mettent à manger.

J'en veux faire autant, je sors de ma sacoche un morceau de pain et un peu de poulet. Non. J'ai la gorge tellement serrée, tellement contractée, je suis encore sous l'influence d'une surexcitation nerveuse tellement intense que mes efforts sont vains; je n'ai pas faim d'ailleurs, et je remets à plus tard de me mettre à table.

A 10 heures nous nous remettons en marche. Le lit de la rivière est plus large, et, si les tourbillons n'ont point complètement disparu, ils sont moins profonds qu'au-dessus; ils ne présentent surtout pas cette continuité fatigante de la première partie du voyage. Nous sommes emportés avec la même rapidité foudroyante; mais les eaux sont moins tumultueuses, les fracas moins étourdissants et un rayon de soleil, qui perce les nuages, vient achever un agréable contraste entre la navigation du matin et celle de la journée.

A 4 heures du soir nous sommes à Van-Bu ; nous avons navigué sept heures pour descendre de Laï-Châu ; c'est plus de vingt kilomètres à l'heure !....

J'avais accompli un tour de force audacieux, poussé que j'étais par les raisons énoncées plus haut ; mais, bien sincèrement j'avoue que des considérations cent fois plus sérieuses n'eussent point été faites — si l'occasion s'en était représentée — pour me le faire recommencer jamais.

CHAPITRE XIII

Un souper en route.

En route pour Dien-Bien-Phu. — Sans vivres. — Le riz du Laotien.

Un jour je voyageais au Laos..... pour commencer mon récit comme une page connue de Paul-Louis Courier.

Je marchais avec ma compagnie de tirailleurs tonkinois sur Dien-Bien-Phu, occupé, au mépris de nos droits, par un fort détachement de soldats siamois, qu'il fallait faire déguerpir de gré ou de force.

C'était en 1887, alors que le vide absolu dont j'ai eu l'occasion de parler, s'était fait dans tout le pays. Nous avions couché la veille à Muong-An, où j'avais eu la bonne fortune de trouver quelques abris. Mes renseignements m'indiquaient Pou-Phang (?) comme l'étape suivante; j'étais conduit par deux naturels qui m'avaient été procurés, à Tuàn-Giao, par Cam-Doi, un des chefs du pays ramenés des prisons de Bangkok par M. Pavie.

J'avais à franchir ce jour-là la chaîne de partage entre le bassin du fleuve Rouge, que je quittais, et celui du Mékong, dans lequel j'entrais; je prévoyais une étape longue et pénible dans la montagne et j'ordonnai le départ de très bon matin. Nous étions en décembre, et la température relativement basse de la saison permettait, au besoin, une grosse journée de marche; à 5 heures du matin nous étions en route.

L'étape fut ce que j'avais prévu, très pénible. Dès notre départ de Muong-An nous nous engageâmes dans la montagne, et rude fut l'ascension par un sentier abandonné, qui

disparaissait souvent sous la puissante végétation de ces
régions.

Vers 2 heures de l'après-midi seulement, après d'innombrables haltes ordonnées pour rallier les traînards, les
malades et les éclopés (car je devais traîner tout mon
monde avec moi), nous atteignîmes le sommet. Nous fûmes
déçus dans notre espérance d'un grand et vaste panorama ;
d'épais nuages s'étaient formés au-dessous de nous, et nous
n'eûmes à contempler qu'une immense mer de brume d'un
gris sale, sur laquelle émergeaient seuls, comme des îlots,
quelques sommets.

Il nous fallut descendre un peu avant de trouver une
source et faire la halte pour le déjeuner.

Les tirailleurs, en pareille circonstance, ont toujours, pour
le repas de la journée, du riz cuit la veille au soir, et, faute
d'autres ressources, ils le mangent tel quel.

Nous avions, nous, les Européens du cadre, ce que chacun portait dans sa sacoche : pas grand'chose au total.
J'avais eu la malencontreuse idée de confier la mienne à
mon boy, et le pauvre diable, ne se doutant point qu'il
portait mon repas, était resté en arrière. Ne voulant pas
écorner la maigre pitance de mes compagnons, je pris les
devants sous prétexte de reconnaître le sentier, en ordon-
nant le départ pour trois quarts d'heure après. Je fus
rejoint par ma troupe au bas de la montagne.

Là, le chemin présentait des difficultés d'un autre genre ;
nous marchions dans une plaine noyée, avec de l'eau souvent jusqu'aux genoux.

Vers 5 h. 1/2, le guide qui marchait en tête, à côté de moi,
me prit le bras et me montrant du doigt, quelques poteaux calcinés qui émergeaient des hautes herbes, il arti-
cula : « Pou-Phang ! » « Bou mi heune » — ajouta-t-il, —
pas de maisons.

Un ruisseau coulait là, dans la boue. L'eau était claire au
milieu, on pouvait, à la rigueur, s'en servir pour faire cuire

le riz, en brûlant les herbes ; mais bivouaquer en cet endroit, il n'y fallait pas songer.

Nous barbottions toujours dans une boue épaisse. La nuit approchait. J'appelai mon lieutenant :

« — Vous allez rester ici avec tout notre monde, le temps juste de faire cuire le riz et de manger. Je vous laisse un guide ; avec l'autre, je vais continuer et chercher un endroit où nous pourrons passer la nuit. Avec des herbes, faites confectionner des torches ; dès que vous vous remettrez en marche, allumez-les pour m'indiquer, si le terrain s'y prête, la direction que vous suivrez. Dès que j'aurai trouvé la place que je vais chercher, j'y allumerai un feu. »

Je fis comprendre à nos deux guides ce que j'exigeais d'eux, et je partis.

La nuit était tombée lorsque je parvins au bord d'une belle rivière, pas large, mais aux eaux rapides et aux berges élevées et boisées ; en quelques minutes nous eûmes allumé un grand feu qui devait servir de point de direction à ma troupe, et en même temps nous protéger contre les tigres, dont des traces toutes fraîches nous révélaient la présence pas loin de nous ; puis mon guide, s'asseyant tranquillement sur un tronc d'arbre, tira du sac de toile grossière que portent tous les indigènes laotiens sa provision de riz cuit, qu'il pétrit consciencieusement de ses deux mains crasseuses, avant d'y porter la dent.

J'étais debout depuis 4 heures du matin ; j'avais fourni une étape épouvantable, et je n'avais dans le ventre que de l'eau claire.

Oh ! ce riz à la crasse, comme je le contemplais d'un œil d'envie !

Je devais ressembler, en regardant mon Laotien manger, à ces miséreux qui, le ventre vide, vont contempler, par une fenêtre ou un soupirail, la cuisine de nos grands restaurants et dînent de l'odeur des mets fantastiques qu'ils voient préparer.

Il fallut, en tout cas, que mon regard fût bien éloquent, qu'il parlât ce langage d'un ventre affamé qui n'a point de nationalité et que tout le monde comprend, car mon indigène, repétrissant sa boule pour lui rendre une forme plus convenable, me la tendit, m'invitant du regard à la partager avec lui.

J'eus un moment d'hésitation. Peut-être un sentiment de dignité, mal placé assurément; peut-être un peu de répulsion pour cette sauce si nouvelle pour moi. Mais j'avais faim..... J'en pris la moitié, et rarement dans ma vie j'ai dévoré avec plus d'appétit, avec plus de satisfaction.

Il était 9 heures lorsque ma compagnie me rejoignit; nos porteurs de bagages et mon boy ne nous arrivèrent qu'à 11 heures du soir.

CHAPITRE XIV

Dans le Dong-Trieu.

Luu-Ky et les pirates chinois. — En chasse. — En route pour Bien-Dong.
Rencontre d'une bande. — Histoire d'une embuscade.

En octobre 1891, je débarquais à Haï-Phong, revenant
au Tonkin pour la troisième fois ; j'étais immédiatement
dirigé sur les Sept-Pagodes et affecté au commandement du
poste de Bien-Dong, dans la vallée du Loch-Nam. Des Sept-
Pagodes, je gagnai Lam par chaloupe à vapeur ; je devais
ensuite profiter du premier convoi qui serait mis en route
pour gagner mon poste situé à une bonne étape de là.

Pendant mon séjour à Lam, une escorte qui faisait la
correspondance entre ce point et Maï-Xu tomba dans une
embuscade et fut presque entièrement massacrée. C'était
un tour de notre vieil ennemi, Luu-Ky, le même qui inau-
gura, au Tonkin, l'industrie de captiver des Européens
pour ne les rendre que contre rançon.

Luu-Ky était un Chinois originaire du Quang-Tong, ou
du Quang-Si, deux provinces du Céleste-Empire qui confi-
nent, au nord, à notre possession du Tonkin. Pauvres,
arides, privées de moyens de communications, négligées
pour ces raisons par l'administration chinoise, ces provinces fournissaient, depuis des siècles, des bandits re-
doutés. C'est de là qu'est partie, il y a quelque cinquante
ans, la révolte des Taï-Pings, qui mit l'empire chinois en
péril et pendant de longues années tint tête à tous les
contingents réguliers.

Le nord du Tonkin, relativement riche, cultivé par une
population tranquille et peu guerrière, était depuis long-

temps pays d'exploitation pour les Chinois voisins. Ils s'organisaient en bandes armées, descendaient quelquefois jusqu'au fleuve Rouge, razziant tout : argent, récoltes, bestiaux, enfants, femmes, et regagnaient la frontière en semant sur leur route le meurtre et l'incendie.

Notre occupation vint mettre un terme à ces incursions. Tant que le pays fut occupé par les troupes, et sous l'autorité militaire, elles cessèrent. L'administration civile, installée trop tôt et confiée à des mains inexpérimentées, vint leur rendre leurs beaux jours. Il suffisait, sous ce régime béni des pirates, à un Chinois quelconque de se présenter chez le résident civil pour obtenir l'autorisation de circuler avec un fusil. Il n'avait pour cela qu'à prétexter la nécessité d'être armé pour les besoins de son commerce, qui l'obligeaient à se déplacer. On ne lui en demandait pas davantage. Et le même individu, — combien de fois ne l'a-t-on pas vu ! — se présentait dans deux, trois ou quatre résidences et obtenait autant de permis.

Alors, il arrivait ce fait que j'ai constaté moi-même :

La garnison d'un poste faisait une « promenade » (toute opération de guerre étant alors interdite aux militaires sans la réquisition du résident) et rencontrait une bande de vingt-cinq ou trente Chinois armés de carabines Winchester à répétition. L'officier qui commandait la troupe, au risque d'encourir un blâme, se permettait d'arrêter ces Chinois et de les interroger. Ils se prêtaient docilement à cette formalité, et, finalement, chacun d'eux exhibait une carte de la résidence autorisant le nommé X..., Y... ou Z... à circuler en armes.

Allez donc constater l'identité de ces gens-là !

Mais, l'eût-il pu, l'officier s'en serait bien gardé. Trop de circulaires comminatoires du gouverneur édictaient les châtiments les plus sévères pour les militaires assez audacieux pour troubler, par un zèle intempestif, l'œuvre administrative, toute de paix, de MM. les résidents civils.

Quelques heures plus tard, le village où la troupe avait fait la grand'halte était razzié, pillé, incendié par ces mêmes Chinois.

Il fallut longtemps pour qu'on se rendît compte, en haut lieu, de ce qu'une semblable organisation avait de défectueux et combien elle nuisait à notre prestige auprès des indigènes, qui n'arrivaient pas à comprendre cette chinoiserie, toute française, qui empêchait les soldats de les protéger.

L'organisation des « territoires militaires » mit fin à cet état de choses, en partie au moins. Mais un arrêté du gouverneur ne décrète pas le désarmement de l'ennemi; il nous fallut combattre longtemps, et nous combattons encore, pour extirper les restes de cette piraterie chinoise, qui eût disparu pour jamais le jour de notre occupation, si cette administration que l'Europe a cessé de nous envier n'était pas venue, trop longtemps, la convaincre de notre impuissance à la réprimer.

Luu-Ky, homme de tête et habile, connaissant le pays à fond, n'avait pas renoncé aux incursions dont il avait une longue habitude. Son pays d'exploitation était le massif du Dong-Trieu; il avait renforcé ses bandes, et, souvent avec la complicité de quelques villages qu'il avait l'habileté d'épargner, il procédait à de fructueuses opérations.

À l'époque dont je parle, le colonel Terrillon, premier commandant du territoire militaire, le traquait vigoureusement. Il s'en vengeait en massacrant un de nos détachements : il était dans son rôle; il devait en essayer bien d'autres avant de tomber sous une balle.

Prévenu télégraphiquement de l'affaire de Maï-Xu, le colonel arriva à Lam avec deux compagnies; ceci se passait dans les premiers jours de novembre.

Dès son arrivée, son service de renseignements l'informait que Luu-Ky coucherait le soir même au village de Lang-Thien, situé à environ quinze kilomètres de Lam, à l'entrée des montagnes. Il me fit appeler, m'exposa la situation et ajouta :

« — Vous allez partir de suite pour Chu, où vous prendrez le commandement d'un détachement de cinquante hommes venant de Bien-Dong, moitié français, moitié tonkinois, auquel j'ai donné l'ordre de s'y rendre. Vous prendrez des guides, vous marcherez de nuit ; bref, vous vous arrangerez pour vous présenter demain matin à la porte nord du village de Lang-Thien, sans avoir donné l'éveil à qui que ce soit. Le village n'a que deux portes ; à la même heure, je serai à la porte sud ; j'espère que, cette fois, nous ne le manquerons pas ».

Je trouvai à Chu le détachement que m'amenait le lieutenant Millot ; je pris deux notables comme guides, et, à 3 heures de l'après-midi, je me mis en route.

Je ne connaissais pas du tout ce pays, où j'opérais pour la première fois ; mais j'avais une longue pratique des indigènes, et j'espérais bien obtenir de mes guides, malgré la répugnance visible qu'ils mettaient à me servir, d'être, par eux, conduit à l'heure au rendez-vous.

Leur répugnance était d'ailleurs très explicable, et je m'en rendais compte. Si Luu-Ky apprenait un jour le concours qu'ils me prêtaient, bien malgré eux, il y allait de leurs têtes : il les ferait tuer ; il incendierait leur village, qu'un poste permanent ne protégeait pas.

Vers 5 h. 1/2, mes guides me déclarèrent s'être égarés ; je n'en crus pas un mot, et, tranquillement, je leur expliquai que, ainsi que je le leur avais déjà dit, je voulais être à 6 heures du matin à Lang-Thien ; que, si je n'y étais pas, je les ferais fusiller. Une demi-heure après nous avions retrouvé le bon chemin. Sur un petit mamelon, je fis former les faisceaux en carré, et nous attendîmes, sans bruit et sans feux. Nous n'avions plus, me disaient mes guides, convaincus cette fois qu'il fallait me conduire, que deux heures de marche : je ne voulais pas, pour le mo-

ment, me rapprocher davantage, dans la crainte d'être
éventé.

A 3 h. 1/2, j'ordonnai le départ. La nuit était bien celle
qu'il nous fallait pour dérober notre approche : sombre,
noire, à ce point que, sur un sentier où nous marchions à
la file indienne, je dus prescrire aux hommes de se tenir
l'un l'autre pour ne pas se perdre.

Je marchais en tête; le chemin suivait un fond de ravin
dans une gorge profonde; de temps à autre, mes guides
s'arrêtaient, prêtaient l'oreille, causaient entre eux, puis
nous reprenions la marche.

Le jour paraissait, faible encore, à 5 h. 1/2 environ,
lorsque l'un d'eux m'arrêta : « Là, derrière ces roches, me
dit-il, Lang-Thien. » D'un signe j'arrêtai mon monde et,
m'avançant de quelques pas, je découvris le village et la
porte par laquelle je devais y pénétrer. Un vrai repaire, ce
village, bâti dans un amphithéâtre auquel, seuls, donnaient
accès les deux chemins par lesquels nos deux détachements devaient se présenter.

Je disposai ma troupe en vue d'une sortie de l'ennemi,
et j'attendis 6 heures.

J'achevais à peine de prendre mes dispositions qu'un
habitant, sortant du village, vint donner au milieu de
nous. Interrogé, il m'affirma que pas un Chinois n'avait
couché dans son village. Un je ne sais quoi, dans son attitude, me donna la conviction qu'il ne me trompait pas.
« Mais, me dit-il, il y a là-bas, à l'autre extrémité, un
second village; je ne sais ce qui a pu s'y passer. »

Il était 6 heures. Je pénétrai dans le village, avec toutes
les précautions voulues en pareil cas; je n'y trouvai rien
d'anormal. Au même moment, une fumée épaisse et le
crépitement sonore de bambous qui brûlent vinrent m'a-
vertir que l'autre village flambait; quelques instants après
je rejoignais le colonel.

« — Bredouilles, mon pauvre ami! me dit-il. Le brigand

a bien couché ici, je viens d'incendier son gîte; mais il a dû être prévenu de notre marche. Il a filé, m'a-t-on dit, à 2 heures du matin. »

Et, comme je faisais observer que j'aurais dû le rencontrer :

« — Non, ajouta le colonel, c'est de mon côté qu'il est parti. J'eusse préféré qu'il eût choisi le vôtre; c'est, paraît-il, un couloir si étroit qu'il ne vous aurait pas échappé. Par le Sud, au contraire, il a pu se couler en forêt, et je n'ai rien vu. »

Dans le courant de la journée, le colonel me prévint que, forcé de rentrer aux Sept-Pagodes pour y expédier des affaires urgentes, il me confiait le commandement de la colonne. Je devais traverser toute la partie nord du massif en me rapprochant de Bien-Dong. Lorsque je le jugerais convenable, je dirigerais sur Lam les deux compagnies venues avec lui et je gagnerais mon poste avec le détachement qui en provenait. Il me laissait comme guide un petit mandarin, absolument dévoué à notre cause et connaissant la montagne comme personne.

Le lendemain, je me mis en marche de bonne heure. Nous traversions un pays très tourmenté, où il fallait s'entourer de grandes précautions. Je ne savais pas exactement dans quelle direction Luu-Ky avait fui, et, si restreintes que fussent les forces qu'il avait avec lui, elles auraient suffi, en bien des endroits, pour arrêter notre marche et me causer de grosses pertes.

Le soir, je couchais à Nam-Dien. De vrais repaires de bandits, tous ces villages du Dong-Trieu, et solidement aménagés au point de vue de la défense. Si l'ennemi s'était trouvé dans celui-ci, je n'aurais pas pu l'en déloger sans artillerie : une haie vive de bambous épineux, de plusieurs mètres d'épaisseur, en faisait le tour; à l'intérieur, un rempart crénelé, de deux mètres de haut sur autant de large; l'unique porte était protégée par un tambour solide; enfin, une haie de bambous morts, entrelacés, doublait la baie vive du côté de la campagne. Dans un semblable réduit, complètement abandonné des habitants, la garde de nuit fut facile.

Le lendemain matin, sur les indications de mon guide, je me dirigeai sur le village de Cong-Cho, situé au bord du Loch-Nam, où devait exister un gué qui me permettrait de franchir la rivière.

Nous ne trouvâmes là que des ruines; les pirates avaient tout brûlé, depuis longtemps déjà, à en juger par les hautes herbes qui garnissaient l'emplacement du village.

J'arrêtai ma troupe, et, avec les quelques hommes de la pointe d'avant-garde, je poussai jusqu'à la rivière pour reconnaître le gué et trouver un emplacement convenable pour la grand'halte.

En y arrivant, je vis les deux hommes qui marchaient devant moi s'arrêter brusquement et charger leurs armes. « Co giac! » murmura, dans un souffle, l'un d'eux en se tournant vers moi : « Les pirates! » Je m'avançai. A vingt mètres au-dessous de nous, sur la berge, j'aperçus un campement dont les feux fumaient encore. Reconnaissance faite, il était abandonné, mais depuis bien peu de temps. Je fis rallier mon monde et nous n'eûmes qu'à attiser les feux laissés par les Chinois pour faire la cuisine nécessaire à notre déjeuner. J'avais eu, au préalable, le soin de faire fouiller soigneusement la rive opposée.

De cet endroit, j'avais trois heures de marche pour gagner Bien-Dong; or, comme de là partait également un chemin dans la direction de Lam, je décidai d'y acheminer les deux compagnies qui marchaient avec moi, pendant qu'avec le détachement du lieutenant Millot je remonterais sur mon poste. A 1 heure de l'après-midi nous nous séparâmes.

Personne autour de moi ne connaissait le sentier sur lequel nous nous engagions. Le guide m'avait affirmé qu'il montait directement sur Bien-Dong, et je l'avais renvoyé avec les deux compagnies.

Le terrain que nous traversions était coupé de ravins, semé de mamelons; il fallait à tout moment descendre les uns, gravir les autres, et cela en nous glissant dans les herbes, plus hautes que nous, qui non seulement masquaient la vue, mais me dérobaient souvent la presque totalité de mon monde. Le ciel était sombre, pas un souffle de vent n'agitait l'atmosphère, aucun des bruits de la nature qu'on entend partout ne frappait nos oreilles; nous avancions lentement, enveloppés dans un silence de mort.

Chacun, Européen ou indigène, instinctivement se taisait, impressionné par la tristesse et la sauvagerie du site.

J'éprouvais, moi, un sentiment d'inquiétude et d'appréhension bien naturel. Je me demandais ce qu'il adviendrait; quelle direction je pourrais donner à ma petite troupe, quelle impulsion je pourrais lui communiquer au milieu de l'inextricable fouillis qui couvrait nos têtes, si nous rencontrions l'ennemi.

En terrain découvert, chaque soldat sent peser sur lui l'œil de son chef; il est entraîné par sa voix et par son exemple; il sent le coude de son voisin; il reste dans le rang; il marche, avance ou recule selon les circonstances; il compte sur son camarade et instinctivement lui apporte son aide.

Ici, si par hasard partait un coup de fusil, j'avais à craindre ce déplacement instinctif de l'homme surpris par un péril qu'il ne voit pas; en une seconde, tous mes hommes pouvaient se perdre de vue, et, du sentiment d'isolement, que chacun éprouvait alors à la débandade, il y avait moins qu'un pas.

Nous marchions depuis une heure; je fis faire une halte et prescrivis les dispositions suivantes:

En cas de rencontre de l'ennemi, l'avant-garde (vingt tirailleurs tonkinois sous les ordres du lieutenant) se déploie immédiatement à droite du sentier, coude à coude absolument ; le gros (vingt soldats d'infanterie de marine), sous mon commandement, en fait autant à gauche ; l'arrière-garde (une quinzaine d'hommes) se rapproche de la ligne ainsi formée, autant qu'à ce moment le terrain le lui permettra.

Je m'assure que mes ordres sont compris de tous, et nous reprenons la marche. J'ai la certitude — pourquoi ? — que nous n'arriverons pas à Bien-Dong sans en découdre.

Je fais part de mes impressions au lieutenant Millot ; c'est un officier énergique qui guerroie dans le Dong-Trieu depuis plus de six mois et qui a trouvé l'occasion d'y faire ses preuves. Il ne partage pas mes inquiétudes ; nous marchons depuis deux heures, le poste ne peut être loin, les Chinois ne s'aventureraient pas si près, etc...

Une seconde halte. Nous sommes sur un mamelon ; un bas-fond à traverser, et là-bas, au détour d'une dernière croupe, nous devons découvrir le poste ; c'est l'avis de tous.

J'ordonne de redoubler de précautions ; je m'assure que les trois hommes de l'extrême pointe ont les armes chargées, et nous continuons. Vingt minutes après, un cri : « Les Chinois ! » et nous sommes salués par une fusillade nourrie. Nous nous trouvons au plus épais de cette végétation herbacée qui pousse d'autant plus haute et plus drue qu'en cet endroit le terrain est humide.

En une seconde mes ordres sont exécutés : nous sommes en ligne. Les coups de fusil des pirates nous brûlent littéralement la figure ; ils partent à nos pieds ; quelques hommes tombent.

Je commande : « En avant ! » et, sans compter l'ennemi, que nous ne voyons pas, sans même prendre le temps de mettre baïonnette au canon, hurlant comme des loups, nous nous précipitons. Nous sommes si près des Chinois, ils s'attendent si peu à cette brusque attaque, que nous passons *littéralement* sur le ventre de ceux qui sont devant nous. Une immense clameur s'élève dans l'air ; j'ai la sensation qu'à notre tour nous sommes chargés. — « Halte ! Baïonnette au canon ! »

Mais point. Dans toutes les directions nous entendons l'ennemi fuir. Je fais fouiller les herbes par quelques feux de salve, rallier l'arrière-garde, ramasser deux morts et sept blessés et immédiatement continuer à marcher. Je veux sortir de ce bas-fond ; si quelques Chinois seulement, revenus de leur panique, grimpent sur un mamelon, nous allons être fusillés sans pouvoir répondre ; et notre allure est sensiblement alourdie par les morts et les blessés que nous emportons.

Tout cela a duré un quart d'heure. Quelques minutes après, nous rencontrons une reconnaissance sortie du poste au bruit de nos coups de fusil ; nous sommes arrivés.

Ce fut peu de chose que ce court engagement, et j'ai eu occasion, au cours de ma carrière, d'assister à bien d'autres actions de guerre ; je dirai même qu'en fouillant mes souvenirs, je n'en trouve point de si minime importance ; cependant celui-là m'a laissé une impression particulière.

On écrirait un volume, plutôt deux volumes qu'un seul, si on racontait, par le gros seulement, les surprises de postes, de détachements et d'escortes, depuis les débuts de notre occupation du Tonkin.

Toujours, à des exceptions si rares que je n'en connais pas, on peut en faire remonter la responsabilité à celui qui les commandait.

Beaucoup de ceux-là sont tombés, premières victimes de leur insouciance ; mais à côté d'eux sont tombés aussi de braves soldats qu'ils avaient pour premier devoir de sauvegarder dans la mesure du possible, et j'étonnerais peutêtre bien des gens si je disais que, le plus souvent, ç'a été mus par un sentiment d'amour-propre mal placé qu'ils ont négligé de prendre les précautions que dictait la situation.

« J'aurais l'air de quelqu'un qui a peur », pensaient-ils.

Vingt fois on passe ; on finit par s'y habituer, et la vingt et unième on est massacré comme venait de l'être l'escorte de Maï-Xu, comme je l'aurais été, et comme tant d'autres, hélas ! devaient l'être encore.

J'avais senti autour de moi, en prescrivant des mesures de prudence et en y revenant à chaque halte, quelque chose comme une impression d'étonnement. J'arrivais de France ; je me trouvais au milieu d'hommes, officiers et soldats, rompus au pays par un séjour plus ou moins long. L'ayant souvent parcouru sans jamais avoir rencontré l'ennemi, il leur semblait bizarre de me voir tant insister, et j'avais lu sur les visages cette réflexion muette : « Le capitaine revient de France ; il a besoin de se réacclimater. »

J'ai toujours marché, en toutes circonstances, avec les mêmes préoccupations, et, j'ai le droit de dire, avec une profonde satisfaction, que, où que ce soit au feu, j'ai presque toujours moins perdu de monde que les unités voisines engagées dans les mêmes conditions.

Quelque temps après, j'appris que le sentier que j'avais suivi pour venir de Cong-Cho était un des plus fréquentés par les bandes du Dong-Trieu.

Dès que la saison le permit, je fis incendier les herbes qui m'avaient causé tant de soucis, et, à mon tour, je tendis de nombreuses embuscades aux Chinois ; elles furent toutes sans résultat.

A propos d'embuscades, je ne résiste pas à l'envie d'en conter une qui cependant ne m'est pas personnelle.

Promu chef de bataillon quelques jours après mon arrivée à Bien-Dong, je conservai personnellement le commandement de ce poste, mais je fus investi de la surveillance de tous ceux de la vallée du Loch-Nam, jusqu'à Lam inclusivement.

J'avais à Kep-Ha, à mi-distance de Lam, une compagnie d'infanterie de marine, commandée par un officier très entreprenant qui ne laissait ni trêve ni repos aux bandes qu'on lui signalait dans les environs ; il fut plus tard, pour ses brillants services au Tonkin, décoré et proposé pour le grade supérieur. C'était le capitaine Dagneaux.

On vient, un soir, le prévenir que les pirates suivaient souvent, la nuit, un sentier qui passait au nord de son poste et à quelques kilomètres seulement. Immédiatement il se met en route avec une partie de son monde ; en pleine nuit, un maladroit tire un coup de fusil, et l'embuscade est éventée. Il y retourne deux jours après ; cette fois, les hommes sont bien prévenus : si l'ennemi se présente, on ne tirera que sur l'ordre et au commandement du capitaine.

Les Chinois arrivent ; ils marchent avec précaution ; le capitaine peut les compter ; ils ne sont pas très nombreux, c'est une avant-garde ; il faut attendre le gros, le morceau sera meilleur. Oui, mais pas de gros. Au jour, il fallut rentrer, un peu confus d'avoir laissé passer ces satanés Chinois, qu'on aurait eu tant de plaisir à pincer.

C'est égal, le capitaine Dagneaux ne se lasse pas ; il a manqué une occasion, il veut sa revanche, il l'aura. Il retourne au même endroit.

La nuit est noire, on attend des heures.... Rien.

Enfin ! un bruit léger et, dans l'obscurité, des silhouettes d'hommes qui avancent avec précaution. « Feu ! » commande le capitaine, qui, cette fois, se contente de l'avant-garde et ne veut pas attendre un gros problématique. L'ennemi disparaît comme une ombre sans répondre. On fouille le sentier et ses abords ; pas de cadavres ; il fait tellement sombre que cela s'explique. Mais, en s'enfuyant, les pirates ont abandonné leur butin : quatre ou cinq grands sacs gisent à terre ; on les emporte, on vérifiera leur contenu à

Kep-Ha. En arrivant au poste, on les ouvre, et — stupéfaction de tous — ils contiennent des ossements humains. Mystère !

Au jour on en avait la clef ; les habitants d'un village situé dans la montagne avaient, quelque temps auparavant, quitté leur pays, trop fréquenté par les bandes chinoises, pour venir s'installer à Kep-Ha même. Il leur en coûtait d'abandonner leurs ancêtres et de renoncer aux cérémonies en leur honneur qui sont dans les mœurs annamites ; les plus hardis s'étaient dévoués pour aller les chercher et, afin d'éviter de mauvaises rencontres, avaient fait leur corvée la nuit.

Heureusement pour eux que celle-ci était noire.

Le capitaine leur fit restituer leurs familles, et nous rîmes longtemps de ce résultat imprévu d'une embuscade de nuit : quatre sacs d'ancêtres !

CHAPITRE XV

Comment on allait en Indo-Chine.

Les transports de l'Etat. — Les navires affrétés. — Les paquebots.

Les *Souvenirs d'un officier d'infanterie de marine* ne seraient pas complets, s'ils ne disaient la façon dont les troupes étaient transportées aux colonies hier encore.

Six grands navires transports : l'*Annamite*, le *Mytho*, le *Tonkin*, le *Shamrock*, le *Vinh-Long* et le *Bien-Hoa*, avaient été construits par le gouvernement pour le service spécial de l'Indo-Chine. L'*Annamite* commença la série en 1878, si ma mémoire me sert bien.

Ce type de bateau réalisait un immense progrès sur celui qu'il remplaçait. Mes anciens et mes contemporains ont connu le type *Orne*, *Creuse* ou *Rhin* et ne le regrettent pas.

Aujourd'hui encore, ces navires présentent incontestablement de réels avantages au point de vue de l'hygiène et du confortable que pourraient y trouver les troupes embarquées. Mais le grand développement qu'ont pris nos possessions d'Extrême-Orient exigerait que leur nombre fût doublé; on n'a pas cru devoir le faire, au ministère de la marine; les navires de la Compagnie nationale de navigation de Marseille, affrétés par l'Etat, et les paquebots des Messageries maritimes, dans leurs voyages bi-mensuels, assurent le service des troupes pour la Cochinchine et le Tonkin.

Je raconterais des choses curieuses si je me faisais ici l'écho de tout ce qui s'est dit au sujet de l'immobilisation dans le port de Toulon de six magnifiques navires, remplacés par le système de l'affrètement. Je m'en abstiens et

me contente d'une remarque : en quelques années, on aura
dépensé beaucoup plus que ce qu'aurait coûté la construction et l'entretien de la demi-douzaine de bateaux-trans-
ports nécessaires, et on ne les aura pas.

A un point de vue tout personnel, ce changement de système a été accepté avec une grande satisfaction par les
troupes de la marine.

A bord des transports de l'Etat, en ne dépassant pas un
chiffre raisonnable de passagers, ceux-ci eussent pu se
trouver, je le répète, dans les meilleures conditions possibles ; malheureusement, un encombrement toujours
énorme, joint au service tracassier et routinier du bord,
venait rendre, aux soldats surtout, la vie pénible et fatigante.

Sous le prétexte que les hommes ont besoin d'être tenus
en haleine, dix fois par jour, des batteries de tambours ou
des sonneries de clairons, dont la signification, souvent,
était différente de celle qu'on leur apprenait au régiment,
venaient appeler les troupes : au poste de lavage, de four-
bissage, à l'inspection des hommes, à celle des plats, au
poste d'incendie, à l'école élémentaire, au poste de combat,
au branle-bas, etc., sans compter les innombrables coups
de sifflet, langage absolument nouveau, qui vingt fois dans
la journée venaient encore commander d'autres déplacements. Et, impitoyablement, les autorités du bord exigeaient que les troupiers exécutassent ces commandements
inconnus avec la célérité de vieux marins. Sans aucune
considération pour de pauvres diables qui ne savaient pas
distinguer tribord de bâbord, les retards étaient punis du
retranchement de la ration de vin.

Où passaient les milliers de litres ainsi économisés au
cours d'une traversée de trente-cinq à quarante jours ? On
ne l'a jamais dit aux troupes passagères.

Sans aucun doute, ces économies faisaient retour à l'État ;
mais ce moyen de coërcition, dernier vestige des châti-

ments corporels disparus depuis 1848, ne laissait pas que de nous étonner profondément.

Ce n'était pas pour les tenir en haleine qu'on donnait à nos soldats un hamac pour deux hommes.

Non. Mais le nombre des passagers était toujours si supérieur à celui qu'on pouvait loger, qu'on était obligé de faire faire le quart aux soldats comme aux matelots : une moitié sur le pont pendant que l'autre dormait. On ne tenait aucun compte de la répugnance, bien naturelle cependant, que pouvaient éprouver les hommes à aller se coucher à la place encore tiède d'un camarade qu'ils n'avaient pas choisi.

On ne pouvait pas objecter que le « quart » qu'on faisait faire aux troupiers était une nécessité. Leur ignorance du langage et des choses de la manœuvre, l'encombrement qui résultait de leur nombre, le mal de mer dont presque tous étaient atteints, en faisaient une gêne bien plus qu'un secours. Pendant les traversées de retour, où, souvent, on ne transportait que des malades ou des convalescents, l'équipage était très suffisant pour satisfaire à toutes les exigences de la navigation.

Le manque d'eau douce était une des grandes privations dont souffraient nos hommes. Naturellement, ils procédaient aux soins de propreté corporelle journaliers avec de l'eau de mer, qui exclut absolument l'usage du savon. Pour laver leur linge, on leur distribuait parcimonieusement, une fois par semaine, quelques litres d'eau douce ; je dis « quelques litres », c'est-à-dire quatre ou cinq par homme.

La nourriture — et quelle nourriture ! — était servie dans des baquets en bois dont le modèle, sûrement, comme tant de choses de la marine, remonte au moins à Colbert. Ces baquets, ces seaux, décorés du nom de « gamelles » et de « bidons », étaient distribués par groupe de huit hommes le jour de l'embarquement ; le bois en était gras, sale et moisi, les cercles de fer affreusement mangés par la rouille. N'empêche qu'il fallait les représenter à l'inspection de la semaine suivante avec le bois propre et luisant comme du vernis, les cercles brillant comme de l'acier poli, sous peine de voir le « plat » tout entier privé de vin pendant un jour ou deux.

Nous ne savions que répondre aux doléances de nos hommes, absolument ahuris par de pareilles exigences, auxquelles ne les avait pas habitués la vie du régiment.

Et je passe sur bien des misères, inévitables celles-là et qui, précisément, eussent dû être prises en considération et provoquer un peu plus de bienveillance chez nos conducteurs en même temps qu'un relâchement raisonnable de règlements faits pour des navires de guerre.

On pourrait croire que les officiers étaient mieux traités ; on se tromperait.

Autrefois, sur les anciens transports, les officiers passagers vivaient aux différentes tables des officiers du bord, suivant leurs grades. L'officier de marine « chef de gamelle » percevait pour ses pensionnaires militaires une indemnité, dite traitement de table, égale à celle qu'il percevait pour les officiers du bord, car, détail ignoré par beaucoup, les officiers de marine embarqués sont nourris par l'État.

Cette façon de procéder révéla des inconvénients. Quelques officiers de troupe grincheux — il s'en trouve partout — racontèrent qu'on réalisait, pendant la traversée, des économies qui étaient mangées ou partagées après leur débarquement. Je suis convaincu qu'ils se trompaient ; mais il était fâcheux que la chose pût se dire ; aussi les nouveaux transports comportèrent les aménagements nécessaires pour permettre aux officiers passagers de vivre entre eux, les indemnités de traitement de table, fixées par décret, restant naturellement les mêmes.

Mais ce système semblait présenter une difficulté : lequel des officiers passagers pourrait remplir les fonctions de « chef de gamelle », faire les approvisionnements, recruter un personnel, etc., puisque tous arrivaient à bord quelques heures seulement avant le départ ?

Le ministre de la marine, plein de bienveillance pour les troupes de son département, qu'il aime à ce point que rien ne peut le décider à s'en séparer, trouva un remède à cette difficulté, en chargeant sur chaque transport un employé civil de la direction des tables de passagers. On lui octroya officiellement le gracieux nom de « pourvoyeur », celui de « restaurateur » eût été trop moderne, et il importe de conserver les vieilles traditions même dans les petites choses : le respect des usages fait la force des institutions.

Jusqu'ici c'était parfait. Où cela le devint moins, c'est lorsque notre nourriture, toujours par ordre du ministre, fut mise aux enchères et adjugée au *moins* offrant. Les tarifs allouaient une somme de 3 fr. 50 par jour à un capitaine, par exemple ; l'adjudication était concédée au candidat « pourvoyeur », qui s'engageait à le nourrir pour 1 fr. 75 ou pour 2 francs.

Un pareil procédé se passe de commentaires et dit assez de quelle façon nous étions *traités*.

A bord des navires de l'État, la dunette est réservée aux officiers ; seuls, en dehors d'eux, les hommes de service ont droit à son accès. Et, cependant, un jour quelconque, tout un groupe d'officiers se promenant ou causant à sa place habituelle, se voyait enjoindre par un matelot timonier d'avoir à évacuer. Pourquoi ? se demandait-on en s'en allant.

C'est que le commandant du bateau venait d'apparaître sur cette même dunette. Il a besoin, lui qui commande un navire de l'État, de la solitude, du silence et du recueillement. Mais, que le même officier commande demain un paquebot des Messageries ou un transatlantique, on le verra, par ordre de ses patrons d'ailleurs, rechercher la compagnie de ses passagers, causer aux dames, au besoin, le soir, conduire un cotillon.

D'autres fois, on était pourchassé hors même la pré-

sence du commandant; on se promenait à bâbord, un timonier venait vous prier de passer à tribord.

« — Mais pourquoi? demandait-on.

« — Les passagers doivent se tenir *sous le vent*; le côté
du vent est réservé aux officiers du bord.

« — Mais, objectait-on, il n'y a point de vent.

« — Il y en a toujours, répondait imperturbablement le
marin. »

Qu'on ne me taxe pas d'exagération; le fait m'est arrivé à
bord du *Tarn*, en allant du Tonkin à Formose, et *les* officiers
du bord auxquels nous devions tous céder la place étaient
représentés par.... *un* jeune médecin de seconde classe!

On dira peut-être que j'insiste ici sur des choses de peu
d'importance; que chaque situation a ses misères et ses
mauvais côtés, qu'il faut savoir supporter. C'est vrai, et
nous, les cadres des troupes de la marine, nous sommes
faits à tant de misères et à tant de mauvais côtés de l'existence qu'en général nous ne songeons même pas à nous en
apercevoir; c'est peut être pour cela que nous supportons
mal ceux qui nous sont imposés sans nécessité.

Car le jour où des raisons absolument étrangères au
bien-être des troupes embarquées ont fait substituer les
transports de commerce aux transports de guerre, tout ce
qui nous était présenté comme une nécessité inéluctable à
disparu: nos soldats ont trouvé sur leur nouveaux navires
de l'eau à discrétion pour tous leurs besoins; une cou-
chette munie d'un matelas pour chaque homme; une nourriture abondante, variée et proprement servie; un repos et
une tranquillité qu'ils n'avaient jamais connus sur les
transports de l'État, et, sous la surveillance de leurs seuls
officiers, ont fait des traversées qui, au début, soit à
cause de l'encombrement, soit à cause de la saison, inspiraient des craintes, dans d'excellentes conditions d'hygiène
et de santé.

En 1887, j'embarquai à Toulon sur le *Canton*, de la Compagnie nationale de navigation de Marseille. Notre effectif à bord dépassait de trois cents hommes le chiffre prévu par le cahier des charges. Infanterie ou artillerie de marine, légion étrangère, bataillons d'Afrique, ouvriers d'intendance, marins, etc., soixante-quinze officiers de toutes armes formaient un total de plus de mille passagers.

Le chef d'escadron Viviès, de l'artillerie de marine, commandant les troupes embarquées, voulut bien me confier, pendant la traversée, le soin d'organiser le service dans cette Babel d'un nouveau genre.

Je dois faire remarquer que ces navires n'ont pas été, comme les transports de l'État, spécialement construits pour la destination à laquelle ils sont affectés, et que des installations après coup ne remplacent que très imparfaitement une œuvre de premier jet.

Je dus, préalablement à tout, m'entendre avec les autorités du bord, et, dès les premiers mots, je compris que ma tâche serait singulièrement facilitée par leur concours bienveillant.

« — Formulez toutes les demandes qui vous paraîtront nécessaires, me dit le capitaine ; vous avez l'expérience de ces traversées. Nous ne sommes point ici sur un navire de guerre ; vous avez l'entière direction de vos hommes sous tous les rapports. Soyez convaincu que mon personnel et moi sommes tout disposés à vous être utiles ou agréables dans la mesure la plus large que nous permettront nos moyens. »

Au bout de quelques jours le service était organisé ; toutes les mesures d'hygiène réclamées par le médecin (un médecin principal de la marine) rigoureusement appliquées. Oh ! ici, pas de branle-bas de combat, pas d'école élémentaire sur un pont mouvant et avec des élèves ayant le mal de mer ; pas de sonneries de clairons à chaque minute : des consignes générales fixant à chacun sa place en vue des différentes éventualités qui pouvaient se présenter et une inspection tous les jours à midi — et elle avait sa raison d'être parce qu'on fournissait aux hommes les moyens d'être propres — c'était tout.

Chaque jour, un des quatre compartiments intérieurs habités par les hommes était complètement évacué; la literie et les effets prenaient l'air sur le pont, pendant que le logement était lavé à l'*eau douce* et aspergé d'eau phéniquée.

« — Vous avez beau vous donner du mal, capitaine, me disait le médecin, nous sommes trop encombrés. Peut-être gagnerons-nous Obock sans accident; c'est la limite extrême que je fixe à la fièvre typhoïde: elle doit nous atteindre certainement dans l'océan Indien. »

Le brave homme était de la marine, habitué par toute une carrière aux minuties tracassières des navires de guerre, complètement dépaysé sur un navire de commerce, où on négligeait de tenir les hommes en haleine. Fort heureusement il se trompait dans ses prévisions: trente-cinq jours après, nous arrivions à Haï-Phong sans l'ombre d'une maladie à bord.

Pas une plainte, pas une réclamation ne fut formulée au cours de cette traversée et tous débarquèrent en gardant un excellent souvenir du *Canton*, de son capitaine, M. Toulan, et de son second, M. Canavaggio. On chercherait longtemps avant de trouver une pareille unanimité chez les passagers d'un transport de l'État.

Je ne résiste pas à l'envie de citer deux épisodes de traversées qui, dans une mesure très appréciable, donneront la note de la façon dont étaient traités les passagers, autrefois, sur les navires de l'État, dont ils sont traités actuellement sur les navires affrétés.

En 1885, au mois de juillet, j'avais pris passage à Saïgon sur le transport l'*Annamite* pour rentrer en France. Je venais de faire la campagne du Tonkin et, en dernier lieu, l'expédition de Formose dont j'ai raconté dans d'autres pages, en partie au moins, les combats et les souffrances (1); presque tous mes camarades étaient dans le même cas. Nous avions été plus souvent à la peine qu'aux plaisirs, aussi chaque relâche était pour tous une occasion de distraction qu'on ne manquait pas; dès que l'autorisation en était donnée, tous les officiers passagers descendaient à terre. Il va sans dire qu'aucun des nombreux canots du bord, constamment en va et vient avec la terre, ne nous transportait; nous prenions, à nos frais, de mauvais petits bateaux montés par des indigènes.

Arrivés à Aden un après-midi, la permission d'aller nous promener nous fut donnée et, le soir, vers les 9 heures, tout le monde était rentré. Le lendemain matin, sur l'avis que l'*Annamite* n'appareillerait qu'à midi, nous redescendîmes à terre; c'était si bon de pouvoir se mouvoir à l'aise, ailleurs que dans l'étroit espace qui nous était réservé à bord !

Vers les 11 h. 1/2 nous ralliâmes notre bateau, toujours dans des embarcations conduites par des noirs. L'une d'elles, pour des raisons que nous ne nous expliquions pas, était restée en arrière; la brise, qui juste à ce moment s'élevait très fraîche, venait encore lui rendre la route difficile; midi arrivait, chacun à bord était à son poste d'appareillage. Nos jumelles braquées dans la direction de nos camarades en retard, nous supputions leurs chances d'arriver à temps. Nous les voyions, debout à l'arrière, leur porte-monnaie à la main, encourager leurs bateliers par de solides arguments.

Midi va sonner, tout semble prêt pour partir; ils sont à moins de trois cents mètres du bord, mais avec le vent et

---

(1) *L'Expédition de Formose : souvenirs d'un soldat*, — chez l'éditeur H. Charles-Lavauzelle, à Paris.

la mer un peu grosse, il leur faut encore dix minutes. Je me rends sur la passerelle où se trouvait le capitaine de frégate commandant :

« Mon commandant, lui dis-je très respectueusement, à cause du vent très probablement, car ils sont partis de terre en même temps que nous tous, quatre de nos camarades ne sont pas encore à bord ; ils sont là, à trois cents mètres de nous, il leur faut au plus dix minutes pour nous rejoindre ; je viens vous demander d'avoir la bienveillance.....

» — Timonier, fait le commandant en me coupant la parole, quelle heure est-il ?

» — Midi, commandant.

» — C'est bien. — Dérapez ! commanda-t-il d'une voix de stentor. »

J'eusse préféré, je crois, recevoir un soufflet ; j'aurais pu le rendre ; je me retirai sans mot dire.

Heureusement que la Providence fut plus bienveillante pour nos pauvres camarades que le commandant dont je parle. L'ancre ne voulut pas « déraper » ; il fallut manœuvrer une bonne demi-heure pour appareiller ; mais nous dûmes de nos propres mains amener les échelles pour que les retardataires pussent monter à bord.

En 1893, je refaisais encore cette même traversée, cette fois sur un navire affrété. A Port-Saïd, où on est amarré à cinquante mètres du quai, tout le monde était descendu ; notre *Comorin* devait partir à 5 heures du soir.

A l'heure dite tout était prêt pour larguer les amarres, lorsque quelqu'un alla prévenir le capitaine du bateau que quelques passagers manquaient ; immédiatement le sifflet du bord se fit entendre en de pressants appels.

Nous nous mettions à table quand survint le capitaine :

« — Commandant, dit il, en s'adressant à celui de nos camarades qui commandait les troupes à bord, on me prévient que des passagers n'ont pas rallié ; je les appelle depuis un quart d'heure, que pensez-vous que je doive faire ?

» — Le cahier des charges de votre Compagnie, lui répondit mon camarade, fixe des limites à vos voyages ; elle encourt des pénalités pécuniaires si vous les dépassez ; je n'ai donc point d'avis à vous donner en pareille circonstance. Partez si vous voulez. Je vous remercie, en tout cas, de l'esprit de bienveillance qui a dicté votre démarche.

» — Partir ! partir ! gronda le capitaine, et, si ces pauvres diables n'ont point d'argent en poche, que deviendront-ils ? Et les familles qui, là-bas, les attendent ?... Nous brûlerons quelques tonnes de charbon de plus, mais je ne peux pas les laisser ici. »

Un quart d'heure après, tout le monde était rentré.

Je n'ai point de raisons de taire le nom de celui-là, loup de mer à ses heures, brave homme au fond : c'était le capitaine Sérénon.

J'ai dit que les paquebots des Messageries maritimes concouraient avec les « affrétés » aux transports du personnel pour l'Indo-Chine.

Faut-il rappeler que c'est seulement depuis trois ou quatre ans que, sur ces navires, les officiers subalternes français sont admis à la première classe, alors que, de tout temps, les officiers étrangers anglais, hollandais, espagnols, voire même japonais, y prenaient passage ?

J'ai fait, comme capitaine, des traversées en seconde classe, alors que des sous-lieutenants étrangers voyageaient en première. Ils ne s'expliquaient pas pourquoi nous préférions vivre avec leurs domestiques, et plus d'un — la chose m'a été dite à moi-même — s'imaginait que, besoigneux, nous faisions des économies sur la somme qui nous était allouée pour notre passage.

Nous ne pouvions pas dire à ces gens-là que le ministre de la marine s'était toujours refusé à nous traiter sur le même pied que des officiers japonais ; nous alléguions des raisons d'ordre hiérarchique ; mais où ils perdaient leur latin, c'est lorsqu'ils voyaient un lieutenant de vaisseau de six mois de grade voyager en première classe et de vieux capitaines passer en seconde.

Il a fallu les réclamations de toute la presse française pour faire cesser un pareil état de choses.

Ce qui m'étonne, c'est l'acharnement avec lequel le ministère de la marine se défend, encore aujourd'hui, de céder à la guerre des troupes qu'il traite avec un tel sans-gêne.

Il me semble que la marine devrait, au contraire, considérer comme un allègement le « passage à la guerre », réclamé par tant de monde, ne serait-ce que pour faire taire les mauvaises langues qui prétendent qu'une des raisons qui la font tant tenir à ses troupes est le *quantum* des décorations allouées par la grande chancellerie à chaque ministère, décorations dont elle se réserve la distribution au personnel sous ses ordres au prorata... de ses affections.

CHAPITRE XVI

En mer.

En 1873, trois compagnies du 4ᵉ régiment d'infanterie de marine devaient quitter Toulon pour aller à Cayenne. Leur départ, primitivement fixé au printemps, fut retardé à cause de la fièvre jaune qui sévissait dans la colonie; il n'eut lieu qu'en septembre. J'appartenais à une de ces compagnies.

Par une de ces bizarreries dont, jeune encore et peu habitué à la façon de procéder de la marine, je cherchais le secret, nous vîmes embarquer à Toulon, le 1ᵉʳ septembre, sur le transport régulier qui desservait la Guyane, trois compagnies venant de Brest, et, le 7 du même mois, nous allions embarquer dans ce dernier port sur la frégate à voiles *la Sybille*. Le 10, nous appareillâmes.

Le golfe de Gascogne et nos côtes de l'Océan sont généralement mauvais aux environs de l'équinoxe; ils l'étaient particulièrement au moment de notre départ sous l'influence d'un vent d'ouest qui soufflait en tempête. Nous eûmes grand'peine à nous élever de la côte, et c'est en tirant des bordées dans une mer démontée que nous commençâmes un voyage qui devait durer cinquante jours, alors que les navires à vapeur l'effectuent couramment en vingt jours.

Nos pauvres troupiers, enfermés dans la batterie de la frégate, aux sabords fermés, au pont humide et glissant, victimes du mal de mer, passèrent quelques jours horriblement pénibles. Il fallait cependant, de temps à autre, aider l'équipage, fatigué par des manœuvres de tous les instants nécessitées par le mauvais temps. Mais si des coups de sifflet répétés et les objurgations des marins gradés réussissaient à galvaniser pour un moment les soldats abrutis par le mal, dès que la drisse, l'écoute ou l'amure étaient *tournées*, on les voyait, pâles et livides, chercher un coin du pont un peu abrité de la lame et s'y affaler avec des allures de mourant; rien, semblait-il, ne devait plus réussir à les tirer de la torpeur qui les anéantissait.

Quatre jours après notre départ, un matin, un grand trois-mâts était dans nos eaux, qui faisait des signaux de détresse.

Les marins — c'est de tradition, en France surtout — ne connaissent pas d'impossibilité lorsqu'il s'agit de porter secours à un « camarade », quel que soit le pavillon qu'il arbore; celui-ci était américain :

Mais le vent était si violent, la mer si terrible, que notre commandant, qui avait la réputation justifiée d'être un marin dans la grande acception du mot, se demanda un instant s'il convenait de sacrifier presque sûrement l'équipage d'une embarcation pour aller voir à bord de l'américain quel secours nous pouvions lui porter.

Il réunit ses officiers et, sans se perdre en explications inutiles avec des hommes du métier, il demanda s'il en était un parmi eux qui fût de bonne volonté pour affronter la mer et aller à bord du navire en détresse. Il y eut un court moment de silence dans les rangs de l'état-major; puis un enseigne prit la parole : son tour de service l'appelait à prendre le commandement de l'embarcation qu'on armerait si le commandant l'ordonnait; il remerciait ses camarades de ne s'être point offerts; il était prêt à partir.

L'équipage fut réuni sur le pont, et l'officier de quart demanda six hommes de bonne volonté pour armer la baleinière qu'on allait décidément envoyer.

Six hommes — pas un de plus — sortirent des rangs.

« — Nous sommes les baleiniers de sauvetage de la bordée de quart, dit l'un d'eux parlant au nom de ses camarades; pourquoi donc demander des hommes de bonne volonté? Est-ce que nous ne sommes pas capables d'aller à bord de l'américain?..... Quand vous voudrez, capitaine. »

Braves gens! va, et comme on se demande si, chez l'état-major ou chez l'équipage, il faut admirer davantage ou ceux qui s'offraient si simplement pour courir au danger ou ceux qui, connaissant leurs camarades, ne croyaient pas devoir leur disputer l'honneur de marcher en une circonstance aussi critique?

Le navire fut mis en panne et on procéda à la mise à l'eau de la baleinière, dans laquelle, préalablement, l'officier et les six hommes s'étaient embarqués. C'était peut-être le moment le plus périlleux de l'opération qu'on allait tenter. N'étant plus appuyée par sa voilure, dans une mer déchaînée, notre frégate roulait bord sur bord en des bonds désordonnés. Vingt fois, semblait-il, avant que fût démarée la frêle embarcation, elle devait être écrasée sous le flanc du géant, ou arrachée à ses portemanteaux par les lames furieuses, qui rouleraient comme un fétu de paille ces quelques planches et les sept intrépides qui leur confiaient leurs vies.

Eux, calmes, attendaient le moment.

« Attention! » commande l'officier. « Larguez tout! déborde!... » Emportée comme une plume, la baleinière disparaît.

Il n'était plus question de mal de mer chez les soldats; tous étaient debout, empoignés par l'héroïsme des sauveteurs — mais non pas sur le pont — grimpés aux manœuvres le long des mâts, juchés dans les haubans, cramponnés deci et de-là, à des hauteurs qui les eussent fait frissonner quelques instants auparavant, sans souci de la mer sans souci du vent, fascinés, muets ; on aurait entendu le battement de leurs cœurs.

Trois cents poitrines poussent un cri : « La voilà ! la voilà ! »

Au sommet d'une lame, la baleinière, un instant cachée, reparaît ; elle fend l'écume, glisse au fond du précipice liquide, disparaît à nos yeux pour reparaître, et chaque fois la même angoisse vient nous étreindre, pour, une minute après, faire place à la joie de la revoir encore.

Enfin ! ils sont à bord de l'américain.

Maintenant ils reviennent, et le retour nous ménage les mêmes émotions ; mais la confiance a gagné tous les cœurs, et, si le danger subsiste le même pour les braves qui l'affrontent, l'angoisse a diminué chez ceux qui les admirent.

Le rembarquement va être une opération délicate ; il faut hisser la baleinière d'un seul coup pour l'arracher aux flots ; mais trois cents hommes se sont précipités. Sans coup de sifflet ; sans commandement ; ils veulent arracher à la mort les intrépides qui viennent de la braver avec tant d'audace.

« Hissez », et les sauveteurs sont à bord. L'enseigne rend compte de sa mission : l'américain à une voie d'eau sérieuse ; depuis huit jours il n'a pas pu faire d'observations : il ne se savait pas si près de Bordeaux qu'il l'était en réalité ; il peut continuer sa route seul.

La *Sybille* reprend sa route, et nos hommes, les nerfs détendus, la surexcitation disparue, sont repris du mal de mer, un instant oublié.

CHAPITRE XVII

La relève.

Retour et départ.

Les deux ans de séjour réglementaire au Tonkin vont s'achever ; le dernier courrier a apporté la mutation qui nous affecte à un régiment de France.

Enfin, nous allons revoir la patrie, nous allons embrasser les nôtres !

Quelle provision de souvenirs nous rapportons, si surtout notre bonne fortune nous a fait assister à quelques-unes de ces rencontres meurtrières qui sont les fêtes des soldats. Et quels trésors de tendresse expansive amassés pendant cette longue séparation de ceux qu'on aime !

Comme elle semble terne et froide, la correspondance qu'on a eu cependant tant de bonheur à lire, à côté de ce que promet le jour de la réunion !

Et on compte les jours ; on suppute les circonstances de mer qui pourront avancer ou retarder l'arrivée du rempla-çant ; pour un peu, jadis comme au collège, on bifferait chaque jour sur son calendrier.

On prépare ses caisses et ses malles ; on ramasse soigneusement les quelques bibelots qu'on a pu se procurer ici ou là, pour faire des heureux à l'arrivée ; on fait ses dernières emplètes, et, fiévreusement, on attend. Sera-t-on rapatrié par un transport, par un affrété, par un paquebot des Messageries ? On se pose cette question. Le paquebot, c'est le rêve ; c'est le confortable, la tranquillité et aussi la rapidité. Avec lui, on peut fixer aux siens, à quelques heures près, le moment où on les embrassera. Aussi comme on se démène pour tâcher de l'obtenir! On voit ses amis de l'état-major; on leur écrit si on est loin; on se renseigne partout.

Mais le remplaçant est arrivé; on lui a remis le commandement de son poste et celui de sa troupe; on va se mettre en route. Alors, on a un moment d'émotion sur lequel on ne comptait pas : il faut dire adieu aux camarades avec lesquels pendant deux ans on vient de courir les grands chemins, affronter les balles, subir toutes les épreuves, et qu'on laisse sans savoir si eux, à leur tour, verront venir le jour du rapatriement. Et ces « camarades » ne sont pas seulement les officiers, ils sont « tous »; car on s'attache à ces braves gens qu'on a commandés dans des circonstances difficiles et périlleuses, et dont on a apprécié la fidélité et le dévouement. On éprouve presque un remords, un regret au moins, de les laisser; il semble qu'on les abandonne; on voudrait pouvoir les emmener avec soi.

Car ils sont tous là, au moment du départ; les petits, les humbles, n'osant pas tendre la main au chef qui s'en va, mais s'approchant respectueusement derrière leurs supérieurs, tâchant de se faire voir de lui pour qu'il puisse lire dans leurs yeux leur reconnaissance et leurs souhaits de bon voyage.

Comme ils sont heureux ces braves gens lorsque leur officier tend la main vers eux, et comme ceux qui sont au premier rang sont fiers de pouvoir la serrer!

On part. Quelques heures encore on est sous l'impression de ces adieux affectueux. Mais c'est le passé; l'avenir est plus attirant, on se tourne vers lui.

Si on vient des provinces excentriques, comme on trouve longues les heures du trajet! On double les étapes si on est à cheval, on sème les piastres si on est en pirogue; on est pris d'une envie folle d'arriver.

Voilà Haï-Phong, voilà le bateau! On a mis ses papiers en règle, on s'est muni d'un certificat d'origine délivré par la douane pour les objets qu'on emporte ; un dernier adieu aux amis qu'on a rencontrés là, et cette fois c'est le bon « sampan », celui sur lequel on met le pied.

A bord, il faut calmer son impatience. Quelle satisfaction cependant lorsqu'à midi on affiche le point, et que celui-ci accuse une bonne « touée » de route !

Saïgon, Singapour viennent, à quelques jours d'intervalle, rompre la monotonie de la traversée ; mais, si on est sur un affrété, comme il est large cet océan Indien qu'on coupe sans une relâche, pour gagner Obock ou Dji-bouti !

La mer Rouge, le canal de Suez, Port-Saïd : enfin, on navigue dans des eaux européennes ; puis Toulon ou Marseille, suivant le cas ; on débarque.

Il semble, aux jeunes gens surtout qui rentrent pour la première fois, que tout le monde vous regarde dans les rues de la ville et qu'on devine que vous arrivez de faire une campagne longue et pénible. Il y a de cela, mais ce n'est pas sur la figure que les passants lisent votre histoire : on a gardé pour le jour de la rentrée sa meilleure tenue, sa tunique et son képi numéro un ; on se sent beau sous un costume qu'on n'a pas porté depuis longtemps ; mais le drap a jauni avec le temps, avec l'humidité les galons d'or ont pris une teinte plombée, le tout est fripé, on ne s'en rend pas compte ; c'est cela qui attire les regards des passants.

Trois mois de congé et le régiment nous réclame ; il a besoin de nous autant pour le service général que pour nous-mêmes. La vie enfiévrée du Tonkin, l'éloignement des centres, ne nous ont pas toujours permis de suivre au jour le jour les innovations à chaque instant apportées soit dans les règlements, soit dans la tactique, soit dans la mobilisation ou dans les nombreux services accessoires de l'armée. Il faut se mettre au travail ; mais nous n'avons jamais perdu le contact, pour me servir d'une expression militaire; les conférences, la bibliothèque du régiment surtout, nous permettent de nous initier rapidement à ce qui s'est passé en notre absence. Vienne une complication sur une quelconque de nos frontières, nous sommes prêts, avec, en plus qu'autrefois, l'expérience, la confiance en soi, l'initiative, acquises au cours de notre dernière campagne.

Un an, dix-huit mois se passent; à nouveau on songe au départ; des listes publiées fréquemment indiquent que le tour approche.

Alors, c'est la même fiévreuse impatience qui s'empare de nous. Pour quelle colonie serons-nous désignés? On connaît les officiers à relever; on fait son calcul, on doit aller à tel endroit; tant mieux, c'est la colonie préférée, généralement celle dont on revient, surtout quand celle-ci est le Tonkin, le Soudan ou Madagascar, c'est-à-dire une colonie à coups de fusil.

Les adieux à la famille et aux amis de France procurent les mêmes émotions, plus intenses que celles dont je viens de parler; on s'embarque à nouveau; reviendra-t-on?...

On part joyeux quand même; on va aux aventures, au grand air, au danger; c'est la vie de l'officier d'infanterie de marine.

Et cela dure avec les mêmes renouvellements, vingt-cinq ans, trente ans, davantage même, jusqu'au jour où le corps usé se refuse aux dures exigences d'une vie si pleine d'attraits, mais si fatigante.

Le cœur qui ne s'use pas dans la poitrine d'un marsouin, jusqu'à son dernier battement suivra là-bas, bien loin, ses jeunes camarades, priant Dieu pour eux, pour leurs succès, pour leur retour.

FIN

TABLE DES MATIÈRES

Iʳᵉ PARTIE

IIᵉ PARTIE

Paris et Limoges. — Imprimerie militaire H. CHARLES-LAVAUZELLE.

Librairie militaire Henri CHARLES-LAVAUZELLE
Paris et Limoges.

Guerre franco-allemande de 1870-1871, par le capitaine Ch. Romagny, professeur de tactique et d'histoire à l'Ecole militaire d'infanterie, accompagné d'un atlas comprenant 18 cartes-croquis en deux couleurs (honoré d'une souscription des ministères de la guerre et de l'instruction publique et d'une médaille d'honneur de la Société d'instruction et d'éducation). — Volume grand in-8° de 392 pages, et l'atlas........................ 10 »

Guerre de 1870. — La première armée de l'Est. — Reconstitution exacte et détaillée de petits combats avec cartes et croquis, par le commandant breveté Xavier Euvrard. — Volume grand in-8° de 268 pages....... 6 »

L'armée de Metz, 1870, par le colonel Thomas. — Vol. in-8° de 252 pages, orné d'un portrait et de deux cartes.............................. 3 »

Le maréchal Bazaine pouvait-il, en 1870, sauver la France ? par Ch. Kuntz, major (H. S.), traduit par le colonel d'infanterie E. Girard. — Vol. in-8° de 248 p., avec une carte hors texte des envir. de Metz. 4 »

Campagne de 1870-71. — Le 13° corps dans les Ardennes et dans l'Aisne, ses opérations et celles des corps allemands opposés. Etude faite par le capitaine breveté Vaimbois, de l'état-major de la 10° division d'infanterie. — Volume in-8° de 224 pages..................... 3 50

La défense de Belfort, écrite sous le contrôle de M. le colonel Denfert-Rochereau, par MM. Édouard Thiers, capitaine du génie, et S. de la Laurencie, capitaine d'artillerie, anciens élèves de l'Ecole polytechnique, de la garnison de Belfort (5° édition). — Volume in-8° de 420 pages, avec trois cartes et plans en couleurs hors texte..................... 7 50

Histoire militaire de la France depuis les origines jusqu'en 1843, par Emile Simond, capitaine au 28° d'infanterie. — 2 vol. in-32 de 112 et 102 pages, brochés, l'un. » 50; reliés pleine toile gaufrée, l'un..... » 75

Histoire militaire de la France, de 1843 à 1871, par Emile Simond, capitaine au 28° de ligne. — 2 volumes in-32 de 96 et 104 pages, brochés. l'un. » 50; reliés pleine toile gaufrée................................ » 75

Crimée-Italie. — Notes et correspondances de campagne du général de Wimpffen, publiées par H. Galli. *Ouvrage honoré d'une souscription du ministère de la guerre.* — Volume grand in-8° de 180 pages....... 5 »

Tableaux d'histoire à l'usage des sous-officiers candidats aux Ecoles militaires de Saint-Maixent, Saumur, Versailles et Vincennes, par Noël Lacolle, lieutenant d'infanterie. — Volume in-18 de 144 pages. 2 50

Memento chronologique de l'histoire militaire de la France, par le capitaine Ch. Romagny, professeur de tactique et d'histoire à l'Ecole militaire d'infanterie. — Volume in-18 de 316 pages................... 4 »

Campagnes d'un siècle, par le capitaine Ch. Romagny, professeur de tactique et d'histoire à l'Ecole militaire d'infanterie. — Campagnes de 1792 et 1806, 1 volume (4 cartes). — 1800, 1 volume (4 cartes). — 1805, 1 volume (2 cartes). — 1809, 1 volume (3 cartes). — 1812, 1 volume (5 cartes). — 1813, 1 volume (4 cartes). — 1814, 1 volume (1 carte). — 1815, 1 volume (1 carte). — Crimée, 1 volume (3 cartes). — 1859, 1 volume (1 carte). — 1866, 1 volume (4 cartes). — 1877-78, 1 volume (3 cartes). — 12 volumes in-32, brochés, l'un....................................... » 50
Reliés pleine toile gaufrée..................................... » 75

Précis historique des campagnes modernes. Ouvrage accompagné de 37 cartes du théâtre des opérations, à l'usage de MM. les candidats aux diverses écoles militaires (2° édition). — Vol. in-18 de 232 p., broché. 3 50

Le siège de Lille en 1792, par Désiré Lacroix (2° édition). — Brochure in-18 de 32 pages, avec un plan pour suivre les phases du bombardement de la place... » 75

Sans armée (1870-1871), Souvenirs d'un capitaine, par le commandant Kanappe. — Volume in-18 de 336 pages, broché................... 3 50